CONHECIMENTO E IMAGINAÇÃO
SOCIOLOGIA PARA O ENSINO MÉDIO

COLEÇÃO **PRÁTICAS DOCENTES**

Maria Ligia de Oliveira Barbosa
Tania Quintaneiro
Patricia Rivero

CONHECIMENTO E IMAGINAÇÃO

SOCIOLOGIA PARA O ENSINO MÉDIO

autêntica

COORDENAÇÃO EDITORIAL DA COLEÇÃO PRÁTICAS DOCENTES
Maria Eliza Linhares Borges

CONSELHO EDITORIAL
Ana Rocha dos Santos (UFS)
Celso Favaretto (USP)
Juarez Dayrell (UFMG)
Kazumi Munakata (PUC-SP)

PROJETO GRÁFICO DE CAPA E MIOLO
Diogo Droschi

EDITORAÇÃO ELETRÔNICA
Conrado Esteves

REVISÃO
Maria do Rosário Alves Pereira

EDITORA RESPONSÁVEL
Rejane Dias

Revisado conforme o Novo Acordo Ortográfico da Língua Portuguesa de 1990, em vigor desde janeiro de 2009.

AUTÊNTICA EDITORA LTDA.

Belo Horizonte
Rua Aimorés, 981, 8º andar . Funcionários
30140-071 . Belo Horizonte . MG
Tel.: (55 31) 3214 5700

São Paulo
Av. Paulista, 2.073, Conjunto Nacional, Horsa I
11º andar, Conj. 1101 . Cerqueira César
01311-940 . São Paulo . SP
Tel.: (55 11) 3034 4468

Televendas: 0800 283 13 22
www.autenticaeditora.com.br

Dados Internacionais de Catalogação na Publicação (CIP)
Câmara Brasileira do Livro, SP, Brasil

Barbosa, Maria Lígia de Oliveira
Conhecimento e imaginação : sociologia para o ensino médio / Maria Ligia de Oliveira Barbosa, Tania Quintaneiro, Patricia Rivero – Belo Horizonte : Autêntica Editora, 2012 – (Coleção Práticas Docentes, 4).

Bibliografia
ISBN 978-85-65381-24-6

1. Sociologia (Ensino médio) I. Rivero, Patrícia. II. Quintaneiro, Tania. III. Título. IV. Série

12-04099 CDD-301

Índices para catálogo sistemático:
1. Sociologia : Ensino médio 301

APRESENTAÇÃO

A necessidade de um livro de apoio para os professores de sociologia para o ensino básico vem sendo expressa há tempos pelos próprios estudantes de ciências sociais que pretendem iniciar essa carreira profissional. Na medida em que a sociologia foi aprovada como disciplina obrigatória sem uma definição restritiva sobre o número de horas-aula ou o período em que seria lecionada, e que o MEC fez uma proposta de princípios e temas, o conteúdo apresentado neste livro precisa se adequar a essa amplitude, assim como às muito diferentes condições de cada escola e região do país, e aos materiais disponíveis para os professores e alunos. É, portanto, com base nesse ponto de partida que o livro foi pensado, de modo a oferecer uma extensa fonte de possibilidades e de recursos pedagógicos que, de acordo com as circunstâncias de seu trabalho, cada professor pode utilizar para o desenvolvimento de seu programa.

Em tal sentido, o livro não pretende sugerir conteúdos obrigatórios, mas munir o professor com a maior quantidade possível de ferramentas teóricas e metodológicas para que ele possa selecionar o que lhe parecer mais conveniente e viável na montagem de seu próprio programa. A proposta é que o professor combine sua criatividade e os meios que sua escola oferece com as variadas possibilidades que o livro propõe para sua formação continuada e para o trabalho com as turmas, dentro e fora de sala de aula. Assim, além do texto sobre cada tema, são sugeridos artigos e livros (alguns dos quais disponíveis em formato eletrônico) que possam auxiliar na compreensão dos problemas e na formação sociológica do professor.

No ensino dessa ciência, o papel do professor é árduo. Ele vai lidar com estudantes muito jovens, com consideráveis dificuldades de abstração no campo das ciências sociais e pouco tempo disponível para absorver sua complexidade. Ao mesmo tempo que a temática é sedutora, existe o risco de que o estudante substitua o rigor da ciência, pouco conhecida, pelo senso comum, de alcance mais imediato. A intenção deste livro é ajudar o professor a encontrar caminhos que levem os estudantes a transcender o senso comum, na busca de conhecimentos conceitualmente mais rigorosos e precisos sobre as sociedades e suas transformações no tempo.

NOTA SOBRE AS ATIVIDADES

Para diversos itens de todos os capítulos, foi proposto um extenso leque de atividades que visam a auxiliar o professor na introdução de conceitos e problemas sociológicos por meio do exercício do pensamento sociológico, mesmo que em etapas menos complexas, próprias de estudantes que se encontram no início deste trabalho. A ampla variedade de sugestões pretende funcionar como uma espécie de cesta de alternativas, de onde o professor venha a obter atividades para desenvolver as unidades do programa, para motivar debates, ou para diversificar os exercícios, montando o conjunto que melhor atenda seu programa e mais se adéque ao perfil da turma.

Por outro lado, com o avanço do conhecimento e a evolução dos métodos didáticos, o trabalho interdisciplinar vem ganhando espaço, exigindo que cada ciência particular estabeleça as pontes necessárias com as demais áreas. As atividades propostas, em vários casos, podem e devem ser tratadas como exercícios que permitem entender a perspectiva sociológica no seu permanente diálogo com as demais disciplinas, da filosofia à biologia, passando naturalmente pela psicologia, pela história, pela política, pela geografia ou ainda pela linguística. As questões mais notavelmente interdisciplinares foram assinaladas como "trabalho interdisciplinar".

Assim como são apresentadas diversas atividades e trabalhos interdisciplinares em cada tema, também foram selecionados alguns filmes que abrem caminho para a discussão de temas. São apresentadas as sinopses e o tipo de questão que pode ser explorada com facilidade a partir desses materiais audiovisuais. Na verdade, como ideias, elas são meramente indicativas de possibilidades de trabalho, e podem ser muito enriquecidas com a experiência e o conhecimento dos professores.

PARTE I

UMA INTRODUÇÃO À SOCIOLOGIA

CAPÍTULO 1

O CONHECIMENTO

Os seres humanos não são os únicos habitantes do planeta que conseguem transferir aos seus semelhantes formas de agir e de perceber o mundo. Muitos animais ensinam a seus filhotes estratégias fundamentais à sobrevivência, ainda que possamos considerá-las atos meramente instintivos. No entanto, o fato de que os seres humanos podem registrar e acumular conhecimento na forma escrita, falada, gravada ou filmada – ou seja: através de símbolos – cria a possibilidade de acumulação e de acesso e utilização quase universais por parte de outros membros de sua sociedade ou da espécie ao que foi um dia descoberto, inventado ou aprendido. A importância desse saber, e o fato de que pode passar de geração em geração, é essencial para a espécie.

A ciência criou uma forma de construção e de acumulação de conhecimento baseada em regras que tratam de ser universais, e que visam a que pessoas que não participaram de sua produção possam compreender tais conhecimentos e fazer uso deles.

Conhecimento e sobrevivência humana

Observar e interpretar o mundo em que vivemos fazem parte de um mesmo processo. Crianças e adultos, povos de diferentes localidades e em todas as épocas da história, em suma, os seres humanos, desde seu surgimento no planeta, realizam essa atividade essencial que auxilia na sobrevivência e reprodução da espécie. O entendimento do mundo imediato e a capacidade de previsão que daí decorre contribuem decisivamente para a sobrevivência humana e se manifestam na capacidade de obtenção e conservação de alimentos, na defesa contra animais ou na proteção em relação a fenômenos da natureza que ameaçam a vida, e mesmo contra outros que tenham interesse na destruição ou na apropriação dos seus recursos. Os seres humanos tratam de compreender e atuar com base em seu entendimento, e o fazem coletivamente. Isto é: observar, interpretar, acumular informações e repassá-las, ensinando-as aos menos experientes, são ações realizadas socialmente, pressupõem interações entre pessoas, comunicação, um sistema de símbolos compreensível, gestos, tons de voz, palavras e expressões faciais com significado social que outros seres humanos conseguem compreender. Os conhecimentos também colaboram na redução da dor, na cura de enfermidades e ferimentos. No entanto, a tecnologia resultante desses processos também pode ser usada de forma irresponsável, devastadora, e contribuir para a destruição de seres humanos ou da natureza. O mundo conhecido e a conhecer engloba, além da natureza, as relações sociais, ou seja: dos seres humanos uns com os outros, sejam elas pacíficas ou não, de exploração ou de cooperação, amorosas, econômicas ou outras. Temos aqui uma primeira etapa da discussão do que é o social, a noção de que ele pode ser conhecido e de que os seres humanos precisam conhecê-lo.

A diversidade de explicações e suas legitimidades

Podemos construir uma grande multiplicidade de formas inteiramente diversas de percepção e explicação sobre o mundo, assim como criticar ou rejeitar o modo pelo qual as pessoas tratam de conhecê-lo e os diversos resultados obtidos a partir desses distintos modos de conhecer. Pode-se não concordar com o entendimento de um pai que atribui a doença de seu filho a um castigo pelos erros de seus antepassados, ou não aceitar a explicação de um povo que acredita que uma seca prolongada é um desígnio dos deuses, ou descrer de que um tratamento de sangria cure um doente, ou desconfiar da previsão do futuro por meio dos signos do horóscopo. No entanto, essas são formas de conhecimento com as quais os seres humanos e as sociedades convivem, muitas vezes sem conflito aparente, com outras fundadas na racionalidade científica. A credibilidade e a confiança podem se fundamentar na necessidade emocional de crer em uma explicação, que conforta ou anima uma pessoa a lutar para superar obstáculos. Mas também podem se basear num tipo de relação social usual nas sociedades modernas em que as pessoas aprendem que a ciência tem respostas muito razoáveis para diversos problemas humanos.

As formas de entendimento possuem distintas legitimidades, e aquelas que se baseiam na confiança em gerações passadas, às quais se deve um grande respeito, ou em lideranças espirituais e religiosas que, por princípio, possuem um acesso privilegiado ao saber e às esferas divinas, tendem a se modificar muito lentamente. Elas e outros modos de explicação, definidos pela sociologia como tradicionais, são a base de formas cada vez mais precisas de conhecimento e explicação às quais chamamos de científicas. O conhecimento científico se desenvolve em todas as áreas: humanas, exatas e naturais. Algumas de suas formas exibem uma duração bem mais longa do que outras, e ele tende a ser cumulativo, questionando e rejeitando descobertas anteriores em função de novos achados.

A credibilidade do que se conhece tem fortes raízes nas experiências pessoais e coletivas ou nas de indivíduos a quem respeitamos, como nossos pais, professores, amigos ou guias espirituais e religiosos. Com base em sinais que se repetem em nossas vivências, podemos prever se vai chover, se vamos adoecer, se seremos hostilizados ou bem recebidos. Ou seja: os seres humanos desenvolvem mecanismos para prever tanto fenômenos da natureza quanto as ações de seus semelhantes. Entretanto, do ponto de vista da sociologia, é sempre importante mostrar como os diferentes modos de conhecimento se tornam críveis, são incorporados de maneiras distintas aos nossos comportamentos, e isso varia segundo a posição social das pessoas, sua idade, grau de instrução, a cultura na qual se inserem, e uma ampla variedade de fatores.

A princípio, espera-se que indivíduos mais instruídos e com formação científica básica adotem comportamentos racionais e rejeitem crenças no poder curativo de uma oração ou benzedura, por exemplo. Mas nem sempre é o que se verifica. Com efeito, não é difícil encontrar pessoas esclarecidas que, ao mesmo tempo que seguem a receita prescrita por um médico, não dispensam o recurso a outras formas de cura baseadas na tradição e sem qualquer sustentação científica. Do mesmo modo, sociedades de alto desenvolvimento científico podem se caracterizar por terem uma cultura permeada de fortes convicções religiosas. O importante para o olhar sociológico é analisar a presença de elementos que costumamos chamar de tradicionais e modernos em sociedades ou grupos sociais concretos, e determinar em que condições e por que motivos a convivência é harmônica em certos casos, ou contraditória, podendo até desatar conflitos de monta, em outros, como acontece, por exemplo, no embate entre criacionistas x darwinistas nos Estados Unidos.

É justamente aí que se encontra a diferença social quanto ao tipo de legitimidade de cada conhecimento. A ciência constrói sua legitimidade pela argumentação racional e pela possibilidade de experimentação e repetição de descobertas e procedimentos. Já a religião se legitima pela crença, pela fé. A ciência normalmente seria capaz de demonstrar as razões pelas quais demanda que nós acreditemos no que dizem os cientistas. A religião produz raciocínios, em alguns casos muito elaborados, mas exige nossa adesão a princípios não demonstráveis e muitas vezes irracionais.

As duas formas de conhecimento existem na sociedade moderna, e um dos equívocos da sociologia foi justamente ter acreditado que somente princípios científicos passariam a ser legítimos.

Como se viu no final do século XX e início do XXI, crenças religiosas possuem extrema vitalidade e, intermitentemente, voltam à tona ajudando a reforçar lutas políticas, oferecendo justificativas para invasões a outros países, ou atuando sobre o controle moral da conduta de indivíduos, grupos e movimentos, como se verifica, atualmente, entre os tibetanos que lutam para recuperar as terras nacionais controladas pela China, grupos islâmicos radicais que visam a tomar o poder em seus Estados, cristãos ortodoxos que buscam reformas políticas em países do antigo bloco socialista, ou cristãos fundamentalistas que têm influenciado decisivamente a política externa dos Estados Unidos. Em toda parte, observa-se um ressurgimento importante das religiões e de sua influência sobre a vida cotidiana e a política das sociedades. Esse fato pode servir de base para que o professor estimule algumas reflexões sobre o alcance, ou melhor, sobre os limites da secularização e do secularismo nas sociedades modernas, mostrando como, mesmo nas práticas cotidianas de pessoas bastante educadas, ainda podem ser encontrados traços, às vezes fortes, do pensamento tradicional baseado em crenças religiosas ou mágicas.

Para a sociologia, o que seria importante no caso da legitimação das diferentes formas de conhecimento não é propriamente o conteúdo de verdades ou de erros que uma ciência possa ter, ou a existência ou inexistência de Deus. A sociologia não tem instrumentos para empreender tal análise: apenas procura entender como cada sociedade ou cada grupo social estabelece um tipo específico de relação com o conhecimento, valorizando mais ou menos a religião ou a ciência, dando maior ou menor espaço para entidades divinas ou para laboratórios de pesquisa sobre o genoma humano.

Leituras auxiliares

HENRY, John. *A revolução científica e as origens da ciência moderna*. Rio de Janeiro: Jorge Zahar, 1998.

SAGAN, Carl. *O mundo assombrado pelos demônios*. São Paulo: Companhia das Letras, 1996.

Características do procedimento científico

A ciência é um tipo de conhecimento cujas características o diferenciam de formas de conhecimento tradicionais e religiosas, ou de outros modos de apreender e explicar as realidades tais como são percebidas pelos seres humanos em distintas épocas. Isso não significa que a ciência consiga ou procure eliminar outras interpretações e modos de agir, que podem desfrutar de tanta ou mais legitimidade do que ela. Assim é que uma pessoa pode tomar um medicamento indicado pelo médico e, ao mesmo tempo, fazer uma promessa, seguir as indicações de seu líder religioso, usar um remédio caseiro e adotar condutas de cura que fazem parte da cultura a que pertence. No entanto, o sucesso dos procedimentos científicos é notório em diversas áreas e tem influenciado profundamente a conduta humana. Seus resultados mudaram os padrões de sobrevivência da espécie. O princípio da conduta científica é a dúvida metódica, enquanto a curiosidade, a necessidade, o lucro e outros tantos fatores alimentam o interesse na busca de explicações. Mas é esse princípio da dúvida, orientada pelo método, que faz avançar o conjunto de conhecimentos acumulados pela ciência.

Para desenvolver o saber científico é preciso adquirir um modo de agir sistematizado e específico da ciência. A sociologia é um modo científico de conhecimento. Ela trabalha com causalidades, variáveis, hipóteses, observações controladas e coleta de informações que podem ser verificadas. Durante o curso, os estudantes precisam compreender o mais claramente possível que a sociologia é uma ciência, mesmo que o professor não pretenda que eles produzam esse tipo de conhecimento com o rigor que o caracteriza.

Sistematizando alguns desses temas, apresentamos as principais definições:

> "A ciência é todo um conjunto de atitudes e atividades racionais, dirigidas ao sistemático conhecimento com objeto limitado, capaz de ser submetido à verificação" (Trujillo, 1974, p. 8 *apud* Marconi; Lakatos, 2011).
>
> Marconi e Lakatos (2011, p. 51) consideram, seguindo Bunge, que o método científico é a teoria da investigação. Ele alcançaria seus objetivos se cumprisse as etapas seguintes:
>
> Descobrimento do problema
>
> Colocação precisa do problema
>
> Procura de conhecimentos ou instrumentos relevantes ao problema
>
> Tentativa de solução do problema com auxílio de meios identificados
>
> Invenção de novas ideias (hipóteses, teorias ou técnicas) ou produção de novos dados empíricos
>
> Obtenção de uma solução
>
> Investigação das consequências da solução obtida

Prova (comprovação) da solução

Correção das hipóteses, teorias, procedimentos ou dados empregados na obtenção da solução incorreta.

Toda essa discussão sobre a ciência e o caráter científico da sociologia aparece em muitos livros sobre metodologia científica e seu uso nas ciências humanas. A bibliografia nessa área é ampla e diversificada. Pesquisar e ler esses manuais é um passo fundamental para utilizar adequadamente os conceitos sociológicos.

Leituras auxiliares

BOUDON, R. *Os métodos em Sociologia*. São Paulo: Ática, 1989.

BOURDIEU, P.; CHAMBOREDON, J. C.; PASSERON, J. C. (1968). *Ofício de sociólogo*. Petrópolis: Vozes, 2004.

KUHN, T. *A estrutura das revoluções científicas*. São Paulo: Perspectiva, 1975. (Coleção Debates)

MARCONI, M.; LAKATOS, E. *Metodologia científica*. São Paulo: Atlas, 2011.

CAPÍTULO 2

O DESENVOLVIMENTO DA SOCIOLOGIA COMO CIÊNCIA

A sociologia é uma das muitas formas do conhecimento científico. Sob uma perspectiva ampla, a história do conhecimento sobre a sociedade e as relações entre os seres humanos se inicia no pensamento clássico grego. Já de um ponto de vista específico, a sociologia surge como ciência ao longo do século XIX, na Europa. As contribuições de dezenas de pensadores foram sendo consolidadas e organizadas e continuam a se desenvolver. O conjunto de informações que a sociologia vem obtendo sobre as sociedades vem substituindo as existentes por dados novos e mais precisos. É importante que o professor assinale a lenta acumulação do conhecimento sociológico, sem pretender realizar um aprofundamento nessa história. É preciso frisar que este desenvolvimento permanente é uma das marcas do modo científico de construção do conhecimento, que caracteriza a sociologia.

É provável que surjam perguntas sobre a utilidade do conhecimento sociológico. O professor pode mostrar que os resultados desse conhecimento podem servir positivamente ou não, dependendo do que fazem com ele os que possuem poder de intervenção social. Nem sempre os resultados de uma investigação são aplicáveis, já que a sociologia não tem como proposta exclusiva a intervenção, mas também o conhecimento da vida social em todos os seus aspectos.

Leituras auxiliares

BOMENY, H.; FREIRE-MEDEIROS, B. *Tempos modernos, tempos de Sociologia.* Rio de Janeiro: Editora do Brasil, 2010.

MARTINS, C. *O que é Sociologia.* São Paulo: Brasiliense, 1994.

QUINTANEIRO, T.; BARBOSA, M. L.; OLIVEIRA, M. *Um toque de clássicos*: Marx, Durkheim e Weber. Belo Horizonte: Editora UFMG, 2002.

O objeto da sociologia e suas especificidades

Em termos muito amplos, cabe à sociologia investigar cientificamente os fatos sociais definidos anteriormente. Portanto, seu objeto é a vida social ou a vida em sociedade, ou os fatos sociais.

Sociedades que possuem estruturas muito simples podem se tornar crescentemente complexas por meio de mudanças que vão desde o aumento da densidade de sua população ao desenvolvimento de sua cultura, ao adiantamento tecnológico ou à acumulação de riquezas.

A principal característica do objeto da sociologia é estar em permanente transformação. Diferentemente do que ocorre a um ser vivo em crescimento ou envelhecimento, as mudanças sociais não seguem padrões fixos. Se pensarmos que as sociedades passaram e estão permanentemente vivendo processos de transformação, podemos ter uma pálida ideia do grau de dificuldade para estudá-los.

Por outro lado, a sociologia pode empreender um número quase infinito de recortes desse objeto, ou seja: estudar sociedades muito simples ou muito complexas, interações em distintos tipos de sociedades, grupos sociais e categorias econômicas, organizações religiosas e empresariais, mecanismos de troca e de constituição de famílias, formas de dividir o trabalho e de educar as pessoas. Na verdade, todo e qualquer ato humano pode ser objeto da sociologia e, com isso, novas questões se colocam.

Teriam as sociedades surgido juntamente com os seres humanos ou eles já viveram solitários, isoladamente, ou seja, de outra forma que não em grupos sociais? Uma das controvérsias mais vivas na história do pensamento social refere-se precisamente aos vínculos indivíduo e sociedade. Num sentido bem amplo, pode-se falar de duas grandes concepções a respeito desse assunto: a orgânica, dominante nos mundos antigo e medieval, e a individualista, que nasce com a modernidade ocidental e que, ao mesmo tempo, a configura. Desde já, vale a pena destacar que tanto as correntes estruturalistas como as concepções individualistas no campo da sociologia não visam a demonstrar factual ou historicamente a precedência de um dos termos – indivíduo ou sociedade – em relação ao outro, mas postulam premissas teóricas a partir das quais a relação entre eles assume caráter e valoração distintos na análise dos fatos sociais. A primeira, isto é, a orgânica, parte do pressuposto de que a sociedade, a polis, é anterior a e mais importante que seus elementos constitutivos: famílias, tribos, pessoas. Para essa perspectiva, a totalidade não só é anterior às partes, mas estas carecem de sentido quando consideradas separadamente da sociedade, da polis. A outra concepção individualista, ao contrário, pressupõe que o fundamento último de toda realidade social é o indivíduo. Desse ponto de vista, o indivíduo é, lógica e ontologicamente, anterior à sociedade e ao Estado. O mais importante formulador dessa perspectiva é Thomas Hobbes. Ele ficou conhecido pelo aforismo "o homem é o lobo do homem", o qual se refere ao perigo que representavam os seres humanos uns para os outros, ao viverem em uma espécie de guerra permanente entre si, na medida em que cada um deles procurava fazer o que fosse necessário para sua própria sobrevivência. Hobbes faz menção ao surgimento de um "contrato social", a partir da renúncia por parte dos indivíduos ao direito natural em nome de um direito positivo, fundamentado na existência da autoridade legítima do Estado, o qual, nascido desse pacto, exerceria o poder absoluto sobre todos, em nome da ordem e da paz. O contratualismo nasce como uma explicação teórica da constituição da sociedade e, por extensão, de qualquer fenômeno social, a partir das decisões ou ações de indivíduos racionais que visam a proteger e realizar seus interesses. Na sociologia, essa concepção está presente em autores que, como Max Weber, atribuem à ação individual, com suas distintas motivações, a origem do que se define como "social".

No outro extremo estão as chamadas correntes estruturalistas que, sem recair na concepção orgânica tradicional, argumentam que as causas dos fenômenos sociais não devem ser buscadas nas intenções e ações dos indivíduos, mas em forças ou processos que fogem a seu controle e que acabam determinando o curso dos acontecimentos. Em tal sentido, os verdadeiros sujeitos da história não são os indivíduos, mas os grupos, as classes e, no limite, a sociedade. Na medida em que as sociedades se tornam mais complexas, seus membros conseguem descobrir que se diferenciam uns dos outros, e assim criar e exercer o direito a essas diferenças. Portanto, é a própria sociedade que possibilita a existência da individualidade. Daí que a vida social constitui a existência mesma dos seres humanos e estes só se viabilizariam através dela. Em síntese, a perspectiva estruturalista – sem negar a importância dos indivíduos e do individualismo como traços característicos da sociedade moderna – considera que a explicação científica dos fenômenos sociais, isto é, a descoberta de suas causas, exige que o foco da análise se transfira das intenções e ações de indivíduos para a estrutura e dinâmica do sistema social.

Por tudo isso, é preciso que o sociólogo delimite certo número de elementos estruturais e de processos que precisam ser conhecidos sobre a sociedade ou o grupo social que ele investiga a fim de dizer algo fundamentado sobre eles. Mas mesmo as sociedades mais simples, como as tribos, são constituídas de um número extraordinariamente grande de elementos: a estrutura de suas famílias, o tipo de tecnologia que desenvolveram, como se adaptaram a seu ambiente físico, quais seus padrões econômicos e de trabalho, como se organizam politicamente, o tipo de relações que elas mantêm com as sociedades vizinhas, se nelas coexistem religiões, como se desenvolve seu sistema profissional, etc.

De toda forma, nesse quadro, é fundamental perceber que o objeto do trabalho sociológico não se oferece aos nossos olhos, não é dado pela nossa simples existência social. Esse objeto precisa ser desenhado, precisa ser construído. Se nossa experiência nos indica que tipo de problema merece ser estudado, em cada período histórico, os problemas sociais são diferentes e têm níveis distintos de relevância, segundo cada sociedade. Os conceitos e os sistemas teóricos que os elaboram nos apontam métodos adequados para identificar e recortar nosso objeto numa realidade que é infinita.

Recortado esse objeto, a análise científica procede metodicamente, estabelecendo relações causais entre os diferentes elementos que constituem esse objeto. Tanto os elementos que o constituem quanto as relações que se estabelecem entre eles são necessariamente racionais. O estabelecimento dessas relações causais entre elementos que constituem um objeto de análise – uma forma de trabalho, um tipo de pessoa, um padrão de comportamento – tem como resultado um tipo ideal, instrumento conceitual e metodológico essencial da sociologia.

Abordagem sociológica e abordagem psicológica

A sociologia busca entender como as sociedades classificam brancos e negros, paulistas e nordestinos, nacionais e estrangeiros, e mostra que o racismo não é inerente às consciências individuais, mas é uma forma socialmente construída, aprendida, de classificar as pessoas de cores ou "raças diferentes", a partir de traços secundários aos quais são atribuídos valores de signo positivo ou negativo, mesmo quando a ciência já revelou a igualdade substantiva da espécie humana do ponto de vista biológico. A psicologia procura, na consciência e na história particular das pessoas, as razões que as levam a pensar, sentir e agir de forma racista. Já a sociologia procura as razões pelas quais se formam representações mais ou menos fortes e mais ou menos corretas sobre pessoas, grupos de pessoas, objetos e grupos de objetos. A psicologia procura entender que mecanismos foram desenvolvidos pelas consciências individuais para lidar com determinadas questões. A sociologia procura entender como determinados padrões de ação e percepção são construídos e passam a orientar a ação das pessoas.

Sociologia como ciência empírica

Por que a sociologia não pode prescindir da pesquisa empírica? Este debate é importante para que a turma perceba que a sociologia é uma ciência e, portanto, usa a metodologia científica de coleta de materiais e de análise. No Capítulo 3, item 1, quando serão discutidos os conceitos básicos da sociologia, ficará clara a necessidade da pesquisa empírica para o trabalho sociológico científico. O professor pode provocar um debate relativo a um tema, de forma a mostrar que a busca sistemática de informações é a única forma de comprovar as hipóteses. É mais fácil levantar propostas de temas que possam ser pretensamente resolvidos em sala de aula, pelos próprios estudantes. Com base no assunto sugerido, o professor propõe questões e, em seguida, considera as possíveis explicações dos estudantes, que funcionarão como hipóteses, até que se consiga chegar a conclusões relativas ao necessário trabalho empírico e suas balizas.

Teorias sociológicas e seus fundamentos sociais

Alguns dos modelos mais bem-sucedidos de interpretação das sociedades surgiram no interior dos movimentos de mudança, especialmente durante suas crises mais intensas, quando o entendimento tinha um caráter urgente: decifra-me ou te devoro. Dessa forma podemos entender, pelo menos em parte, o desenvolvimento do marxismo e da teoria durkheimiana, ambos tentativas de compreender as profundas crises pelas quais passava a sociedade europeia.

Muitas vezes, as crises e o esforço para compreendê-las e superá-las, procurando evitar a destruição da própria sociedade, podem produzir modelos de interpretação e mesmo de intervenção. Estes nunca se apresentam prontos para uso nem podem oferecer uma garantia de que solucionarão as questões que provocam sofrimento em membros de tais sociedades ou em alguns de seus grupos. Desse modo, a sociologia está permanentemente em construção, tal como as modificações pelas quais passa o objeto que examina.

A decisão do que é importante conhecer a respeito desse objeto tão complexo coloca sobre o cientista uma grande responsabilidade em termos de esforço de controle sobre a influência de suas próprias crenças – políticas, religiosas, filosóficas – e de seus valores. A própria sociologia mostra que é preciso discutir a presença dos valores.

O pensamento clássico na sociologia

Com a crise da ordem aristocrática e feudal e o correlativo avanço do capitalismo e da produção industrial, duas classes sociais interdependentes passaram a ocupar o centro do cenário europeu: a burguesia e o proletariado. As populações rurais, deslocadas pela decadência dos feudos e pela modernização da agricultura, afluíram aos centros urbanos e, apinhadas em torno das fábricas, constituíram uma nova categoria social: a do trabalhador juridicamente livre. O crescimento intenso e desordenado das cidades com sua consequente concentração de habitantes facilitou a propagação de doenças, elevou a mortalidade infantil, a miséria, e evidenciou outras formas de criminalidade. Como fruto das próprias tensões e lutas sociais, emergiram novos modos de organização política, de incorporação das classes médias, assim como da população trabalhadora, via sindicatos, associações e partidos.

As teorias de Karl Marx (1818-1883), Émile Durkheim (1858-1917) e Max Weber (1864-1920), assim como refletem os problemas de seu tempo, visam a fornecer uma explicação racional e objetiva das causas responsáveis, em todas as épocas, pela formação, transformação ou eventual desintegração dos grupos humanos e de suas instituições. Por isso, o pensamento desses autores continua sendo relevante para entender nossas sociedades e seus conflitos, e é esse o motivo pelo qual são considerados os clássicos da sociologia. Suas obras, elaboradas com imaginação e método, têm contribuído para a consolidação da nova ciência, erguendo pontes em direção à história, à economia, à filosofia, à ciência política, à demografia, à estatística e ao direito. Eles mostraram que fenômenos como o crime, as desigualdades, as crenças, a autoridade e a racionalização, entre outros, podiam ser entendidos como processos sociais. Vejamos de maneira breve algumas de suas descobertas.

Marx

Conhecer a vida de Karl Marx ajuda a compreender o impacto de sua obra, sentido até os nossos dias não apenas no âmbito das ciências sociais, mas também da história política e social contemporâneas. Marx, junto com Friedrich Engels, seu parceiro intelectual em muitas obras, testemunhou as penosas condições de vida e de trabalho dos operários nas cidades e fábricas da Inglaterra durante o período de consolidação do capitalismo. Mas, por outro lado, eles também presenciaram o processo de multiplicação das riquezas deslanchado sob o comando da burguesia.

Consciente da revolução tecnológica e do incremento da produção que marcaram seu tempo, Marx destacou a expansão das forças produtivas como uma fase necessária para a futura implantação da ordem comunista. O ponto de partida de sua teoria é que os modos de organização social são efêmeros, isto é, sociedades são formações históricas, transitórias, como qualquer fenômeno social. Portanto, a sociedade capitalista destinava-se igualmente à extinção, embora os ideólogos burgueses assegurassem que seria eterna. Em tal sentido, o desenvolvimento do modo capitalista de produzir seria a síntese mais avançada, embora transitória, do esforço que os seres humanos vêm realizando para garantir sua sobrevivência no planeta. Outras formas de organização para atender às necessidades existiram e ainda persistem hoje no planeta, como resultado dos diferentes modos como os seres humanos vivem, lidam com seu ambiente, com as outras pessoas e com outros grupos.

A vida humana só é possível em sociedade. Os seres humanos se articulam e cooperam entre si para produzir, sob pena de perecer. Em cada época e lugar, têm seus modos próprios de obter alimento, através da caça, da coleta ou do cultivo da terra, da criação de gado, e de defender-se de ataques e de fenômenos naturais. Eles tentam obter o que precisam através de armadilhas, armas, ferramentas, sementes, captura e criação de animais, assim como de seus conhecimentos sobre o clima, a saúde, as técnicas de plantio, da indústria, da pesca ou mesmo das guerras. Mas as quantidades de alimentos, terras, riquezas, conforto, respeito e poder que cada indivíduo ou grupo obtém para si, seu clã ou família, e o esforço que deve fazer para isso, nem sempre são equivalentes, seja em distintas regiões e períodos ou numa mesma sociedade. Marx buscou entender a causa dessas desigualdades.

Quando os recursos necessários para a sobrevivência de todos passam a ser controlados por algum grupo, este se apodera de parte do que os outros produziram ou dos serviços que podem prestar. Os meios de produção – água, terra, fontes de energia, ferramentas, matérias-primas e máquinas – variam de acordo com as sociedades e seu desenvolvimento. Os conhecimentos são aplicados a esses meios de produção na forma de tecnologia, com a finalidade de aprimorá-los e aumentar sua produtividade. Quando os meios de produção, assim como as capacitações das pessoas que trabalham com eles, se aperfeiçoam, dá-se um desenvolvimento do conjunto das forças produtivas dessa sociedade. Antes, a atividade prática dos produtores era a principal maneira de aprimorar as forças produtivas, mas gradativamente a ciência assumiu esse papel.

Portanto, para Marx, a apropriação privada dos meios de produção foi o fator responsável pelo estabelecimento das sociedades de classes e, consequentemente, pela distribuição desigual do produto. Nas sociedades onde existem grupos de pessoas que não possuem esses meios para produzir, como os escravos, os servos e os operários, elas precisam, para sobreviver, trabalhar para os grupos que controlam tais meios, como os donos de escravos, os senhores feudais e os burgueses. Marx explicava de maneira simplificada as estruturas das sociedades de classes, caracterizando-as por suas duas classes principais e antagônicas, que se relacionam conflituosamente como, por exemplo, livres e escravos, patrícios e plebeus, senhores e servos de gleba. Outros pensadores já tinham mencionado que as classes sociais se enfrentavam devido à oposição entre seus interesses. Marx acrescentou que, quando a classe explorada economicamente e oprimida politicamente toma consciência de sua situação, ela procura extinguir essa relação desigual e o sistema que a sustenta. Ele acreditava que, assim como houve um comunismo primitivo, a humanidade poderia vir a extinguir a exploração entre os seres humanos e instituir sociedades sem classes, mas desta vez dotadas das vantagens de um elevado desenvolvimento das forças produtivas.

A luta de classes é apontada pelo marxismo como o motor ou o propulsor das mudanças sociais ou da história. Ela é capaz de provocar a reorganização das estruturas das sociedades. A luta entre a burguesia e o proletariado levaria, portanto, a uma transformação revolucionária: à dissolução da sociedade capitalista e à formação de uma nova sociedade, a socialista, uma transição para a sociedade comunista, na qual não haveria classes. Essas ideias exercem até hoje forte influência sobre os grupos que se veem carentes de justiça social ou que pretendem construir uma sociedade fundada em valores igualitários.

A análise de Marx sobre as sociedades e suas mudanças se fundamenta num método: o materialismo histórico. A transformação do mundo social é o resultado da maneira como se organiza a produção. Essa é a base de toda a estrutura social, política e religiosa. Quando se pretende explicar de que forma as sociedades surgem, se desenvolvem ou se extinguem, é preciso começar pelo estudo de como seus membros se associam para produzir e atender suas necessidades. O controle dos meios de produção é fundamental para que os grupos despojados se vejam obrigados a trabalhar para os possuidores. Grupos que conseguem privilégios precisam garanti-los por meio de uma luta contra os demais grupos, a fim de assegurar o que conquistaram e perpetuar sua situação favorável. Para tanto, eles utilizam as instituições militares, jurídicas, religiosas e políticas, e disseminam sua ideologia, impondo-a aos grupos explorados, que acabam por adotá-la. Essa é uma relação de dominação. Os dominados passam a compreender o mundo de acordo com as ideias que interessam à classe dominante, a qual, assim, difunde seu modo de pensar e de interpretar a sociedade. Marx se refere à ideologia como uma espécie de véu que encobre a realidade social, de modo que as classes dominadas veem apenas as aparências. A luta política revolucionária denuncia e desfaz a ideologia dominante.

A análise da sociedade capitalista

Concentremo-nos, agora, na sociedade capitalista. Uma de suas características mais importantes é que as necessidades de seus membros são satisfeitas crescentemente através da produção de mercadorias. Estas (por exemplo: tratores, remédios, livros, máquinas, sopinhas ou filmes) são trazidas do setor da produção e colocadas à disposição de quem vai consumi-las (fazendeiros, estudantes, industriais, bebês ou espectadores), adquirindo-as no mercado (lojas, farmácias, livrarias, supermercados, videotecas, etc.). A produção para o próprio consumo vem se reduzindo, e cada vez um número menor de pessoas pode sobreviver fora do mercado, na chamada produção de sobrevivência. As trocas se tornaram a principal maneira de produtores e consumidores atenderem às suas necessidades.

Para criar mercadorias, na sociedade capitalista, os trabalhadores – que, ao contrário dos servos ou dos escravos, são livres – entram com sua força de trabalho. Esta corresponde às suas habilidades, capacidades e aos seus conhecimentos. O salário representa o valor do trabalhador no mercado. Um salário paga um número de horas de trabalho, mais ou menos qualificado, de um trabalhador, que o gasta na sobrevivência própria e de sua família. Os capitalistas, que investem na produção, aplicam seus recursos em materiais, administração, energia, tecnologia e salários.

No mercado, tudo o que se troca tem um valor. Essa permuta está baseada nas equivalências daquilo que se pretende trocar. Um aparelho celular vale certo número de reais: equivalem-se, na troca, o objeto e a moeda. A força de trabalho também é uma mercadoria na sociedade capitalista. Ela é vendida e comprada pelo seu valor em dinheiro. Seu dono é o trabalhador, que é livre para negociá-la. O que Marx argumenta é que ela não é como as outras mercadorias, já que é a única que consegue produzir mais valor do que o seu próprio valor de troca. Durante o tempo em que realiza seu trabalho, o operário cria um valor que supera o que ele recebe na forma de salário. Esse valor excedente, chamado de mais-valia, é apropriado pelo dono dos meios de produção e constitui a base da acumulação capitalista.

A percepção, pela classe operária, de sua própria exploração é um sinal de que tomou consciência de sua situação e passou a rejeitar a ideologia da burguesia. Para Marx e Engels, quando a associação política dos membros das classes dominadas visa a mudar a estrutura da sociedade ou seu modo de produzir, ela tem caráter revolucionário. Marx argumentava que, assim como a burguesia, ao extinguir o feudalismo, promovera uma revolução de modo a fazer valer os seus próprios interesses de classe, também o proletariado faria o mesmo com o capitalismo. A luta revolucionária do proletariado provocaria o fim do capitalismo como forma de organização da produção, e outra forma de sociedade seria constituída, mais justa e menos desigual. Por isso é que Marx é lembrado como quem disse que os filósofos já haviam interpretado o mundo de distintos modos, chegara o momento de transformá-lo.

Durkheim

Quando Émile Durkheim começou a se dedicar à sociologia, a memória das profundas mudanças políticas e das sangrentas lutas ocorridas na Comuna de Paris (1871) ainda era recente. Alguns pensadores manifestavam, então, o desejo de voltar ao passado, idealizado como uma época mais feliz e ordeira. Por toda parte se enxergava desordem - social, moral e política - e relações sociais que já não eram harmônicas como pareciam ter sido antes. Mas Durkheim compartilhava o otimismo dos iluministas e confiava em que a humanidade avançava em direção ao progresso.

Contudo, a possibilidade de dissolução da vida social, em consequência dos conflitos, exigia análise. Durkheim observou que as sociedades vinham se tornando complexas e diferenciadas. Embora o aumento da produtividade fosse uma consequência visível da expansão da divisão do trabalho social, o pensador francês não estava interessado nos aspectos econômicos desse desenvolvimento e, sim, nos sociais. Ele via na divisão social do trabalho um fator de coesão e de solidariedade entre os membros interdependentes das sociedades. Mas, a seu ver, a nova ordem industrial moderna se encontrava debilitada porque não se criara, entre industriais e trabalhadores, uma solidariedade que estabelecesse entre eles laços morais firmes. Isso porque a divisão do trabalho não conseguira promover uma profunda unidade entre os membros da sociedade, como tinha se verificado nas sociedades feudais. Para isso, a sociedade precisava apresentar normas de conduta, deveres e limites válidos para seus membros, ou seja: uma moralidade. Se todas as sociedades anteriores tiveram sua própria moral, a nova sociedade industrial ainda passava por um longo e penoso processo de construção dessa moralidade que viria a corresponder às profundas mudanças em sua estrutura.

Durkheim atribuía a coesão dos grupos sociais à moralidade, cuja fonte é a sociedade. Somente a autoridade moral da sociedade seria capaz de impedir que se desencadeasse uma crise social de proporções incontroláveis. A moral une os membros dos grupos, cria consenso, de forma a que prevaleça a harmonia, e o todo se fortaleça. Segundo ele, a falta de uma moralidade vigorosa, e consequentemente de uma autoridade social, podia ser notada nas contínuas crises que se apresentavam então.

O aumento das taxas de suicídios que se verificava na Europa era uma das expressões dessa debilidade moral. O suicídio estava entre os fenômenos que, segundo o sociólogo francês, podiam ser explicados por causas externas aos indivíduos, isto é, sociologicamente. Algumas pessoas mais suscetíveis aos desequilíbrios de suas sociedades podem ser levadas ao suicídio, dizia Durkheim. Ele identifica três tipos de anormalidades que são perturbadoras e expressam uma crise nas sociedades. O primeiro mostra que inexiste uma firme moralidade: as sociedades vivem em estado de anomia, isto é, faltam normas e regras que disciplinem e moderem as paixões dos indivíduos, que estabeleçam limites e referências para eles, indicando o que podem ou não fazer. O segundo tipo de anormalidade é o afrouxamento dos vínculos entre os membros de uma sociedade. Ele causa distúrbios porque faz com que algumas pessoas se sintam isoladas socialmente. Por isso, a forte integração de sociedades familiares, religiosas, políticas ou profissionais serve de proteção à vida de seus membros, dá-lhes valor e identidade, sendo menor o percentual de suicídios. Um terceiro tipo é o suicídio visto como um dever a cumprir em nome das exigências da sociedade. O fenômeno dos kamikazes poderia ser analisado segundo a perspectiva durkheimiana.

O amor que sentimos por nossos familiares, o idioma que falamos, a moeda que utilizamos ou o modo como nos vestimos podem ser objeto de estudo da sociologia. Vejamos como Durkheim delimita o objeto de estudo dessa ciência.

O que são os fatos sociais

Para Durkheim, o objeto da sociologia são os fatos sociais. Eles são as maneiras de agir, sentir e pensar que se originam e existem fora do indivíduo, e atuam de modo coercitivo sobre sua consciência, mesmo que ele venha a concordar com elas. Um exemplo de coação é a moda. Estar inteiramente fora de moda pode ser embaraçoso para algumas pessoas. Nos chamados “crimes de honra” – que ainda ocorrem em regiões rurais, no Brasil ou em outros países –, algumas pessoas se sentem forçadas a cometer vinganças a fim de responder a deveres morais, impostos socialmente. Nesses casos, não acatar o que é visto como uma obrigação social se torna uma desonra, não só para o indivíduo, mas para o grupo. Os indivíduos, constrangidos, tendem a crer que não têm escolha. Eles percebem essa coação como uma espécie de força imperativa e incontrolável a tal ponto que parece estar fora deles e de seu próprio domínio. E foi o que afirmou Durkheim: a sociedade existe fora de cada um dos indivíduos que fazem parte dela. Isso é o que permite que os fatos sociais sejam observados e estudados como objetos da ciência: eles têm existência própria.

Em cada sociedade e época existe um conjunto de fatos sociais e morais. Por exemplo: o que é considerado crime ou beleza por uma sociedade poderá não ser por outras. Por outro lado, as sociedades não são estáticas; quando certas resistências são vencidas, se estabelecem novas instituições sociais, leis ou valores. Basta comparar como eram e como são, agora, na nossa sociedade, as estruturas das famílias, as relações entre pessoas de gerações diferentes, ou as ocupações exercidas pelas mulheres. Não faz muito tempo, no Brasil, os filhos relacionavam-se formalmente com seus pais, era raro que os casais se separassem, não se viam mulheres pilotando aviões, e os homens não faziam serviços domésticos em suas casas. O que faz com que aconteçam mudanças como essas? O conhecimento sociológico nos faz pressentir que elas não são definitivas nem param de acontecer.

Segundo Durkheim, a autoridade da sociedade sobre seus membros é intensa o suficiente para evitar ou dificultar que eles desobedeçam ou que ajam, sintam ou pensem de modos muito diferentes do esperado. Os membros das sociedades colaboram para isso através do mecanismo da coação sobre o insubmisso ou inovador. Eles ridicularizam, punem, censuram, prendem e provocam dor e constrangimentos morais naqueles que ignoram ou não se submetem a essas regras. Shakespeare expressa, em um drama, o conflito entre os sentimentos amorosos de Romeu e Julieta e as rígidas normas de suas famílias, que proibiam que seus membros se relacionassem, a não ser como inimigos. Durkheim afirma que é normal que exista quem transgrida as normas e leis, cometa crimes, ou procure modificar essas maneiras de sentir, de pensar e de agir.

Sempre estamos aprendendo de que maneira devemos atuar, sentir ou pensar, em distintas situações. Isto é: somos socializados durante toda a nossa vida. Assim, podemos compartilhar, com os demais membros de nossas sociedades, valores morais ou estéticos, gostos, linguagens e sentimentos, e acompanhar as mudanças pelas quais eles vão passando. Durante sua socialização, o ser natural, que cada indivíduo é quando nasce, vai se tornando também um ser social. Ele deixa, então, de sentir a pressão dos fatos sociais, à medida que esses passam a fazer parte de seu próprio modo de sentir, agir e pensar. A força da sociedade lhe ensina a respeitar e a amar tudo o que vem dela, a considerar sagrados os valores, as crenças e práticas sociais. Isso torna mais fácil superar os desejos individuais em nome dos interesses da coletividade, por isso, o ser social é superior ao natural. Tal respeito não se baseia na mera obediência, mas no comprometimento do indivíduo com a moralidade. As pessoas se humanizam, os vínculos entre elas - ou a solidariedade e consequentemente a coesão social - são fortalecidos e, desse modo, se dificulta a dissolução do grupo. Elas não apenas se submetem ao que sua sociedade exige, como aprendem a obedecer com prazer e a ver, nesses princípios e deveres, o próprio Bem. Para Durkheim, a educação é uma prova de que os fatos sociais são externos às pessoas. Eles devem ser aprendidos.

As sociedades se estruturam de variadas formas, desde as mais simples às mais complexas. Os membros de sociedades mais simples pensam, agem e sentem de maneira semelhante, e é isso o que assegura a unidade grupal. Durkheim menciona as hordas como um tipo hipotético de sociedade simples, onde não existiria qualquer tipo de divisão interna. Gradativamente, as sociedades vão apresentando uma diferenciação interna, grupos com funções próprias vão se formando e, aos poucos, se tornam mais e mais interdependentes. Esse processo é chamado de divisão do trabalho, e seu desenvolvimento modifica a estrutura das sociedades.

As sociedades chamadas de complexas ou organizadas se compõem de um número crescente de partes ou grupos que cumprem distintas tarefas: produzem bens, serviços e arte, administram o Estado, atuam nas forças armadas, nos setores de educação, saúde, construção civil e justiça, em funções que requerem conhecimentos, treinamento, habilidades e talentos específicos. Assim, as pessoas também vão se tornando cada vez mais diferentes umas das outras. Com a diferenciação criada pela divisão do trabalho, os membros se tornam mais e mais interdependentes entre si, o que aumenta os contatos entre eles e reforça os laços que os unem. Isto é: aviva-se a solidariedade e a coesão social. Durkheim argumenta que, nessas sociedades complexas, a integração não depende de que todos os seus membros partilhem os mesmos modos de sentir, pensar e agir, e ocorre uma crescente individualização.

Durkheim acreditava que o desenvolvimento das sociedades proporciona oportunidades para que uma pessoa mostre que pensa ou sente de maneira própria, e que pode divergir dos demais sem pôr em risco a unidade social. Isso não é o mesmo que dizer que o individualismo, no sentido do egoísmo, passe a ser socialmente aprovado. Portanto, a individualização é também um fato social. Hoje, no Brasil, os jovens, em particular, têm muitas alternativas de diversificação de suas maneiras de ser, sentir e pensar, e manifestam suas diferenças na conformação de grupos ou "tribos", em analogia às pequenas comunidades.

A coesão social foi um tema central na obra de Durkheim. Ele considera que, embora ameace a unidade, o crime é também uma ocasião para enfatizar os valores vigentes. Nas sociedades simples, os criminosos são julgados segundo os costumes, e se aplicam sanções repressivas aos que se desviaram do comportamento desejado, desrespeitaram crenças ou violaram regras coletivas. O objetivo da punição é impedir, com vigor, que ocorra a dissolução da vida social, lembrando a todos os membros da sociedade que os vínculos entre eles dependem da observância e respeito a tudo o que garante sua existência coletiva. Já nas sociedades complexas, é o direito que procura restabelecer a harmonia que foi quebrada. Durkheim lembra que a violência não pacifica os espíritos, ela expressa uma ruptura na solidariedade social, um estado de guerra. Apenas um poder moral superior aos interesses e às paixões individuais é capaz de garantir a paz e a unidade, e ele vem da sociedade.

Há, no entanto, momentos em que as ligações entre os membros das sociedades estão frouxas. Para que se reforcem, são criadas celebrações, oportunidades para que eles festejem, juntos, o fato de pertencerem ao grupo, o orgulho de tomarem parte em suas crenças e dos ideais que sua sociedade apregoa, e de compartilharem seus heróis e vitórias. Isso acontece em todos os tipos de sociedades. Os grupos – como os de amigos, familiares, colegas de trabalho, torcedores de um time de futebol – realizam rituais festivos para revigorar seus laços sociais: formaturas, casamentos, desfiles militares, atos cívicos, churrascos, despedidas, etc. Há também momentos de profunda tristeza em que os membros dos grupos se apoiam mutuamente e, desse modo, se fortalecem.

O que se espera, hoje, da sociologia vai além de suas possibilidades. Por um lado, se exige dela a solução dos problemas das sociedades e, por outro, que mostre como formar e educar para a cidadania a fim de garantir a unidade e a harmonia. Embora o próprio Durkheim tenha explicitado que não seriam os conselhos dos sociólogos que resolveriam tais dificuldades, a ênfase que ele deu à necessidade de coesão e à moralidade regeneradora da solidariedade social pode orientar a elaboração de instituições e práticas que reforcem esses valores.

Weber

Na época em que Max Weber iniciava sua vida intelectual, a Alemanha experimentava um processo de democratização e de aceleração industrial. Os debates e conflitos políticos marcaram suas preocupações e sua concepção sobre o papel da ciência. Em duas conferências proferidas em 1918 na Universidade de Munique, e até hoje muito discutidas, ele fez uma distinção entre o cientista e o político, deixando a este o papel de lutar por suas convicções e procurar soluções para problemas práticos do quotidiano das sociedades. Mas argumentava que o cientista deve buscar a verdade como o mais alto valor.

Embora o sociólogo, enquanto cientista, proceda de modo racional, ele também procura estudar o que ele próprio considera importante, o que acredita que vale a pena pesquisar. Essa é uma escolha pessoal, orientada por aquilo que tem significado para ele. Portanto, a prática da investigação social não é totalmente objetiva e independente dos valores do pesquisador. Mas a ciência oferece métodos de investigação que tentam diminuir o impacto da subjetividade e ajudam a reduzir o peso de valores, crenças ou preconceitos do cientista.

Durante sua análise, o sociólogo se dá conta de que existe uma quantidade quase infinita de elementos que podem ou não ser responsáveis pelo fenômeno social em estudo. Quanto mais extenso ele é, como uma guerra ou uma crença religiosa, mais complexo é o trabalho de identificar cada um dos fatores envolvidos na sua produção, e mais difícil determinar a importância maior ou menor deles. Num certo sentido, é como se fosse um trabalho de detetive. O pesquisador estuda o contexto em que se deu o fenômeno e seleciona os fatores que pensa terem colaborado para tal ocorrência. De toda maneira, sendo a realidade extremamente vasta, qualquer explicação sociológica será sempre uma simplificação, porque o cientista social nunca consegue determinar todos os componentes envolvidos na ação que pretende entender.

Para Weber, cabe à sociologia compreender o significado que a ação humana teve para o agente, ou seja: captar a conexão entre a ação e seu sentido. A sociologia não explica as ações às quais o agente não conferiu sentido, como as reações automáticas, instintivas. Mas o principal objeto de interesse da sociologia é a ação social. Um indivíduo age socialmente quando sua ação se orienta pela ação real ou esperada de outro ou de outros. Por exemplo, se ele não quer ser ouvido por uma ou várias pessoas, regula o tom de sua voz pela audição delas. Essa é uma ação social, é diferente da que realiza quando não regula sua própria ação pela de ninguém, como quando ele fala sozinho. Omitir-se é uma ação, já que o indivíduo decide, por algum motivo, não agir. A omissão de socorro em um acidente de trânsito é, no Brasil, uma ação criminosa.

Existem condutas reciprocamente orientadas, nas quais ao menos duas pessoas agem levando-se mutuamente em consideração. Um indivíduo sorri para o outro, que responde, sorrindo também ou não. Weber as denomina relações sociais. Um médico e um paciente, ou um conferencista e uma audiência formada por vários indivíduos, estabelecem uma relação social, na medida em que cada qual se norteia pelo que o outro faz ou pelo que supõe que fará. Desse modo, as pessoas se relacionam socialmente em função de expectativas das condutas alheias. Costumamos ser capazes de antecipar o que farão, pensarão ou sentirão os outros. Por exemplo, pode-se prever o que fará um estrangeiro com quem nos encontramos em uma festa, mas é mais difícil adivinhar o que fará uma pessoa de uma comunidade que desconhecemos inteiramente, numa situação inusitada para nós. As relações sociais se entrelaçam com base nas expectativas, compartilhadas pelos indivíduos, dos significados das ações, e o resultado é a vida em sociedade.

Algumas ações são mais facilmente compreensíveis do que outras, pelo fato de apresentarem motivações racionais, o que torna sua lógica mais evidente. É relativamente simples compreender por que um consumidor compara preços antes de tomar a decisão de qual produto adquirir ou onde fazê-lo. No entanto, há outros motivos que levam as pessoas a agir, como a fé, as crenças, as paixões e os sentimentos. Um ataque de ciúmes pode ser causado por fatores irracionais, afetivos, compulsivos. Vejamos como Weber classificou as condutas, sejam elas sociais ou não. Ele construiu três tipos principais, de acordo com o que dá sentido às ações, ou o que permite que o investigador as compreenda.

Se uma pessoa tem um objetivo a alcançar, pode agir de muitas maneiras ou utilizar variados meios. Alguns desses meios permitirão que chegue aonde quer chegar, beba se está com sede, ganhe dinheiro, seja admirado ou amado, ou alcance quaisquer outros objetivos que pretenda. Mesmo assim, dentre os caminhos que o indivíduo acredita que o levam a atingir seus fins, uns são mais longos, ou mais fáceis, outros não levam a lugar algum. Portanto, de acordo com as decisões que tome ao fazer suas escolhas, sua ação terá maior ou menor eficiência. Se uma pessoa que tem alguma restrição alimentícia está faminta e tem a seu alcance chocolate, salada ou pizza, pode fazer uma seleção de alimentos adequada ou não às suas necessidades. Uma avaliação de alternativas visa a decidir quais delas possibilitam que se alcance um objetivo. Isso caracteriza as chamadas ações racionais com relação a fins.

Mas o sentido da ação pode ser dado pelas convicções e preceitos morais que a pessoa possui. Por exemplo: alguém que defende uma causa política ou que se submete a um dever religioso age de acordo com uma espécie de mandato ou exigência. Sem deixar de ser fiel àquilo em que acredita, ao agir usa sua razão. Por exemplo, se aquele indivíduo faminto for vegetariano, nossa expectativa é de que respeite seus princípios ao decidir como vai saciar sua fome. Essas são as ações racionais orientadas por valores.

Algumas vezes, os indivíduos são tomados pelos seus sentimentos e perdem o controle da própria razão. Nesses momentos, podem agir de modo afetivo, isto é, conduzidos pelas suas emoções como, por exemplo, o ódio, o amor, a inveja, a piedade, o medo. Essas são as chamadas ações afetivas. Por fim, as pessoas podem simplesmente agir como a maioria dos integrantes de seu grupo ou sociedade costuma fazer. Sua conduta será chamada de tradicional. Quando alguém diz que está habituado a tomar refrigerante, podemos interpretar que, antes de agir desse modo, ele nem pensa. Ações afetivas e ações tradicionais têm significado menos claro do que as racionais, tanto para quem age quanto para o sociólogo que tenta compreendê-las.

Weber esclareceu que dificilmente qualquer conduta pode ser atribuída apenas a um desses motivos. Na prática, sempre há uma combinação de racionalidade, tradição, sentimentos, valores e crenças. Assim, ainda que possa ser identificada uma motivação principal, é provável que outras tenham colaborado, mais ou menos, para produzir as ações.

A sociologia procura detectar tendências a que certas condutas se repitam, em uma época, em um grupo, ou em toda uma sociedade. Ela trata de descobrir quais os motivos que inspiraram muitos indivíduos a se comportarem regularmente, a terem sentimentos semelhantes em dadas situações, a partilharem certos valores ou a obedecerem. A sociologia está em busca de padrões, de tendências e predisposições a que as ações aconteçam de certos modos. Um modo de agir pode acontecer sucessivas vezes devido aos interesses racionais de quem age. A sociologia compreende essa reiteração porque identifica que há uma racionalidade que orienta as ações das pessoas. Se uma infração de trânsito sempre resultasse em uma multa, os motoristas tratariam de evitar cometê-la. É possível compreender o sentido racional dessa conduta, que se torna regular ou que se repete, relacionando-a a um motivo. No caso, é não ter que arcar com o custo financeiro da pena imposta ao infrator.

O uso é um tipo de ação que se repete durante algum tempo. Podemos dizer que há dez anos se usava um tipo de cerimônia de casamento, mas que, no momento atual, celebra-se de outras maneiras. A moda também é um uso, com a característica de que se orienta pela novidade. Por exemplo: os comprimentos de cabelo são mais ou menos longos, de acordo com o que está em uso, isto é, com a moda. O costume é outro tipo de ação regular que está profundamente enraizada nas tradições dos grupos. Embora não seja obrigatório, como uma lei do Direito, a pessoa que o segue se comporta regularmente, de maneira previsível. Isso se observa em ocasiões de luto, festas de aniversário, formaturas, refeições, na sala de aula.

O poder, a dominação e a obediência

Para Weber, indivíduos ou grupos podem impor sua vontade sobre outros de dois modos: obrigando-os a fazer o que eles mandam, o que é denominado por Weber uma relação de poder, ou levando as pessoas a obedecer, o que chama de dominação. Quem domina possui, sobre quem obedece, autoridade legítima. E quem aceita a dominação passa a agir de maneira previsível ou regular. Tal regularidade resulta do fato de que as ações dos dominados se inspiram em um tipo de orientação oferecida pela autoridade que os comanda.

Os motivos para obedecer podem ser racionais, tradicionais ou afetivos. Se um cientista ou um religioso convencesse as pessoas a usar chapéu para se protegerem de algum perigo, a sociologia explicaria essa ação regular e repetida como uma forma de obediência a uma autoridade. Se as pessoas obedecem porque confiam no conhecimento científico de quem deu a ordem, a autoridade é chamada racional; se acatam o mandamento por costume, a autoridade é tradicional; por fim, se confiam nos poderes excepcionais ou mesmo mágicos de quem sugeriu a ação, a autoridade é carismática. O Estado moderno exerce uma dominação racional-legal baseada em regras. A dominação tradicional acontece porque aqueles que obedecem conformam-se com hábitos que podem estar sendo seguidos desde tempos imemoriais. A dominação carismática tem origem em qualidades pessoais que os dominados encontram em seus líderes, profetas, políticos, heróis de guerra, nos que dizem ter recebido uma revelação ou uma graça especial.

A dominação é o produto de uma luta. Indivíduos ou grupos disputam a oportunidade de impor ou de definir as regras do jogo social. Alguns obtêm os privilégios desejados, enquanto outros não. Assim se constituem desigualdades sociais. A riqueza, o respeito ou a honra, e o poder político podem ser apropriados assimetricamente por grupos sociais.

Para exercerem sua dominação, governos, igrejas, profissões e empresas precisam contar com a eficiência técnica, a precisão e o cumprimento metódico de deveres. Para isso, organizam estruturas burocráticas. A burocracia funciona através de um corpo de funcionários cuja tarefa é administrar instituições, privadas ou públicas, como por exemplo igrejas, clubes de futebol, exércitos, fábricas, órgãos do Estado ou lojas. Ao usar o conceito de burocracia, Weber estava se referindo a um conjunto de ações integradas cujo objetivo é definido pelo grupo dominante e que são guiadas pela racionalidade. A contratação de funcionários por meio de concursos em que se avaliam as competências dos candidatos, e a conduta de cada ocupante de cargo na execução de suas tarefas devem ser orientadas por regras. No entanto, na linguagem corrente, a palavra burocracia se associa a administrações que funcionam mal e lentamente, nas quais dependemos de funcionários que, apesar de dotados de certos poderes para dar solução aos problemas que precisamos resolver, nem sempre agem adequadamente. Isso significa que esse tipo de administração não atinge o propósito previsto de atuar com a máxima objetividade e economia de meios, portanto com racionalidade, disciplina e eficiência. Porém, algumas pessoas se queixam da burocracia porque esperam receber um tratamento privilegiado e desobedecer às regras universalmente válidas, isto é, que devem ser obedecidas por todos, sem distinção.

Contudo, a racionalidade não é uma tendência constante nas sociedades ocidentais. Surgem, de tempos em tempos, os chamados líderes ou salvadores: profetas, políticos, religiosos, militares, heróis, trabalhadores. Eles são dotados de carisma. Seus seguidores veem neles qualidades extraordinárias. O líder carismático inverte o processo de racionalização que caracteriza o mundo moderno. Ele propõe que as pessoas se guiem por valores mágicos, religiosos, místicos e afetivos, e abandonem os valores da técnica, do conhecimento científico, da acumulação de bens materiais ou da democracia. Essas lideranças convencem pessoas a agir de certas maneiras como, por exemplo, doar bens a instituições e causas, elegê-las para cargos públicos, observar castidade, desacreditar da medicina tradicional, etc. Essa é uma ruptura com a racionalização porque o significado das ações que ela provoca está nos sentimentos dos liderados. O carisma é uma dominação de tipo afetivo.

Weber também queria entender se o processo de racionalização da sociedade ocidental que resultara no capitalismo tinha sofrido a influência de valores religiosos. Para isso, estudou as seitas calvinistas, cujos fiéis, em busca da salvação de suas almas, dedicaram-se ao trabalho, visto como uma forma de obedecer à vontade de Deus. Para eles, a perda de tempo era o primeiro dos pecados porque distraía os crentes de sua salvação. Isso os levava a trabalhar sem cessar para fugirem das tentações, e a não perderem tempo consumindo e se divertindo. Nas regiões onde o calvinismo se enraizou, a grande acumulação capitalista foi uma consequência inesperada dessa disciplina, inspirada em valores religiosos. Desse modo, Weber entendeu que a ética religiosa que motivava condutas humanas poderia influenciar na vida econômica. Deve-se ressaltar que se tratava de influência: a ética religiosa não pode determinar o pensamento econômico, da mesma forma que o espírito econômico ou financeiro não determina as escolhas religiosas. São fenômenos que podem se influenciar, mas ocorrem de maneira independente.

Os temas da sociologia weberiana se relacionam a uma pergunta de fundo: a racionalização crescente do mundo moderno oprime as pessoas por meio das rotinas, diminui sua criatividade e espontaneidade, em suma, sua liberdade? A esperança de Weber era de que a racionalidade do mundo capitalista estivesse sempre sujeita a ser rompida pelo carisma.

Conclusão

Os problemas e temas que interessaram Weber, Durkheim e Marx continuam a existir nos dias de hoje sob novas roupagens. As sociedades vivem conflitos entre nacionais e migrantes, pessoas de diferentes etnias e colorações de pele, gerações, princípios políticos e confissões religiosas. Desigualdades sociais profundas determinam de tal forma as condições de vida e de saúde que é possível prever, com base nos grupos aos quais as pessoas pertencem ao nascer e levando em consideração sexo, cor, renda ou origem nacional, suas expectativas de vida, probabilidades de conseguirem trabalho e de ascensão social. A diferenciação social e a grande fragmentação do modo de vida contemporâneo se traduzem em indivíduos solitários e com poucas oportunidades de sociabilidade, que às vezes se relacionam entre si apenas virtualmente, por meio da Internet.

Outro fenômeno que vem se manifestando de muitas maneiras na história da humanidade é a violência, hoje endêmica. Ela pode levar ao abuso da autoridade em nome da necessidade de controle social ou, na ausência da autoridade legítima, à sua substituição pelo poder. Por outro lado, o poderio bélico de algumas nações coloca em risco permanente os Estados mais frágeis e seus cidadãos, que são estimulados a colocarem suas vidas à disposição de suas sociedades.

Existem também imensas oportunidades a serem exploradas nas sociedades contemporâneas. As pessoas nunca desfrutaram de tantas possibilidades de realização de suas potencialidades criativas, afetivas, intelectuais e de sociabilidade. Elas podem optar por inúmeros estilos de vida e os vínculos interpessoais obedecem, cada vez mais, às afinidades. As liberdades de culto, filiação política, escolha profissional e mesmo de nacionalidade também se expandiram concomitantemente com os regimes democráticos. O fio condutor de tudo isso é, seguramente, a garantia dos direitos individuais, com a universalização da instrução, da participação política e do acesso à saúde. Estes e outros temas nos mostram o quanto a produção do período clássico da sociologia foi rica e significativa, na medida em que propôs, à reflexão científica, as complexas relações entre os seres humanos.

Principais obras de Marx, Durkheim e Weber

Karl Marx (1818-1883)

1843 – *Crítica à filosofia do direito de Hegel* e *Questão judaica*
1844 – Redação de *Manuscritos econômico-filosóficos*, publicados em 1932
1847 – *Miséria da filosofia*
1849 – *Trabalho assalariado e capital*, coletânea de conferências
1850 – *A luta de classes na França de 1848 a 1850*
1852 – *O 18 Brumário de Luis Bonaparte*
1857 – *Fundamentos da crítica da economia política*
1859 – *Contribuição para a crítica da economia política*
1865 – Redação de *Salário, preço e lucro*
1867 – *O capital*, primeiro volume
1871 – *A guerra civil na França*
1875 – *Crítica ao Programa de Gotha*
1885 – *O capital*, segundo volume
1894 – *O capital*, terceiro volume
1905 – *História da teoria da mais-valia*

Karl Marx e Friedrich Engels

1844 – *A sagrada família*
1846 – Redação de *Ideologia alemã*
1847 – *Manifesto do Partido Comunista*

Émile Durkheim (1858-1917)

1889 – *Elementos de sociologia*
1893 – *A divisão do trabalho social*
1895 – *As regras do método sociológico*
1897 – *O suicídio*
1898 – *Curso de ciência social*; *O individualismo e os intelectuais*
1900 – *A sociologia na França no século XIX*

1906 – *A determinação do fato moral*
1912 – *As formas elementares da vida religiosa*
1922 – *Educação e sociologia e sociologia e filosofia*
1925 – *A educação moral*
1950 – *Lições de sociologia*
1970 – *A ciência social e a ação*

Max Weber (1864-1920)
1891 – *História das instituições agrárias*
1895 – *As causas sociais da decadência da civilização antiga*
1904 – *A ética protestante e o espírito do capitalismo*; *A objetividade do conhecimento nas ciências sociais*
1906 – *As seitas protestantes e o espírito do capitalismo*
1909 – *As relações de produção na agricultura do mundo antigo*
1910-1904 – Redação de *Economia e sociedade*
1913 – Redação de *Ensaio acerca de algumas categorias da sociologia compreensiva*
1914 – Redação de *A ética econômica das religiões universais*
1918 – *A política como vocação*, *A ciência como vocação*, e *Ensaio sobre o sentido da neutralidade axiológica nas ciências sociológicas e econômicas*
1919 – *História geral da economia*
1920-1921 – *Economia e sociedade*

CAPÍTULO 3

INTRODUZINDO CONCEITOS SOCIOLÓGICOS

Muitos são os conceitos sociológicos cujo entendimento depende de uma percepção mais aprofundada da teoria global na qual se inserem e, mais ainda, de bases mais abstratas que explicitem sua referência ao social. Aqui se pretende selecionar um pequeno número de conceitos suficientemente centrais para permitir uma compreensão ampla da sociologia sem, ao mesmo tempo, exigir que os estudantes do nível médio se adentrem nos meandros da teoria.

É importante que os estudantes entendam o que é um conceito e sua necessidade.

O que é o social

O social seria o primeiro conceito ou a primeira noção que um professor de sociologia precisa desenvolver para introduzir essa disciplina para os seus alunos. Não é uma noção simples, dado o seu caráter abstrato. Nos parágrafos a seguir, tentamos apresentar essa noção e alguns conceitos que ajudam o professor a explicar quais seriam as características do objeto da sociologia.

Ensinando uma disciplina abstrata: a ciência do social

Há muitos anos, um sociólogo importante disse que jamais haveria um prêmio Nobel de sociologia porque a sociologia trata de problemas que qualquer cidadão seria capaz de analisar. É interessante como essa frase pode ser enganosa e como ela pode ajudar a entender o que seria uma ciência do social, com ênfase na palavra ciência! É justamente essa ênfase que nos permite pensar a natureza do trabalho sociológico.

Em primeiro lugar, é fundamental entender a sociologia como sendo uma ciência, o que a torna parte do mais importante princípio de legitimação dos conhecimentos e das formas de perceber e agir no mundo na sociedade moderna. Tudo isso vai ser retomado mais adiante, mas é bom lembrar que definir a sociologia como ciência significa incluir essa forma de conhecer num tipo de pensamento que exige regras metodológicas e definições conceituais, que tem princípios explicativos e regras de inferência. Ou seja, não se pode dizer qualquer coisa e afirmar que é uma análise sociológica. Existem regras claras para permitir ou não tal tipo de julgamento.

Em segundo lugar, é muito importante distinguir a percepção do cidadão comum sobre o mundo, ou o senso comum, da perspectiva científica sobre esse mesmo mundo. O cidadão comum vê o mundo a partir de sua socialização e de sua posição no mundo, tanto quanto o sociólogo. O que vai diferenciar os dois é que o sociólogo tem sua perspectiva formada pelo conhecimento científico, desenvolvendo um olhar que permite ir além das observações impressionistas sobre o mundo para estabelecer quais são os princípios e as regras sociais que organizam um determinado fato. Assim, o cidadão comum classifica um determinado sujeito como sendo parte da classe média ou alta, por exemplo. Já o sociólogo toma isso como ponto de partida para tentar explicar quais seriam os princípios de hierarquização vigentes naquela sociedade que permitiriam classificar o tal sujeito em uma ou outra posição. São perspectivas diferentes sobre o mesmo fenômeno, o da divisão da sociedade em diferentes grupos sociais.

Finalmente, explicando a ausência de prêmio Nobel de sociologia, poderíamos buscar uma razão mais sociológica. Existe prêmio Nobel de economia mesmo que qualquer cidadão seja capaz de dizer coisas sobre ela! O que acontece com a sociologia é que ela não conseguiu se afirmar como uma ciência reconhecida seja pelos cidadãos seja pelos pares cientistas. Mas isso é outro assunto...

O social e a sociologia

A primeira coisa que nos vem à mente quando pensamos no que seria o social costuma ser a ideia de um trabalho que ajudaria pessoas em situações de dificuldade, principalmente econômica. É claramente o sentido associado às políticas sociais ou ao trabalho feito por assistentes sociais.

No entanto, o social precisa ser compreendido de forma mais direta, não como adjetivo, mas como um conceito substantivo, isto é, que tem substância, que tem existência efetiva e distinta.

Pode-se começar pela definição clássica de Durkheim: o social é aquilo que ele chama de consciência coletiva ou conjunto de representações coletivas. Mas essa é uma definição ainda muito abstrata. E por mais que a abstração seja uma característica do social, é preciso tornar mais clara essa definição.

Uma representação coletiva é um fato social. Isso quer dizer que ela é um fato que existe fora das consciências individuais e – esse item é muito importante – tem um caráter moralmente coercitivo sobre essas consciências individuais. A linguagem que nós falamos é um bom exemplo de um fato social ou representação coletiva. A linguagem já existia quando cada um de nós nasceu e vai continuar existindo depois de nós. Existe, portanto, fora da nossa consciência individual. O caráter coercitivo aparece claramente quando pensamos na dificuldade ou mesmo impossibilidade de nos comunicarmos sem dominar a linguagem da sociedade em que vivemos.

Assim como expressa bem o caráter coercitivo do social, a linguagem permite também que se compreendam as demais dimensões do social, que seriam seu caráter abstrato, sua generalidade e sua regularidade. Uma linguagem é claramente um fenômeno abstrato: ela existe efetivamente – o que significa que o que é abstrato não é apenas um produto da imaginação. O abstrato é imaterial, mas sua existência em nossas consciências tem efeitos materiais na medida em que pode ser, por exemplo, um princípio de ação. Assim, a Revolução Francesa proclamou as ideias de liberdade, igualdade e fraternidade como sendo os princípios ideais que deveriam reger as relações entre os seres humanos nas sociedades modernas. Nenhuma das três existe materialmente, mas muitas pessoas lutam por esses princípios, alguns mesmo morreram em razão dessa luta. Da mesma forma, os mapas são abstrações que representam o espaço físico, através dos quais nos orientamos em nossa movimentação e busca. Assim também a linguagem não existe materialmente, mas ela oferece vocabulário, regras gramaticais, sons e expressões que orientam nossa comunicação com os demais indivíduos em nossa sociedade. Os mapas que encontramos nos atlas e livros são expressões materiais de abstrações que fazemos para representar o espaço físico, contar nossas experiências, registrar nossos conhecimentos e orientar a nós mesmos e a outros.

Além de ser abstrata, a linguagem também é geral, mas não universal. Isto é, em cada sociedade as pessoas normalmente falam a mesma língua. Mas isso não significa que todos os seres humanos falam a mesma língua, o que a tornaria universal. Na verdade, mesmo dentro de uma única sociedade, as formas de expressão linguística são bastante variadas segundo os grupos sociais e as regiões. Assim, o geral caracteriza o que é comum ou normal num dado espaço social.

Finalmente, a regularidade que caracteriza a linguagem é a terceira dimensão comum com o social. Para que o sentido atribuído a uma palavra ou a uma ação social exista, ele precisa ser regularmente atribuído. Isso não é tautologia: apenas chama a atenção para o fato de que a existência do social implica uma regularidade de atribuições de sentido, de práticas sociais. Se apenas um pequeno grupo de pessoas acredita que os alienígenas podem sequestrar pessoas e levá-las a passear pelo espaço, a ação de comprar pacotes turísticos para arriscar-se/dispor-se a ser sequestrado pelos ditos alienígenas não tem regularidade suficiente para ser caracterizada como uma ação social. Por outro lado, doações econômicas substanciais de alguns milionários americanos para universidades onde tenham estudado não é uma ação social por seu caráter beneficente, mas porque é regularmente praticada por membros desse grupo social, e o seu sentido é perfeitamente compreendido pelos cidadãos americanos. O mesmo ato no Brasil não se constituiria, infelizmente, em uma ação social, por mais beneficente e meritório que fosse: a doação de bens e recursos para universidades onde estudaram não faz parte das ações regularmente praticadas pelos milionários brasileiros. Isso também significa que regularidade não é a mesma coisa que uniformidade: nem todo mundo que faz doações para universidades o faz nas mesmas proporções ou da mesma forma: alguns dão dinheiro diretamente para a instituição, outros criam cátedras para receber bolsistas qualificados, outros ainda financiam a formação de alunos de origem modesta. Portanto, regularidade não é uniformidade.

O que podemos então chamar de social? Para a sociologia, o social é o conjunto das formas de agir e pensar que são comuns aos indivíduos que vivem numa mesma sociedade. Ou seja: é o conjunto de regras ou princípios que orientam as percepções, as ações, os valores, as formas de convivência e de poder numa determinada sociedade. Nesse ponto, faz-se aquela delimitação fundadora da sociologia do que seriam os fatos propriamente sociais. É importante perceber como se distinguem o indivíduo e o social. Essa foi uma das preocupações da sociologia, particularmente nos estudos de Durkheim. Segundo esse autor, os fenômenos da consciência individual, objeto da psicologia, são extremamente importantes. No entanto, cabe à sociologia desenvolver conceitos e métodos que permitam compreender qual é o papel do indivíduo na vida social e como a sociedade é um fator essencial na constituição da consciência e dos comportamentos individuais. Seu estudo sobre o suicídio constitui-se num clássico da sociologia justamente porque Durkheim demonstra, nesse texto, como um ato que é considerado como decisão absolutamente individual (tirar a própria vida) pode ser desenhado por forças sociais muito claras. Esse tema retornará na discussão sobre a socialização. Mas, nesse ponto, a discussão sobre os traços sociais nas identidades individuais faz avançar a compreensão do que seja o social.

É a partir dessa perspectiva mais abstrata que se podem construir conceitos – eles, também, abstratos – para a análise de fenômenos sociais específicos. Compreendendo o significado do conceito de "social", podemos avançar e elaborar conceitos que, num nível menos elevado de abstração, sejam ferramentas úteis no trabalho sociológico. A diferença entre conceito e noção precisa ser bem compreendida, uma vez que a sociologia, como uma ciência, vale-se de conceitos bem definidos para fazer o seu trabalho de análise. Segundo o dicionário *Aurélio*, noção é conhecimento, ideia, informação, notícia. Já conceito tem definição bem precisa, mesmo tomando apenas duas das diversas definições dadas no dicionário: "[...] representação de um objeto pelo pensamento, por meio de suas características gerais; ação de formular uma ideia por meio de palavras; definição; caracterização."

Alguns desses conceitos são mais básicos e constituem os elementos a partir dos quais se fazem análises de fenômenos mais complexos. Ou seja, são aqueles elementos essenciais para a compreensão da vida coletiva em qualquer sociedade. Esses conceitos seriam: ação social, relação social, poder, dominação.

Alguns conceitos básicos

Chamamos de *ação social* todo ato humano cujo sentido definido ou visado pelo indivíduo que age estaria orientado pela existência (presencial ou imaginada) de outros indivíduos. Vários pontos devem ser esclarecidos sobre essa definição. Em primeiro lugar, a ação social não tem qualquer caráter moral: cuidar de alguém ou matar alguém são atos igualmente sociais. É também muito importante notar que as intenções não têm a menor relevância para definir uma ação como social. Santos e pecadores podem agir de maneira moralmente louvável ou repugnante sempre com as melhores intenções. O ditado popular que diz que o inferno estaria forrado de boas intenções expressa bem essa questão. A sociologia não tem instrumentos que permitam captar ou analisar intenções, mas pode contribuir para encontrar saídas racionais a impasses ou conflitos socias. Não se nega a importância das intenções. Apenas se afirma que elas não se constituem no objeto de análise da sociologia.

Isso significa que não existe uma definição fechada de quais seriam ou não as ações sociais. Todos os nossos atos têm dimensões claramente sociais: se preparo um prato, utilizo as regras sociais que definem como se cozinha este ou aquele tipo de alimento. Se tomo um banho, além de aproveitar a estrutura física socialmente construída para esse procedimento, também utilizo sabões ou óleos segundo as tradições da minha cultura, faço isso solitariamente, com a família ou em banhos públicos. O que torna uma ação social cada um desses atos (cozinhar ou tomar banho) é o sentido atribuído a eles. Preparar um prato para comer com amigos ou familiares é uma ação quase que universalmente reconhecida como social, mas se faço isso apenas para experimentar a cozinha nova que montei, o preparo do mesmo prato não será social. Mesmo que seja um ato humano racional, ele não é visto nem regularmente praticado como uma ação social. O mesmo pode ser dito do banho que, tomado por prazer, tem poucas características sociais. Mas a obrigatoriedade do banho estabelecida por nossas mães quando somos crianças transforma seu sentido e o configura como uma ação social.

Já o conceito de *relação social*, talvez o mais altamente abstrato nesse nível, expressa de forma contundente a noção de social. Sempre que se pergunta o que é uma relação social, a resposta imediata refere-se à interação entre pessoas. Mas se podemos incluir a interação como forma de relação dentro da sociedade, o conceito de relação social precisa ser mais claro, precisa deixar de ser apenas uma noção e adquirir efetivamente estrutura conceitual.

Se a ação social é o ato cujo sentido se estabelece em relação a outro indivíduo, a relação social é justamente a possibilidade de que esse sentido seja compreendido e partilhado. Uma pessoa só pode interagir com outra se as duas compreendem o significado das ações de cada uma. Mais uma vez, estão excluídas as ideias de reciprocidade: o fato de perceber claramente o sentido de uma ação (por exemplo, uma mulher sabe o que significa um gesto de aproximação de um homem, mas, mesmo que ela goste do gesto, pode não sentir qualquer atração por esse homem) não significa concordar ou oferecer reciprocidade a esse gesto.

O *poder* é uma das características mais conspícuas das sociedades humanas, que não existiriam sem ele. No entanto, é preciso ter atenção ao fato de que o poder não se expressa apenas no absolutismo real ou nas ditaduras modernas, por exemplo. O poder é constitutivo da maioria das relações sociais, mesmo daquelas aparentemente muito distantes do que o senso comum veria como poder efetivo. Assim, um educador é um agente social que tem o poder de transformar os indivíduos sob sua tutela através da educação. Também exerce poder um líder político ou sindical que tenha sido eleito ou escolhido de forma legítima para atuar naquele cargo. Do ponto de vista da sociologia, o poder é a possibilidade de fazer a vontade de uma pessoa ou de um grupo prevalecer numa relação social. Ou seja, é a possibilidade que essa pessoa ou esse grupo terá de estabelecer o sentido de determinadas relações sociais. Tanto tem poder o professor que consegue fazer com que seus alunos tenham uma atitude adequada dentro da sala de aula quanto o general que é obedecido por seus comandados.

O conceito de *dominação* é bastante parecido, mas introduz uma dimensão importante que é a da *legitimação*. A dominação é a probabilidade de que uma pessoa ou um grupo de pessoas (os dominados) faça a vontade de uma pessoa ou grupo de pessoas (os dominadores) como se fosse a execução de sua própria vontade. Isto é, a pessoa age assim não porque mandaram que ela agisse, mas porque ela acha que é essa a forma correta, justa, legal ou tradicional de fazer aquilo. A legitimação é exatamente essas diferentes razões pelas quais uma pessoa ou um grupo de pessoas pensa ou age de determinadas maneiras. Essas razões podem ser a tradição (a crença de que foi sempre assim), o carisma ou a capacidade de encantar da pessoa que domina, ou, nos tempos modernos, a legalidade ou a racionalidade dos atos e pensamentos.

Chega-se então ao conceito de *autoridade* que precisa ser claramente separado daquele de autoritarismo e de arbitrariedade. A autoridade é uma forma legítima de exercer poder. Essas diferenças tão importantes podem ser ensinadas utilizando exemplos das formas de legitimação. Uma pessoa pode apoiar os atos de um político pela simples razão de que seu pai já o apoiava. Essa é a autoridade tradicional ou aquela que é legitimada por crenças tradicionais. A autoridade carismática faz com que o cidadão comum siga ordens de um determinado líder porque se encanta pela sua capacidade oratória ou pela sua doçura no tratamento das pessoas. Hitler ou Madre Tereza são bons exemplos de autoridade carismática: não importa muito o conteúdo das ordens dadas. O relevante é a pessoa que deu a ordem ou a forma de essa pessoa dar ordens. Já no caso da autoridade legítima por razões racionais ou legais, as pessoas fazem as ações que lhes são pedidas porque julgam que elas são as mais adequadas tanto do ponto de vista legal quanto da lógica dos resultados esperados. Independentemente de quem manda fazer, esses atos são praticados a partir de uma ordem racional ou legal. Os remédios receitados por um médico são tomados não porque um fulano qualquer mandou, mas justamente porque ele é médico. Também um prefeito ou um presidente legitimamente eleitos são obedecidos não em função de gostarmos mais ou menos deles, mas em função do seu cargo.

Arbitrariedade é justamente o exercício do poder sem obediência às normas legais e aos princípios reguladores de determinados atos. É arbitrariedade a tomada do poder político pela força, assim como é arbitrária a reprovação de um aluno porque o professor tem antipatia dele.

O *autoritarismo* é também ele uma forma de arbitrariedade, não tendo assim qualquer tipo de legitimidade. O autoritarismo é um abuso da autoridade: um cidadão que se vale do seu cargo público para impor uma religião ou para permanecer no poder mais tempo ou mais vezes que o que foi autorizado pelas leis está sendo autoritário. Também é autoritário um líder comunitário que usa meios violentos para assegurar a convivência local.

Muitos alunos poderiam ter a curiosidade de saber se a influência pode ser vista por esse prisma do poder. Na verdade, podemos pensar que a influência que uma pessoa exerce é uma forma de poder. Entretanto, é um fenômeno muito disperso, existindo nas mais diferentes formas: há influências artísticas e religiosas, políticas e mesmo relativas à moda e ao gosto. Ela poderia então ser pensada como uma forma fraca de autoridade, mas justamente por ser tão dispersa e, na maioria dos casos, difícil de ser objetivada num ato ou numa obra, a influência permanece como uma noção e não é tratada como conceito.

Leituras auxiliares

BAUMAN, Z.; MAY, T. *Aprendendo a pensar com a sociologia*. Rio de Janeiro: Zahar, 2010.

BOUDON, R. *Tratado de Sociologia*. Rio de Janeiro: Zahar, 1996.

GERTH, H.; MILLS, W. (Org.). *Max Weber Ensaios de Sociologia*. Rio de Janeiro: Zahar, 1979.

CAPÍTULO 4

VIDA EM SOCIEDADE

Solidariedade

Alguns sociólogos têm procurado mostrar que a vida coletiva é essencial para a sobrevivência da espécie humana. Um ser humano sozinho teria poucas possibilidades de resistir a animais muito mais fortes e ágeis. A vida em grupos deu, portanto, uma chance maior à espécie de sobreviver no planeta. Entre outras vantagens que, sem dúvida, estão relacionadas também com o potencial biológico e neurológico humano, a solidariedade propiciada pelo agrupamento consolidou as práticas mais eficazes de defesa da comunidade, propiciou formas de cuidado com os membros mais frágeis do bando e possibilitou melhoramentos nas técnicas produtivas e de coleta. Isso gerou relativa estabilidade e crescimento populacional, e permitiu que os membros dessas sociedades disseminassem entre si o conhecimento acumulado, fundamental para a sobrevivência.

O sociólogo Norbert Elias desenvolveu um interessante argumento sobre esses temas. Para ele, a melhor prova de que os seres humanos nascem predispostos a viver em sociedade é seu equipamento biológico: a grande capacidade de expressão de emoções e de articulação de sons, e a plasticidade de suas expressões faciais. Isso os tem ajudado a avaliar as intenções pacíficas ou belicosas daqueles com os quais se enfrentam, a distinguir os estranhos dos membros de seu próprio grupo, a comunicar descobertas e a prever perigos, permitindo que o bando fuja, se esconda ou enfrente a ameaça. O ser humano é o único animal capaz de sorrir, e sua face expressa ou esconde inúmeras emoções e sentimentos, possibilitando a compreensão de suas intenções por outros membros de seu grupo.

Os componentes dos grupos humanos desenvolvem entre si essa poderosa solidariedade grupal, a qual nada tem a ver com um sentimento de compaixão, mas com o estabelecimento de uma identidade comum que tende a fortalecer os laços sociais. A solidariedade como conceito sociológico é bastante diferente do sentimento de solidariedade o qual é vivenciado e, em algumas circunstâncias, estimulado, podendo gerar ações movidas pela compaixão. Ele é associado à sociologia de Durkheim, que estabeleceu uma tipologia de sociedades de acordo com sua maior ou menor complexidade ou com a maior ou menor divisão social do trabalho, o que fornece elementos para definir o tipo de vinculação entre seus membros. Durkheim trabalhou o conceito de solidariedade para demonstrar que ela é um importante elemento na consolidação e coesão dos grupos, já que seus membros adotam o modo de ver, de sentir e de agir da coletividade de que são membros, revigorando-a. A solidariedade é o laço que me une a outro indivíduo. Os cidadãos de uma metrópole são unidos mesmo no ódio contra outros grupos, por exemplo. As turmas e os bandos entram em conflito, mas têm como laço básico de solidariedade o fato de disputarem o mesmo espaço social. É importante perceber que o conceito sociológico de solidariedade diz respeito principalmente à intensidade dos contatos entre os membros de um grupo, de uma sociedade. Na verdade, combinando o conceito de Weber (de relação social) com o de Durkheim (a solidariedade como contato humano), podemos aprofundar a compreensão do social, que vai aparecer como o conjunto de contatos entre os seres humanos que compõem aquela sociedade. Esses contatos têm como característica básica o fato de que em cada um deles há sentidos que podem sempre ser percebidos pelos demais membros daquela sociedade. Assim, o fato de conversar durante horas tomando uma bebida pode ter sentidos totalmente diferentes segundo a sociedade ou mesmo segundo o grupo social. Para um indiano, provavelmente tomando chá, a conversa poderia ser uma oração ou uma longa reflexão. Para um brasileiro, tomando sua cervejinha semanal, o contato pode significar o popular "jogar conversa fora", momento durante o qual se discutem os resultados do futebol com os amigos. Para um empresário, uma reunião de negócios regada a um bom vinho, diferentemente de uma conversa durante a qual nem se cogitaria em ingerir bebida alcoólica, entre pai, filho e professor, para conversar sobre as possibilidades e dificuldades de uma escolarização pretendida. Em todos esses casos, temos distintas formas de contatos sociais cujos sentidos são bastante variados, mas são sempre reconhecidos tanto pelos participantes quanto por outros membros da sociedade que presenciem essas conversas.

Cooperação e coesão

Dentre as possíveis formas de convívio social, destacam-se o conflito e a cooperação ou solidariedade. O estado de coesão relaciona-se com a estabilidade das relações sociais. Em uma sociedade ou em um grupo social coeso, os membros tendem a colaborar entre si para o alcance de objetivos coletivos comuns. Estabilidade e coesão não significam impossibilidade de mudança social. O debate dos objetivos grupais auxilia na definição do que é de interesse da coletividade, embora a existência de consenso não elimine o desacordo.

Quando se rompe a coesão, e dependendo do grau em que isso ocorre, duas possibilidades contrárias se apresentam: a mais drástica é a desintegração social, e a mais positiva são as transformações sociais, políticas, econômicas, científicas e jurídicas no sentido de um avanço benéfico à maioria dos membros do grupo. Portanto, a coesão não significa consenso absoluto, e os conflitos são, muitas vezes, modernizantes mas, de toda forma, promotores de mudanças sociais. Ao desenvolver essa discussão, o professor deve enfatizar que a mudança social é uma característica inseparável dos grupos em que os seres humanos se associam. Portanto, o conceito de coesão pode ser pensado em termos de maior ou menor instabilidade, mas nunca dissociado da noção de mudança.

Cooperação e solidariedade

A definição do que é de interesse coletivo é um exercício cercado de dificuldades. Ao tentar fazer isso, qualquer pessoa se dá conta de que existem interesses individuais que se colocam contra outros mais gerais, e os membros que se encontram em discordância nem sempre se dispõem a obedecer às decisões da maioria. Existem com frequência disputas pela liderança, já que ela permite ao líder encaminhar o grupo em direções que ele e seus aliados julgam ser as melhores. No entanto, a cooperação é sempre uma possibilidade de interação intergrupal. Verifica-se a prática da cooperação em diversas situações sociais, e sua identificação é sempre uma atividade didaticamente rica.

A ação humana e seus efeitos perversos

A possibilidade de entender o contexto da ação humana, antever seus resultados e evitar consequências negativas é extremamente útil para os que estão envolvidos nessas ações ou dependem delas. Sem dúvida, todo conhecimento está disponível ao uso por interesses privados e é potencialmente lesivo às comunidades. No entanto, o antídoto a essa apropriação se encontra nas próprias comunidades que podem se organizar em defesa de seus recursos. Isso não significa que este seja um caminho simples. Aqueles que experimentaram o esforço de conscientizar grupos humanos e motivá-los a agir encontraram seguramente resistência, ou inércia, em razão do comportamento racional que deságua no que a ciência política chama de dilema da ação coletiva, isto é, indivíduos que sabem que o bem público a ser conquistado será igualmente distribuído entre todos preferirão não participar no esforço para alcançá-lo.

Entre os exemplos mais óbvios sobre os efeitos perversos da ação humana nos dias atuais temos o do consumo descontrolado e suas consequências tanto sobre as próximas gerações como sobre os que convivem com a poluição do ar, do solo e das águas, o da produção de lixo, que demora séculos para se decompor, o da destruição de matas e nascentes. Isso também se dá no caso das "guerras preventivas", nas quais o Estado lança mão dos medos de sua população em relação a outros povos muitas vezes com a finalidade de obter vantagens econômicas e políticas.

Tanto a ação individual quanto a coletiva, especialmente aquela que se fundamenta no amplo poder do Estado, provoca efeitos sobre os seres humanos. As ações sociais podem gerar sérios conflitos, como, inversamente, criar condições de vida mais favoráveis. Avaliações incorretas a respeito de situações sociais inspiram ações e podem ter consequências graves. Em certos casos, o entendimento equivocado sobre o outro ou sobre grupos de pessoas, caracterizados por sua natureza religiosa, étnica ou nacional, pode provocar verdadeiros desastres sob o ponto de vista social, chegando a promover sofrimento e destruição.

Um indivíduo que teme ou odeia os membros de uma etnia, religião ou nacionalidade e age de acordo com esse entendimento pode sofrer pessoalmente ou provocar danos aos demais. Do mesmo modo, se os membros de toda uma sociedade adotam uma crença ou alentam preconceitos a respeito de pessoas de outro grupo, e isso orienta a conduta de seu governo em relação àqueles, os resultados podem ser dramáticos. Por exemplo: quando um povo X percebe os membros do grupo Y como preguiçosos, sujos, belicosos ou dissimulados e age com base nesse entendimento, isso possivelmente gerará implicações consideráveis para ambos. Estas podem se expressar na forma de sofrimento físico ou moral infligido a outros, controle de seu acesso a empregos, à educação, à vida social, aos recursos de saúde, ao matrimônio e até mesmo ao direito desse povo à própria existência. Veja-se, por exemplo, o livro *Estabelecidos e outsiders*, de Norbert Elias e John Scottson, o qual resulta de uma pesquisa empírica realizada em uma comunidade constituída de trabalhadores ingleses na qual um dos grupos oprimia e desqualificava o outro, utilizando-se inclusive de fofocas maliciosas.

Esse tipo de comportamento preconceituoso não é aplicado apenas a povos, mas pode ser encontrado no modo como são tratadas as mulheres, os idosos, as pessoas dos grupos de baixa renda, os praticantes de religiões minoritárias, os que possuem distintas preferências sexuais ou ideologias políticas. Os motivos pelos quais as pessoas agem dessa maneira e mantêm essas formas de percepção são diversos: medo, interesse em assegurar mais recursos para si ou para seu próprio grupo, pretensão de exercer poder sobre ou de explorar outras pessoas para beneficiar-se, informação deficiente.

Leituras auxiliares

ELIAS, N. *O processo civilizador*. Rio de Janeiro: Zahar, 1995. V. 1 e 2.

QUINTANEIRO, T. *Processo civilizador, sociedade e indivíduo na teoria sociológica de Norbert Elias*. Belo Horizonte: Argvmentvm, 2010.

Cultura: sociabilidade, família e escola

Assim como muitos outros animais, os seres humanos precisam garantir meios para se alimentar, defender e abrigar a si e a seus filhos a fim de se reproduzirem como espécie. Isso explica, em parte, que a vida em grupo e a cooperação que ela suscita sejam essenciais para assegurar condições de sobrevivência. O longo período de dependência das crianças humanas contribui para estender a duração do grupo familiar. Atualmente, o prolongamento do tempo de vida e a proteção à vida de crianças com necessidades especiais provocaram mudanças nas sociedades no sentido de estender essa cooperação com os membros mais frágeis. Criaram-se instituições correlatas à família, tais como creches e lares de idosos, novas leis e profissões.

O casamento é um tipo de união que gera uma família entre ao menos duas pessoas que podem ou não ter laços biológicos entre si. A família não é simplesmente uma relação biológica e sequer precisa ter esse fundamento natural. Ela é uma relação social e uma instituição social universal. E, mesmo que possua uma base natural, os vínculos que cria são de natureza social. Em inglês, por exemplo, essa característica social é explicitada nas denominações de sogro e sogra que correspondem, em português, a pai e mãe segundo a lei, e em espanhol se chamam pai e mãe políticos. A organização política da sociedade visa também a apoiar a instituição familiar e seus membros.

Sejam mais simples ou mais complexas, todas as sociedades são dotadas de ao menos um formato de família. E como esse é um laço social, sua configuração varia no tempo e no espaço. A estrutura das famílias, as regras de parentesco, os direitos de seus membros à propriedade, os deveres de obediência, etc. mudam segundo épocas e sociedades.

E, como toda relação social, a família comporta regras, normas, valores, direitos e obrigações. É justamente essa percepção da família como fato social universal que tem aberto um vastíssimo campo de pesquisa sociológica, demonstrando que, apesar de algumas críticas contra os aspectos mais tradicionais da instituição, ela permanece uma base essencial das sociedades modernas. As pesquisas sobre a família se estendem para analisar como o grupo familiar lida com o trabalho ou como ele é afetado pelo desenvolvimento e pelas crises econômicas. Os estudos demográficos sobre os ciclos da vida – que classificam os grupos etários infância, juventude, idade adulta e velhice – fornecem material importante para compreender as transições dos modelos de família ao longo das trajetórias de vida. Também são estudadas as famílias monoparentais, nas quais está presente apenas o pai ou a mãe, e que são muito representadas na população brasileira, em que, além disso, mais de 20% das famílias são chefiadas por mulheres. Ficam claras, em muitas pesquisas, as relações da pesquisa sociológica e as informações para orientação de políticas públicas: o fato de que as mulheres são preferidas como titulares, responsáveis pelo recebimento da renda do Programa Bolsa Família, é uma evidência dessa associação entre conhecimento e elaboração de políticas públicas.

Os seres humanos já nascem preparados, do ponto de vista biológico, para a vida junto com outros da sua espécie, mas essa vida comum só se materializa se eles aprendem a se comunicar entre si, criando várias formas de linguagem, a mais completa tradução do social. A capacidade de comunicação possibilita também que o conhecimento seja disseminado (é bom lembrar que toda a discussão do Capítulo 1, sobre o conhecimento e a humanização, trata da mesma questão: a cultura como característica das sociedades humanas). Ensinar e aprender são atividades essenciais para a vida social. É na família que se dão as primeiras experiências de aprendizagem, nela se socializam primariamente as crianças e se constroem as bases do tipo de sociabilidade que deverão experimentar os futuros adultos. Ou seja, é o lugar onde começa a se formar o ser cultural.

A cultura é um assunto que sempre esteve presente na sociologia, desde seu aparecimento. Os autores clássicos, de formas diversas, trouxeram a ideia de cultura para o centro do debate. Se Marx percebia uma cultura subordinada às atividades econômicas, uma espécie de auxiliar que garantia as condições de exploração da classe dominante, Durkheim via a cultura como o processo mesmo de constituição do ser humano, o elemento a partir do qual o bicho homem se transforma no ser humano propriamente dito. Essa perspectiva ampla, que vê nos humanos seres culturais, foi muito trabalhada pela antropologia e deu origem a um conjunto sistemático de estudos sociológicos que vão desde os processos de socialização até a constituição das desigualdades sociais, passando naturalmente pela formação das identidades coletivas. A contribuição do terceiro clássico não pode deixar de ser mencionada: com Weber a cultura, ou as culturas, associam-se, como em Marx, ao poder. O avanço weberiano consiste em liberar a ideia de cultura de sua subordinação à economia, mostrando como as diversas disputas culturais nas áreas religiosa, política e mesmo econômica são travadas em torno de questões sociais, por razões sociais, com recursos sociais.

Mas o que é a cultura do ponto de vista da sociologia? Quando os cientistas sociais falam de cultura, normalmente eles usam um conceito que é mais abrangente que aquele utilizado pelo senso comum, que tende a chamar por esse nome o conjunto das artes, inclusive a literatura.

> Cultura: "é tudo que é humano na sociedade, aquilo que é social e não biologicamente transmitido."
>
> Na antropologia cultural, a análise da cultura se dá em três níveis: padrões de comportamento aprendidos; aspectos da cultura que agem abaixo do nível da consciência (como por exemplo, o nível profundo da gramática e da sintaxe na linguagem, das quais um nativo raramente está consciente quando fala sua língua); e os padrões de pensamento e de percepção que também são culturalmente determinados (Marshall, 1994, p. 104-5).

Essa definição, fundada na antropologia, pode ser retrabalhada de uma perspectiva sociológica e, nessa disciplina, é em Pierre Bourdieu que podemos encontrar uma reflexão mais sistemática sobre a cultura e seu lugar no mundo social. Esse autor vai privilegiar as funções sociais cumpridas pelos sistemas simbólicos que, no limite, são funções políticas: "A função lógica de ordenação do mundo subordina-se às funções socialmente diferenciadas de diferenciação social e de legitimação das diferenças." A frase complicada pode ser desdobrada de forma a permitir entender – e fazer entender aos alunos – como a sociologia bourdieusiana enxerga a cultura e utiliza o conceito como base da explicação sobre o mundo social.

Inicialmente, é preciso ter claro o ponto de partida da sociologia contemporânea que dá enorme ênfase à dimensão simbólica do mundo social. O que isso quer dizer? Quer dizer que o sentido ou significado dado por nós às coisas e pessoas que nos rodeiam existe de fato, chegando mesmo a ter efeitos materiais. É o que acontece, por exemplo, quando uma pessoa recebe um salário menor no mercado de trabalho pelo simples fato de ser negra. O significado dado à pele negra no Brasil é bastante negativo, chegando mesmo à discriminação de fato. Afirma-se aqui um postulado importante para essa análise: segundo Bourdieu, o real existe como algo que nós, seres humanos e sociais, ordenamos.

Nessa perspectiva, a cultura aparece como sendo o ordenamento humano do mundo, natural e social.

É a cultura que faz com que brasileiros apreciem uma boa carne de porco, que não é aceita por povos árabes e judeus. Já os coreanos comem carne de cachorro, impensável para um brasileiro. Também é a cultura que faz gostarmos de samba e futebol, ao passo que franceses têm na comida e sua preparação o seu esporte nacional.

Mas, e esse é um "mas" muito importante, ordenar é criar hierarquias. Ou seja, quando dizemos que carne de porco é boa, podemos dizer também que ela é melhor que carne de cachorro. Então, quando ordenamos as carnes que comemos e as que não comemos, estamos estabelecendo uma hierarquia entre elas.

Se a hierarquia entre as carnes não é muito relevante, a hierarquia entre as pessoas é extremamente significativa. E nós fazemos essas hierarquias todo o tempo: seja na hora de escolher um cardápio, seja na hora de escolhermos os amigos. Hierarquizamos também quando escolhemos uma profissão ou um determinado tipo de emprego. Ordenamos os candidatos ou as candidatas a se casarem conosco.

A vida social passa permanentemente por essas escolhas e hierarquizações. Elas expressam, em cada momento, o estado das disputas sociais para dizer como o mundo funciona, quais são as regras do jogo social. Quanto mais forte o domínio de uma determinada perspectiva, mais aquela visão – que é específica de um grupo social num determinado momento – vai aparecer como sendo "a ordem natural das coisas".

Por exemplo: um casamento inter-racial seria impensável no Brasil de início do século XX, sendo extremamente comum na atualidade, mesmo entre as classes mais afluentes. É interessante notar que uma pesquisa recente (Almeida, 2007) mostrou que os brasileiros tendem a preferir maridos brancos para suas filhas. Mas há exceções: se o branco é nordestino ou advogado e o preto é professor, esse último acaba sendo o preferido.

É justamente através dessas características culturais marcantes que podemos distinguir épocas nas sociedades. Como se reconhece uma época? Segundo o mesmo Bourdieu, seria pelo Estilo, pelas disposições gerais ou esquemas de pensamento que organizam o real, orientando e organizando o pensamento do que é o real. Cada época tem seu estilo, seus esquemas culturais que fazem com que aquilo que se pensa (cada indivíduo dessa época) seja pensável. Isto é: pensamos aquilo que nossa época nos permite e o fazemos numa forma particular, que é aquela forma dominante na nossa sociedade. Assim, os estilos artísticos são formas de expressar o pensamento de cada época. Isso não retira a criatividade do indivíduo. Tom Jobim foi extremamente criativo e também a expressão de uma forma musical de uma época. Ou Rita Lee, que seria, no dizer de Caetano Veloso, a "mais completa tradução" de São Paulo e produz um tipo de música que tem a cara da cidade, mas não é apenas a cidade.

Como cada uma dessas ideias, percepções e valores – ou seja, essa cultura – penetra nossa consciência e passa a fazer parte da nossa forma de ver o mundo? Ainda segundo Bourdieu, a Língua e as formas de pensamento transmitidas pela escola operam essa ordenação pela valorização de certos aspectos da realidade: elas ordenam as coisas da família, da escola, e, a partir daí, toda experiência do real e todo o real.

Leituras auxiliares

ALMEIDA, A. *A cabeça do brasileiro*. Rio de Janeiro: Record, 2007.

DUBET, F. *Sociologia da experiência*. Lisboa: Instituto Piaget, 1996.

MARSHALL, G. *Oxford Concise Dictionary of Sociology*. Oxford: Oxford University Press, 1994.

Instituições

Na linguagem comum, a família é a instituição mais conhecida e reconhecida. Todos nós conhecemos as regras que orientam os comportamentos que se deve ter com cada membro da família e quais são as punições para quem não se comporta dessas formas. Como conceito sociológico, a instituição pode ser considerada como um "supercostume" (como mostra Marshall, 1994, p. 250): são "*mores*", formas costumeiras e usuais, padrões de comportamento que lidam com quase todas as interações sociais. As instituições permeiam a produção e aplicação da lei, o funcionamento das igrejas, a atividade das famílias e das escolas. Assim, a instituição "consistiria em todos os componentes estruturais da sociedade através dos quais as principais questões e atividades são organizadas e as necessidades sociais (tais como aquelas relativas à ordem, às crenças e à reprodução)". Se alguns autores, como Talcott Parsons, viram nas instituições uma forma de garantir as funções necessárias à sobrevivência da sociedade, a pesquisa sociológica recente tem uma perspectiva mais aberta e flexível. O casamento, a família ou a igreja são instituições, é certo. No entanto, os comportamentos dentro de cada instituição são mais variados e precisam ser compreendidos em relação aos valores mais abrangentes que prevalecem na sociedade. A família é uma instituição essencial, e as formas que ela vem tomando foram muito alteradas ao longo dos anos. São comuns as famílias monoparentais, assim como há uma proporção imensa de famílias reconstituídas em novas formas: há irmãos, meio-irmãos, assim como há enteados que convivem com filhos. Há famílias homoafetivas e há crianças adotadas ou "produzidas" através de outras mães ou outros pais. Isso significa que a instituição continua existindo em formas variadas.

Socialização

Um dicionário de sociologia define a socialização como o processo pelo qual nós aprendemos a nos tornar membros da sociedade tanto porque internalizamos os valores, as normas ou regras dessa sociedade, quanto porque aprendemos a desempenhar o nosso papel na mesma (Ver, por exemplo, Marshall, 1994).

Nesse sentido, fica claro que uma das mais importantes funções da família é educar seus membros de acordo com as normas da sociedade mais ampla. As crianças passam por processos mais ou menos longos durante os quais aprendem a linguagem, os valores e as crenças, a conduta que se espera delas, e adquirem o conhecimento que sua sociedade acumulou no decorrer de sua história.

Uma característica central do processo de socialização é que ele não implica destruição ou redução da individualidade. Já Durkheim chamava a atenção para o fato de que a afirmação da individualidade é a forma moderna, socialmente desenhada, de se construir as pessoas. Assim, nós, cidadãos do mundo atual, podemos afirmar nossas características pessoais, nossa personalidade, nossos desejos, com uma força inimaginável na Idade Média, por exemplo. O que a sociedade nos dá, através da socialização realizada primeiramente em nossas famílias e depois na escola, são as regras do jogo social, as regras da fala e da escrita. Aprendemos quais são as formas corretas de agir, falar ou escrever. Mas somos nós mesmos que decidimos se vamos ou não agir dessa forma. A socialização não é a supressão da liberdade individual. Evidência disso pode ser encontrada nos pequenos erros que crianças cometem quando começam a falar. Elas dizem "eu di" ou "eu fazi" no lugar de dizer "eu dei" ou "eu fiz". Não se trata de terem aprendido a forma errada: elas aprenderam a regra de conjugação dos verbos e aplicam essa regra a todos eles. Como esses dois verbos são anômalos, com conjugações diferenciadas, as crianças só chegam posteriormente a se expressar nessa forma correta.

À medida que se tornaram mais e mais complexas, as sociedades criam ocupações e instituições dedicadas ao aperfeiçoamento da aprendizagem: preceptores, mestres de ofícios e escolas.

A escola e o processo de escolarização são objetos clássicos da sociologia, assim como a família. Se nessa última temos o processo de socialização primária (ao qual se referem tanto o sociólogo norte-americano Talcott Parsons quanto o francês Pierre Bourdieu, entre outros), a escola propicia as condições modernas de inserção de crianças e jovens na sociedade adulta.

Esse papel necessário de socialização é reforçado por outra função cada vez mais atribuída à escola nos tempos atuais: ela se tornou o critério mais importante para a definição da posição social das pessoas. Quanto mais escolarizado é o indivíduo, maiores são suas chances de ter melhor emprego, melhor salário ou rendimento, maior nível de prestígio. Talvez devido a essa sua última função a escola tenha recebido duras críticas ao longo das últimas décadas. No entanto, a pesquisa sociológica tem conseguido demonstrar que as boas escolas são aquelas que conseguem ensinar os conhecimentos básicos disponíveis na sociedade a todos os alunos, independentemente de sua origem social ou classe, de sua raça, de seu sexo ou sua idade. Ou seja, a boa escola, de qualidade, oferece igualdade efetiva de oportunidades, garantindo que todos possam aprender e usar democraticamente esse novo recurso social que é o diploma escolar.

Leituras auxiliares

DUBAR, C. *A socialização: construção das identidades sociais e profissionais*. São Paulo: WMF Martins Fontes, 2005.

ELIAS, N. *A sociedade dos indivíduos*. Rio de Janeiro: Zahar, 1994.

MARSHALL, G. *Oxford Concise Dictionary of Sociology*. Oxford: Oxford University Press, 1994.

O lugar da educação

Como vimos, as sociedades modernas organizam-se em torno de um princípio de igualdade entre os indivíduos. As desigualdades consideradas aceitáveis, atualmente, são aquelas que se explicariam ou se justificariam pelas diferenças de desempenho educacional. Isso significa que diferenças de rendimentos econômicos ou de prestígio e poder são aceitas quando se baseiam nos níveis distintos de educação obtidos pelas pessoas. Nos países desenvolvidos, e também no Brasil, quanto maior o número de anos de escolaridade (número de anos de escola completados com aprovação) maior a renda do indivíduo. Deve-se destacar que, no Brasil, essa diferença atinge proporções por vezes inaceitáveis: uma pessoa que tenha completado o nível superior ou universitário recebe aproximadamente 17 vezes o salário de quem tem apenas curso primário. E quem tem apenas curso primário tem probabilidades muito maiores de ficar desempregado do que quem tem curso superior.

A ideia do mérito

Se a educação é um direito de todos e é também a razão que torna aceitável algum nível de desigualdade, é necessário compreender bem o seu significado. A educação tanto funciona como uma porta de entrada para a sociedade como também funciona como uma espécie de capital ou recurso social que hierarquiza e distribui pessoas e grupos no espaço social. É fácil ver que ela é um elemento essencial para a explicação das desigualdades sociais.

O estudo das dimensões diferentes das desigualdades sociais tem avançado particularmente na área de educação. A pesquisa sociológica demonstrou, desde os anos 1960, a estreita relação entre as desigualdades sociais e as diferenças de acesso e sucesso no sistema escolar (Forquin, 1995). A sociologia da educação talvez seja uma das áreas que apresenta o mais diversificado panorama teórico-conceitual e de pesquisa empírica. Isso acontece justamente porque a educação pode ser vista como um elemento importante do progresso econômico e social de uma nação, mas também pode ser considerada uma forma de excluir alguns grupos de pessoas dos benefícios que esse progresso pode trazer. Ou seja, há inúmeras controvérsias sobre qual deveria ser o papel da educação nas nossas sociedades e sobre a capacidade que a escola teria para fazer avançar a igualdade de oportunidades.

Uma primeira abordagem da sociologia sobre os fenômenos da educação foi feita por Durkheim, que indicou quais seriam as tarefas dos sociólogos e como elas se diferenciariam daquelas dos pedagogos. Os sociólogos enxergam a educação como um processo através do qual os membros mais antigos da sociedade transmitem aos mais jovens aquilo que a sua sociedade conhece, as regras de convivência social, as formas de ver e agir sobre o mundo. Dessa perspectiva, a educação é aquilo que nos faz ser membros da sociedade, é a base da construção da nossa identidade pessoal, mas também da identidade coletiva. Ela seria então uma base de integração da sociedade, um elemento que fomentaria a coesão social.

Mas como isso é possível, se já ficou claro que a educação também é um dos princípios de legitimação da desigualdade social? Como resposta inicial, pode-se dizer que o próprio fato de ser um princípio de diferenciação aceito como válido por todas as pessoas na sociedade já torna a educação um fator de integração. Todos os membros da sociedade consideram justo esse princípio e aceitam participar do jogo social que estabelece a educação como regra para a distribuição das riquezas, do poder e do prestígio. Ter esse tipo de regra é um indicador do grau de abertura da sociedade à ideia de mérito, ou seja, à ideia de que as pessoas devem ser julgadas pelo que fizeram, pelo que estudaram, pelo seu esforço. Não poderiam mais ser julgadas apenas pela sua origem social. Pelo lado dos efeitos da educação sobre as desigualdades sociais há muitas questões a serem explicadas, pois a ideia de mérito não significa que deixam de existir desigualdades. Significa apenas que elas tendem a ser aceitas. E, para entender essas questões relativas à desigualdade na educação, a sociologia criou uma série de conceitos.

A primeira forma de desigualdade em relação à educação consiste nas diferenças entre os grupos sociais quanto à possibilidade de entrar para a escola. São as desigualdades de acesso à educação. Durante muito tempo acreditou-se que iam para a escola aquelas pessoas que tinham capacidade para estudar. Nessa área, o primeiro passo da sociologia foi demonstrar que a capacidade intelectual não era o fator determinante da entrada na escola. A posição social do indivíduo era o fator mais forte para definir quem frequentava ou não a escola.

Isso foi visto por pesquisadores europeus nos anos 1960, que demonstraram que as proporções de filhos de camponeses ou de operários industriais nas escolas eram muito menores do que o seu peso real na população total. Em compensação, filhos de profissionais liberais, que correspondiam a menos de 1% da população, representavam 80% dos alunos matriculados. Outra diferença social de acesso à escola aparece atualmente nas pesquisas sobre a América Latina: as meninas, principalmente as que são filhas de grupos indígenas, mas também aquelas mais pobres, estão mais ausentes da sala de aula que os meninos.

A desigualdade de sucesso na trajetória escolar também foi, comprovadamente, associada às diferenças da posição social das famílias. Nesse ponto, a crença comum era de que, dentro da escola, o desempenho do estudante seria a única razão do seu sucesso ou insucesso. Mas, novamente, foi possível demonstrar que não é bem assim: com o mesmo nível de desempenho, ou com as mesmas notas, um filho de profissional liberal tinha 80 vezes mais chances de continuar estudando no final do ensino fundamental que um filho de operário. É bom insistir: isso ocorreu na França dos anos 1970 e os dois alunos (modelos que representam a trajetória típica de indivíduos daqueles grupos) tinham tirado as mesmas notas no final da 8ª série. Em cada 100 filhos de profissionais liberais, 80 continuavam a estudar e faziam o ensino médio. Entre os 100 filhos de operários, apenas 1 continuava.

Para discutir a ideia de mérito, leia o texto a seguir e coloque em xeque o problema apresentado ao final.

A ideia de mérito: Nas sociedades modernas as pessoas são classificadas, em princípio, segundo o seu próprio mérito. Isto é, elas valem pelo que fazem, por sua educação, por sua experiência. Mas quando olhamos as diferentes sociedades modernas e comparamos as formas de organização e de justificação das desigualdades sociais em cada uma delas, vemos que há muitas diferenças. Nos Estados Unidos parece haver uma valorização muito forte do esforço e do talento individuais: todos acham justo que Bill Gates ou Steve Jobs sejam imensamente ricos, pois eles foram talentosos e trabalharam muito para valorizar esse talento. No Brasil, algumas pessoas são bastante valorizadas por seu talento (como é o caso dos nossos jogadores de futebol, por exemplo). Mas há muita dificuldade para se reconhecer e dar crédito ao esforço individual: em geral, acredita-se que pessoas são ricas porque tiveram sorte, ou porque já nasceram ricas, ou, pior, porque utilizaram meios escusos para ganhar dinheiro. Pouca gente se lembra de que algumas pessoas podem, efetivamente, enriquecer porque estudaram muito, trabalharam mais ainda.

Isso quer dizer que o conceito de mérito ou do que é meritório, do que é positivo, é muito variável segundo as sociedades. Algumas delas valorizam o talento, outras valorizam o esforço. Outras ainda valorizam a capacidade de expressão oral ou escrita. Na verdade, o mérito é uma definição social e nada tem de natural.

O acesso à escola no Brasil

O acesso à escola no Brasil tem sido objeto de inúmeras pesquisas. Ficou claro que não temos mais um problema sério de acesso às escolas. A questão principal enfrentada pelas políticas públicas é a de garantir que qualquer criança, proveniente de qualquer grupo social, tenha acesso a uma boa educação, à educação de qualidade. O passo seguinte dessas políticas é então democratizar a qualidade da educação.

No fim da década de 1990, o Brasil conseguiu praticamente universalizar o ensino fundamental: 96% dos brasileiros entre 7 e 14 anos de idade estavam na escola, em 1999. Já no ensino médio, progressos foram feitos nos últimos anos, mas apenas a metade (50%) dos jovens na faixa etária de 15 a 17 anos permanece na escola.

Essas constatações geraram debates e pesquisas que permitiram a elaboração de conceitos e sistemas teóricos que tentam dar conta das razões dessa situação.

Foi possível explicar por que os filhos de famílias camponesas ou operárias não tinham acesso à escola ou, quando estavam na escola, tinham um desempenho muito fraco, mostrando que esses grupos sociais não davam valor muito elevado à escola ou não demandavam escolaridade. Essas crianças só se matriculavam por pressão das leis que obrigavam a frequência escolar. Seriam pessoas que teriam *aspirações escolares* ou educativas mais limitadas. A essas diferenças de expectativas podemos acrescentar os modelos de *escolha racional* para as estratégias de decisões familiares quanto à educação dos filhos. Esse modelo indica como as famílias decidem, de forma racional, o quanto devem investir na educação dos filhos, em termos de tempo e também de dinheiro. E as aspirações escolares e sociais são fatores importantes nessas decisões.

Pessoas de classes menos educadas teriam um domínio muito reduzido da cultura letrada, do vocabulário, da gramática e da expressão oral e, por isso, teriam maiores dificuldades na realização das tarefas escolares. Isso poderia explicar o insucesso de muitos alunos de origem mais modesta. O conceito que explica isso, criado por Basil Bernstein (1971), é o de *código linguístico*, que pode ser mais *restrito* (a linguagem comum) ou *elaborado* (linguagem formal, erudita). Numa abordagem semelhante, Pierre Bourdieu destaca a importância do *capital cultural* que a família possui: o nível de escolaridade e qualificação dos pais, o acesso à cultura erudita através de visitas a museus, por exemplo. Assim como o capital econômico, ele é um fator importante do desempenho escolar. Filhos de famílias mais educadas conseguem realizar trajetórias escolares de maior sucesso.

No quadro seguinte são mostrados alguns dados que permitem reforçar a importância do novo enfoque das pesquisas em educação que, cada vez mais, buscam a democratização da qualidade da educação.

Qualidade da escola	Estrato de renda	Média de matemática (maior nota = 100)
menor	baixo	51,66
	alto	57,90
maior	baixo	59,93
	alto	67,40

Fonte: Barbosa, 2009.

Como vemos, alunos do estrato de renda mais baixo, ou seja, alunos mais pobres, quando estudam numa escola melhor, de qualidade mais alta, têm uma nota média (59,93) mais alta que a nota média dos alunos menos pobres ou de classe média (estrato de renda alto) numa escola pior (57,90). Esses dados indicam que a escola pode reduzir o peso da situação social das crianças no seu desempenho escolar. Da mesma forma, professores que dão todas as aulas, que se preparam mais adequadamente para essas aulas e que têm uma percepção mais positiva dos seus alunos conseguem fazer com que as crianças aprendam mais, independentemente de serem ricas ou pobres.

A educação e o poder dos diplomas

A educação é muito importante como um recurso social que melhora a nossa entrada no mercado de trabalho. Mas assim como ela é uma base significativa das desigualdades nesse mercado, também aparece como um fator crucial do poder de alguns grupos sociais, principalmente as profissões clássicas. O seu poder é tão imenso que chegaram a ser chamadas de *profissões imperiais* por um sociólogo brasileiro (Coelho, 2006).

O poder dos diplomas: Uma boa forma para se entender porque o capital cultural é tão importante e representa uma forma de poder é analisar detidamente uma canção de Roberto Carlos, que aproveitou um dito do escritor inglês Oscar Wilde: *Tudo que eu gosto é ilegal, é imoral ou engorda*. Num certo sentido, podemos dizer que esta frase expressa o poder que algumas profissões têm de controlar a nossa vida, nossos gestos mais simples. Os advogados (e os deputados que fazem as leis) têm o poder de dizer quais são as ações legais e quais são as ações ilegais que praticamos. Essas definições são muito diferentes em cada sociedade. Também os sacerdotes de várias religiões estabelecem regras morais que são incorporadas na vida prática das pessoas. Os médicos, atualmente muito influentes, definem também quais são os padrões de peso, glicemia, colesterol, etc. que podem ser considerados normais.

Qual é a razão pela qual eles podem estabelecer todas essas regras para a nossa vida? Uma delas, talvez a mais forte, é que eles recebem diplomas em áreas de conhecimento que lhes dão autoridade para dizer isso e serem obedecidos. E um diploma é uma forma, a mais institucionalizada, de capital cultural.

Leituras auxiliares

BARBOSA, L. *Igualdade e meritocracia*: a ética do desempenho nas sociedades modernas. Rio de Janeiro: FGV, 1999.

BARBOSA, M. L. O. *Desigualdade e desempenho: uma introdução à sociologia da escola brasileira*. Belo Horizonte: Argumentum, 2009.

BOUDON, R. *As desigualdades de oportunidades*. Brasília: UNB, 1981.

BOURDIEU, P. O diploma e o cargo: relações entre o sistema de produção e o sistema de reprodução. In: NOGUEIRA, Maria Alice; CATANI, Afrânio (orgs.) *Escritos de Educação*. Petrópolis: Vozes, 1999. p. 127-144.

COELHO, E. C. *As profissões imperiais, Rio de Janeiro. A ciência como profissão:* médicos, *bacharéis e cientistas no Brasil (1895-1935)*. Sá DM. Rio de Janeiro: Fiocruz; 2006. 216 p. (Coleção História e Saúde)

FORQUIN, Jean-Claude. *Sociologia da educação*: dez anos de pesquisa. Petrópolis: Vozes, 1995.

Conflito

O conceito de solidariedade pode ser contrastado com o de conflito. Dentre as maiores ameaças à existência dos seres humanos e de suas sociedades estão a guerra, que pode ocorrer entre duas ou mais sociedades, e a guerra civil, que envolve grupos de distintas nações ou etnias no interior de uma mesma sociedade. Elas são o tipo mais temível de conflito porque podem exterminar todo um grupo inimigo. Esse temor tende muitas vezes a se basear em um entendimento fantasioso do que pretendem os demais grupos humanos e de seu real poderio, criando uma espécie de círculo vicioso que leva os dois lados do conflito a uma escalada da violência. O conhecimento sociológico, assim como diversos tipos de conhecimentos científicos, poderia atenuar e mesmo tratar de eliminar o medo que as pessoas representam umas para as outras, especialmente se elas pertencem a outros agrupamentos que parecem respectivamente mais fortes e organizados.

O conceito de conflito é suficientemente abrangente e não só se aplica à guerra, mas também se refere a disputas mais ou menos graves entre classes sociais, grupos e indivíduos em torno de seus distintos e eventualmente opostos interesses e crenças, sejam estas religiosas, filosóficas ou políticas. Na verdade, a partir da perspectiva de autores clássicos como Marx ou Weber, o conflito é um elemento constitutivo das sociedades em qualquer época. Nesse sentido, não deve jamais ser tratado como situação excepcional ou irracional ou mesmo doentia. É uma parte normal das relações sociais.

Situações de conflito sempre acarretam riscos e perdas, e, durante seu desenvolvimento e as tentativas de solucioná-lo, os envolvidos podem alcançar patamares mais altos de entendimento e mesmo avanços na própria resolução da condição inicial geradora do problema. A sociologia não vê o conflito como uma situação patológica, mas como consequência de ajustes nas próprias relações sociais, e aponta a mudança social como uma possível decorrência das crises. Àquelas transformações radicais, que atuam sobre as estruturas das sociedades, se aplica o conceito de revolução. As estruturas são os modos de organização, em diversos planos, dos grupos humanos. O nível social se refere ao tipo dominante de família, às definições de gêneros, às diferenças entre grupos que constituem as classes sociais, castas e clãs, ao lugar das crenças religiosas, à divisão social do trabalho, às formas institucionais de instrução, educação e treinamento, e a ciência que desenvolve e legitima o conhecimento; o nível político engloba o formato do Estado, a existência ou não de partidos, o tipo de participação dos membros da sociedade nas decisões, a forma de governo; a economia abrange o funcionamento da produção e da distribuição dos recursos e das riquezas; o campo militar abarca os recursos de ataque e defesa do grupo como um todo, e o campo jurídico trata da legislação e dos costumes que protegem os direitos que evoluem no decorrer do desenvolvimento social. Todos esses níveis interagem e provocam mudanças entre si, levando à reorganização de suas próprias relações.

A existência de conflitos é fortemente influenciada por grandes assimetrias de poder, e eles podem ser temporariamente abafados ou, ao contrário, gerar manifestações tão violentas contra a submissão e a exploração que cheguem a transformar toda a estrutura social, econômica, jurídica e política. Em certos momentos da história humana, os grupos religiosos eram os mais poderosos, foram algumas vezes substituídos pelos militares ou pelos políticos. Desvendar esses formatos é também um modo de entender os padrões de complexidade das sociedades.

Identidades coletivas, grupos sociais

Definir grupos sociais ou identidades coletivas não é uma tarefa fácil, particularmente considerando tudo o que foi visto até aqui sobre a complexidade do social. As dificuldades começam pelo fato de que os contornos de um grupo social não são facilmente identificáveis: a discussão recente sobre o suposto crescimento da classe média mostra bem essa dificuldade, mesmo quando consideramos apenas a dimensão econômica. Alguns pesquisadores sugeriram que um indivíduo que tivesse acesso a uma renda mensal de R$1.500,00 poderia ser considerado de classe média. Um sociólogo imediatamente perguntaria sobre quais seriam as características sociais que poderiam mesmo indicar que esse indivíduo fizesse parte da classe média. Os modelos clássicos mostram a classe média como um grupo que faz determinados tipos de trabalho (em geral, na prestação de serviços), tem um nível razoavelmente elevado de escolaridade (muitas vezes chegando à universidade) e recebe um nível médio de renda dentro da distribuição geral. Se o indivíduo que recebe os R$1.500,00 por mês encontra-se na média nacional de renda, na situação atual do Brasil esse mesmo indivíduo não tem as demais características de trabalho e educação.

Os conceitos relativos aos grupos sociais apresentados a seguir mostram que as identidades coletivas são bem mais que ajuntamentos estatísticos de pessoas que têm um mesmo nível de renda. Para fazer parte de um grupo social, cada indivíduo precisa ter ou adquirir determinadas características sociais compartilhadas com outros membros do grupo. Além disso, esses indivíduos também pensam de forma parecida, agem de maneiras semelhantes, atuam no mundo numa forma que pode ser reconhecida por outras pessoas de fora do grupo, ou seja: eles estabelecem padrões comuns e estáveis de ação. Todos nós já tivemos a experiência de tentar decifrar a letra de um médico num pedido de exame ou numa receita. O que para nós é difícil parece fácil para o farmacêutico ou para a enfermeira que nos atende. Médicos, farmacêuticos e enfermeiras formam grupos sociais ou grupos profissionais. Eles têm em comum um determinado nível de formação e partilham, cada um dentro de seu grupo, certos conhecimentos. Além disso, interagem entre si e também com outros grupos sociais.

Conceitos

Grupo social: Conjunto de pessoas que partilham uma identidade comum e características sociais comuns tais como poder, prestígio, rendimentos econômicos ou crenças, distinguindo-se de outros grupos pela posição que ocupam na sociedade. Exemplo: membros de uma igreja; os ricos; os pobres.

Grupo de status ou *estamento*: Grupo social que se caracteriza por um mesmo nível de prestígio social. Os membros de um estamento têm uma consciência clara de pertencerem a esse grupo e agem em função dessa consciência. Em alguns casos, chegam mesmo a estabelecer estratégias de fechamento desses grupos para impedir a entrada de estranhos. Exemplo: um grupo profissional, como os médicos; uma gangue de bairro.

Classes sociais: Grupo de pessoas que se distingue fundamentalmente no nível econômico, isto é, pelo fato de se situarem na mesma posição diante do mercado. São pessoas que têm propriedade de recursos econômicos tais como dinheiro, terra, diplomas. Em alguns casos, esses grupos chegam a se organizar para garantir seus interesses. Exemplos: fazendeiros, operários, burgueses. As pessoas que não têm essas propriedades situam-se em posição desprivilegiada no mercado.

Como mostrou Pierre Bourdieu, principalmente em *A distinção* (1979), as classes sociais ou grupos sociais não são apenas uma medida estatística que separa as pessoas segundo um critério qualquer. Na verdade, os grupos sociais ou as classes sociais são coletividades que têm vida, e o trabalho do sociólogo é ser capaz de entender quais são os *princípios de classificação* que cada sociedade usa para distribuir as pessoas e como as características das vidas dessas pessoas se alteram segundo o grupo ao qual elas pertencem. Então, não cabe ao sociólogo dizer "fulano é da classe F e beltrano é da classe B". Cabe ao sociólogo dizer que essa sociedade usa – obviamente isso é apenas um exemplo – o critério da primeira letra do nome para distribuir as pessoas pelos grupos sociais. Se isso fosse verdade, nessa sociedade, todos os Andrés seriam do grupo A e todas as Zildas seriam do grupo Z. O princípio de classificação dessa sociedade é a primeira letra do nome.

Na vida real, os princípios de classificação e formação dos grupos são um pouco mais complicados. Na sociedade moderna, como veremos mais à frente, temos dois princípios de classificação importantíssimos e presentes em quase todos os países: o *capital econômico* e o *capital cultural.*

Pierre Bourdieu sugeriu uma forma interessante de visualizar a formação de grupos sociais nessas sociedades. Elas seriam vistas como espaços (como num mapa) onde poderíamos distribuir as pessoas segundo o princípio de classificação daquela sociedade e assim visualizar os grupos sociais.

Leituras auxiliares

AGUIAR, N. (Org.). *Desigualdades sociais, redes de sociabilidade e participação política*. Belo Horizonte: Editora UFMG, 2007.

BOURDIEU, P. (1979). *A distinção*: crítica social de julgamento. São Paulo: Zouk, 2011.

HASENBALG, C.; SILVA, N. V. (Org.). *Origens e destinos*: desigualdades sociais ao longo da vida. Rio de Janeiro: Topbooks, 2004.

Sociedade

O conceito de sociedade é, sem dúvida, o mais complexo de todos, na medida em que vai depender da teoria na qual se insere. Não é fácil transmitir essa ideia sem desenvolver um conhecimento mais aprofundado de teoria sociológica. Talvez o modo mais simples de iniciar esta discussão seja tomar como ponto de partida o que os estudantes percebem como sociedade. É muito provável que o senso comum a defina de modo muito próximo àquele como Durkheim a colocou, enfatizando a sensação de coação, de controle, de externalidade. Isso já indicaria uma percepção razoavelmente correta: a de que existe uma entidade mais abrangente, exterior às consciências individuais, mas permanentemente em contato com esses indivíduos, como já foi visto.

Entretanto, essa sensação de coação externa precisa se transformar num conceito mais sólido e estruturado de forma que os alunos sejam capazes de reconstruir mentalmente uma ideia bem organizada de sociedade. Essa ideia bem organizada pode começar pela descrição do que seria a sociedade. Como ferramenta descritiva, a ideia de pirâmide, muito difundida, funciona muito bem.

Assim, podemos imaginar uma pirâmide onde a base é formada pelo conjunto dos grupos sociais mais pobres e que se responsabilizam por trabalhos mais básicos, como a agricultura ou a produção material. No meio dessa pirâmide ficariam, é claro, os grupos conhecidos como as classes médias, menores numericamente mas tendo forte presença de pessoas mais educadas e responsáveis pelos serviços. Finalmente, no topo teríamos as elites, os grupos menores da sociedade, em geral também os mais poderosos e ricos.

Como descrição funciona muito bem. No entanto, essa é apenas a primeira parte do conceito que queremos produzir: um conceito tem dimensões explicativas que não entram quando apenas descrevemos.

Nesse caso, a analogia proposta por Pierre Bourdieu – de pensar a sociedade como um espaço onde os diferentes capitais funcionam como forças magnéticas para organizar a distribuição das pessoas dentro desse espaço (conforme visto na seção anterior, "Identidades coletivas, grupos sociais") – introduz essa dimensão analítica. Os capitais, como vimos, são os princípios de classificação das pessoas: quem tem mais ou menos de cada um dos dois capitais vai ser colocado numa ou noutra posição pelas quantidades que possui dos mesmos.

Nesse caso, imaginamos a sociedade como um grande mapa no qual os princípios de orientação (ou pontos cardinais) são dados pelos tipos de capital que são mais fortes em cada sociedade.

Leituras auxiliares

BAUMAN, Z. *A sociedade individualizada*. Rio de Janeiro: Zahar, 2008.

FORACCHI, M. M.; MARTINS, J. de Souza. *Sociologia e sociedade*. São Paulo: LTC, 1977.

GIDDENS, A. *Capitalismo e moderna teoria social*. Lisboa: Presença/Martins Fontes, 1976.

QUINTANEIRO, T.; BARBOSA, M. L.; OLIVEIRA, M. G.. *Um toque de clássicos*. Belo Horizonte: UFMG, 2002.

Diferenças e semelhanças estruturais entre sociedades

A ideia de sociedades simples ou complexas é relativa, ou seja: depende de comparação. Por outro lado, não existe um limite para o desenvolvimento da complexidade. No entanto, a partir de sua estrutura, podem ser definidas as características das sociedades mais ou menos simples. Uma sociedade com um maior número de instituições articuladas é mais complexa do que outra em que há um pequeno número de instituições sociais. Uma sociedade hipotética na qual existe um grupo de guerreiros especializados no combate e na defesa militar do conjunto dos seus membros é mais complexa do que outra em que essas funções são cumpridas por todos os indivíduos capazes de lutar. No entanto, a mera ausência de um corpo com funções militares não é suficiente para classificar uma sociedade como simples, e existem, no mundo contemporâneo, sociedades sem exército. Portanto, somente uma avaliação atenta do tipo de instituições essenciais para a existência e o funcionamento de todo o grupo poderia atestar sua maior ou menor complexidade.

Um conceito que auxilia na definição da complexidade é o de divisão social do trabalho. Os avanços do conhecimento e sua disseminação, os cuidados com a saúde e o bem-estar dos membros da sociedade, a manutenção da paz, a garantia dos direitos individuais e coletivos, a produção de alimentos e outros itens podem ser distribuídos entre membros mais ou menos especializados nessas tarefas. O padrão de divisão do trabalho em uma sociedade é um indicador de sua complexidade.

A definição do social pode ser uma das explicações mais difíceis ou abstratas do curso, mas ela é essencial para o desenvolvimento de todo o programa. Pode-se pensar em debater o tema através de uma série de exemplos, ou seja, de uma forma o menos abstrata possível, como é proposto a seguir. Como entender o significado de "sociedade" nessas situações e o sentimento de que existe uma força externa superior que comanda os atos individuais? Remetendo ao pensamento de Durkheim sobre o fato social, sua externalidade e caráter coercitivo, e ao de Norbert Elias, sobre a intensidade dessa força, que faz com que ela pareça ter vida própria e não fazer parte do indivíduo.

A reprodução da vida social

As sociedades desenvolvem mecanismos de reprodução, isto é, modos de socializar seus membros de diversas formas, sejam os que virão substituir aqueles que deixaram de atuar – por exemplo, no trabalho, na família, na economia ou na política, como é o caso dos novos membros que se preparam para assumir seu lugar na vida social –, sejam aqueles que ingressam em novos grupos sociais ou sociedades mais amplas – como os migrantes, os que começam um trabalho, os que entram para uma família por meio do casamento, os que adotam uma religião ou uma luta social, entre outras possibilidades. Reproduzir a sociedade significa promover uma repetição regular dos modos de perceber o mundo, de uma linguagem compreendida pelos seus membros, de valorização de sentimentos e modos de sociabilidade, de uma escala do que é mais ou menos importante, mas também da própria estrutura social, o que inclui a constituição de grupos, dentre os quais a família, as classes, o Estado e suas formas de participação, as leis, as ocupações. A reprodução social não se limita a uma repetição, já que o dinamismo da vida social promove mudanças em cada um desses setores, não havendo qualquer instituição social que seja dotada de um formato rígido ou eterno. No entanto, a maior parte das mudanças sociais parece imperceptível se levada em consideração segundo a curta escala de tempo das vidas humanas. Os sociólogos precisam analisar longos períodos a fim de encontrar os tipos e as direções das mudanças, assim como os agentes que as provocaram.

A sociologia pode se interessar em estudar o modo pelo qual os jovens membros de grupos profissionais são socializados. Esse treinamento e essa inserção já foram responsabilidade de guildas e de mestres artesãos, como na Europa, mas atualmente a aprendizagem tem sido menos direcionada pelos antigos profissionais ou pelos trabalhadores que levavam seus filhos como ajudantes, e cada vez mais entregue a profissionais em treinamento propriamente dito. No mundo capitalista contemporâneo, a aprendizagem é uma constante, e o veloz desenvolvimento técnico, assim como a globalização e a abertura de mercados importantes em outros países, faz da reprodução da força de trabalho uma finalidade que envolve atos planejados e dotados de componentes científicos, como aprender um novo idioma e assimilar modos de vida de outros povos a fim de ampliar as oportunidades de inserção no mercado. Justamente devido a essa urgência, a força de trabalho brasileira, dada sua baixa qualificação refletida na incapacidade de leitura, de observar comandos, de tomar decisões em situações de crise durante o trabalho e outras dificuldades, tende a retardar a velocidade do desenvolvimento econômico e social do país, especialmente nas regiões mais pobres. Existem bolsões de mão de obra altamente qualificada no país, mas esta precisa contar também com uma ampla base de trabalhadores melhor qualificados.

Socialização e controle social

Com exceção do que aprendem individualmente por ensaio e erro, as pessoas observam o comportamento das outras, se informam, perguntam, são educadas em diversas situações pelos muitos grupos dos quais elas participam. Nesse processo, o grupo família, por exemplo, tem um papel bem diferente do que cumprem os grupos de amigos e de colegas de escola ou de trabalho. Os avós socializam de uma forma que dificilmente coincide com o conteúdo do que ensinam os pais, ou os irmãos e primos. É também possível observar, por meio dos diversos processos de socialização, as características dos distintos grupos que constituem o meio social e mesmo os lentos processos de mudança social, que se refletem nos valores, nos gostos, nas atividades que incluem brincar ou formas de lazer.

Exemplos: como se comportar à mesa, em uma palestra, em uma festa, durante um exame. Mesmo os membros mais imaturos das sociedades, como as crianças, passam por lentos processos de aprender como devem se comportar em inúmeras circunstâncias. Os desvios em relação à conduta esperada são aceitos enquanto o processo de aprendizagem não está concluído. Mesmo assim, existem mecanismos que servem para lembrar que a pessoa ainda não atingiu o ponto desejado, seja ao utilizar os talheres e o banheiro, ao se apresentar em uma situação formal, ao se expressar em público. Os mais jovens aprendem com os amigos o que fazer em mil e uma situações que envolvem os possíveis parceiros amorosos, o que se deve ou não dizer, quando telefonar ou quando não responder a uma ligação, que convites aceitar, que condutas são inaceitáveis ou quais as que sugerem possibilidades positivas de relacionamento. Os pais podem dar alguma ajuda, mas não é sempre que os mais jovens procuram esse tipo de colaboração, sabendo o quanto as interações de seu tempo são distintas e por vezes mal compreendidas pelos mais velhos. Durante o processo de socialização, os seres humanos aprendem a controlar instintos e necessidades naturais.

Existem pessoas ou agentes socializadores que se dedicam ao ensino, assim como instituições que congregam profissionais de educação. Os membros das sociedades têm sido enviados a instituições de ensino durante o período da infância e da juventude, mas a necessidade de atualização e de aperfeiçoamento vem tornando tais instituições muito mais presentes na vida contemporânea, principalmente em sociedades de economia altamente industrializada e com um setor de serviços desenvolvido. Assim é que se pode dizer que os trabalhadores estão quase permanentemente sujeitos ao treinamento, o qual muitas vezes é oferecido ou exigido pelas empresas onde eles atuam. Mas, ao mesmo tempo, o acesso à educação tende a ser muito diferenciado segundo a posição socioeconômica dos cidadãos.

Discriminação, preconceito e controle social

Os membros das sociedades podem ser discriminados de muitas formas. Eles podem ser classificados segundo seu sexo, sua idade, cor da pele e altura, por serem portadores de uma doença, terem necessidades diferentes das que têm a maioria, serem casados, por seu nível de instrução, seu treinamento profissional, sua religião, por serem vegetarianos, animistas, pacifistas, ou por terem tomado decisões relativas às suas filosofias de vida. Nem todas essas categorias de classificação são decorrentes de escolhas individuais, algumas talvez nem fossem adotadas se os indivíduos tivessem escolha, outras foram aplicadas a eles, independentemente de seus sentimentos. A menos que chegue a um país em tenra idade, quem é estrangeiro será sempre assim identificado, por mais que tenha assumido uma nova cidadania e se integrado à sociedade nacional.

No entanto, certas pessoas podem ser tratadas como socialmente inferiores com base em categorias distintivas. A conduta preconceituosa indica que se tem uma ideia negativa prévia sobre aqueles que correspondem a certas características e que, com base nela, passam a ser discriminados. Isso pode resultar da ignorância em relação ao outro, à cultura de outros grupos ou nações, ao medo, e a outros fatores, como a concorrência por trabalho, e levar à dificuldade ou negação em aceitar essas pessoas como membros da família ou colegas, à proximidade física e social com elas. Atitudes preconceituosas e condutas discriminadoras são aprendidas socialmente e se encontram disseminadas em grupos específicos. Os preconceitos criam barreiras à aproximação social, o que tende a reforçá-los e a manter o desconhecimento ou o conhecimento deturpado sobre os demais. Um exemplo clássico de preconceito foi aquele que atribuía aos orientais um olhar dissimulado. Logo, devia-se desconfiar de todos os que possuíssem tais características físicas. A origem social deste sentimento encontra-se na Segunda Guerra Mundial, se tornou profundamente arraigado entre os ocidentais e se estendeu por um longo período.

Mas a sociologia mostra que essas representações que fazemos dos outros indivíduos e grupos são socialmente construídas e têm muito pouco ou quase nada a ver com características naturais efetivas das pessoas. É o caso da situação das mulheres no mercado de trabalho brasileiro: se os empregos são oferecidos às pessoas que têm determinadas qualificações (experiência ou escolaridade, por exemplo), o fato de ser homem ou mulher não faria qualquer diferença. No entanto, no Brasil do início do século XXI, as mulheres que têm o mesmo nível de escolaridade que os homens ganham aproximadamente um terço menos que eles. Se elas têm a mesma competência escolar ou o mesmo tipo de experiência, só a discriminação explica essa diferença.

Violência simbólica e discriminação

Relações de poder muito assimétricas são uma das explicações para a prática de violência. A violência não é realizada apenas por quem é fisicamente mais forte, já que ela pode atingir o outro por meio da degradação moral ou ser exercida através de subterfúgios que não exigem força. Os que são atingidos pela conduta violenta nem sempre reagem, e, graças à intimidação, podem assumir posições ainda mais baixas na estrutura de dominação do grupo ou no interior da relação social, como é o caso de um casal.

O sentimento que tem um agente de que possui o direito de ser violento contra outros membros da sociedade ou é uma expressão da autoridade concedida a ele ou percebida por ele. Algumas vezes, ele vê na violência um meio a seu alcance para assegurar para si uma posição favorável e manter subjugados os demais.

Frases como "você deve conhecer o seu lugar" tendem a ser usadas por aqueles que procuram exercer algum tipo de dominação ou que não pretendem admitir que estão desrespeitando direitos. Existem estudos, particularmente os de Roberto DaMatta, sobre essa forma de violência simbólica no Brasil. Essas frases jogam sobre o mais fraco o dever de reconhecer e aceitar a inferioridade que lhe foi atribuída socialmente e de agir conforme esperado.

A ameaça de violência, seja ela física ou simbólica, busca intimidar e controlar o outro. É possível que não seja a primeira vez que este vive tal situação, na medida em que é parte de uma categoria socialmente inferiorizada. Enquanto alguns membros da sociedade podem aceitar a humilhação ou o mando, mesmo que reconheçam a ilegitimidade ou ilegalidade deles, outros reagem contra o tipo de relação ou contra quem ocupa a posição de dominador, tratam de fazer valer seus direitos, quando existem, ou eventualmente replicam a violência. Também se podem encontrar mecanismos de compensação através dos quais os agredidos exercem violência sobre terceiros ainda mais frágeis.

A sociologia não está interessada em comportamentos provocados por desvios de personalidade, problemas psíquicos ou perversões. Ela se volta à explicação de motivos sociais para as práticas violentas, ou seja, motivos que estão institucionalizados. Essas práticas podem visar à destruição da imagem pública de um indivíduo, a prejudicar sua integridade física, sua personalidade, seus valores morais e afetivos, ou seu patrimônio. Grupos violentos podem atuar contra setores discriminados e grupos socialmente frágeis (como estrangeiros, pobres, negros, latinos, idosos, doentes mentais, mulheres, crianças, homossexuais). De acordo com a perspectiva de Norbert Elias, a civilização tanto pode se encaminhar para o aumento da violência quanto para a sua redução e controle. Não existe um caminho sem retorno para as sociedades. Situações de crise econômica, caos social (mesmo quando causado por fenômenos naturais) e guerras são cenários típicos de surtos de violência. Mas também situações de conflitos entre grupos sociais bastante agudizadas contribuem para tais surtos.

Nem toda relação assimétrica gera a violência, sendo esta somente uma expressão importante das desigualdades sociais. Nem sempre alguns tipos de violência são percebidos como tais, especialmente por aqueles que os exercem ou que os naturalizaram. Quando um grupo tem na violência um *modus vivendi*, ela lhe parece natural. Por exemplo, o alcoolismo tende a promover atos de violência contra os membros mais fracos de um grupo familiar, aos quais podem aparecer como naturais. Quem está habituado a presenciar ou mesmo a sofrer ou a se intimidar com agressões ou sua ameaça pode não denunciá-las nem ver a possibilidade de controlar os agressores. Sociedades antigas exerciam o que hoje se considera violência extrema sobre os perdedores e escravos. Apesar de o exercício de diversos tipos de violência ser proibido por leis internacionais, essas práticas são disseminadas em todas as sociedades.

Leituras auxiliares

COUTINHO, C. N. *Cultura e sociedade no Brasil.* Rio de Janeiro: Expressão Popular, 2011.

DAMATTA, R. Você sabe com quem está falando? In: *Carnavais, malandros e heróis.* Rio de Janeiro: Zahar, 1979.

NOVAES, R.; VANNUCHI, P. *Juventude e sociedade.* São Paulo: Perseu Abramo, 2004.

As relações sociais no chamado mundo virtual

Com o advento da Internet, assistiu-se a uma mudança de proporções e velocidade tão grandes que chegam a ser perceptíveis, o que é incomum na vida social, cujo ritmo tende a não ser diretamente visível. Hoje, a presença da intermediação da Internet ocorre em compras, na comunicação entre pessoas e instituições, na marcação de consultas médicas, exames clínicos e entrevistas, na solicitação e no acompanhamento de serviços públicos, no pagamento de contas, nas movimentações bancárias, na declaração de impostos, em consultas ao noticiário, nas informações sobre o trânsito e o clima, nos mapas viários, nas pesquisas acadêmicas, na contratação de mão de obra e na pesquisa de preços e muitos outros temas. O Estado, as instituições de ensino, os setores comercial, turístico, financeiro e industrial, as famílias e os indivíduos lançam mão desse meio, que tende a economizar tempo e recursos materiais.

É também através da Internet que são praticados alguns crimes, muitos dos quais graves, como o roubo de dados pessoais, a invasão de empresas e de arquivos do Estado e de suas instituições, e muitas formas lesivas aos interesses, à imagem e à propriedade de cidadãos. Portanto, além de ter criado uma nova forma de atividade criminosa, o uso da Internet exige a atualização da legislação e a profissionalização dos que atuam no sistema jurídico.

Os meios de comunicação estão criando sucessivas formas de sociabilidade e de ação pública. As redes sociais são um desses modos. As pessoas conseguem criar redes de amigos, familiares, colegas, conhecidos e de interesses, e manter um contato intenso entre si. No entanto, pessoas que não foram treinadas nesses recursos precisam adaptar-se ao uso da Internet sob o risco de sofrer limitações em sua atuação social. Além de ser uma linguagem nova, a Internet supõe um relativo domínio técnico. Em geral pessoas idosas sofrem com a necessidade de usá-la, enquanto outras se contentam com sua utilização para fins recreativos, já que ela não exige mobilidade física, muitas vezes difícil para alguns idosos. Apesar desse aspecto muito favorável à sociabilidade, não faltam críticas aos hábitos de estabelecer relacionamentos pessoais exclusivamente por meios on-line.

A Internet tem se mostrado um recurso que favorece a organização e a divulgação de ideias e a mobilização política, particularmente em regimes ditatoriais ou naqueles em que existe um partido que monopoliza o acesso ao Estado. Ainda quando o setor que se apossa da estrutura estatal e, portanto, procura exercer a máxima vigilância sobre a sociedade trata de impedir a comunicação e a ação dos cidadãos, a Internet se mostra um mecanismo de difícil controle. Nos últimos anos, as agências internacionais de notícias vêm divulgando as inúmeras ocasiões em que a sociedade civil se manifestou ativamente contra governos, políticas indesejadas e partidos no poder, usando como mecanismo de mobilização a tecnologia da Internet e de telefones celulares. A grande disseminação desses instrumentos de comunicação individual, a rapidez com que difundem informação, sua capacidade de convocar manifestações de massas, greves e paralisações, de fazer denúncia, e a dificuldade que têm as instituições políticas e policiais para contê-los são fenômenos novos que a sociologia já vem estudando. Grupos de jovens, de cidadãos insatisfeitos, de estudantes ou de desempregados têm convocado manifestações em praças públicas na Espanha, no Chile, no Egito, na Rússia, nos Estados Unidos. Este é um fenômeno relativamente recente que ainda poderá repercutir em outras áreas da vida social, vindo a ser um campo de pesquisa fértil para a sociologia.

CAPÍTULO 5

TRABALHO

Um dos principais objetivos, quando nos referimos ao trabalho sob o ponto de vista da sociologia, é evitar considerar o trabalho tão só do ponto de vista econômico, como forma de obtenção de bens e benefícios. Outro é evitar considerá-lo sinônimo de aplicação de uma técnica ou tecnologia. O trabalho, do ponto de vista da sociologia, leva em consideração tanto os aspectos econômicos como técnicos nele incluídos, porque eles são uma dimensão das relações sociais. Mas também as relações de poder, hierarquia, conflito e solidariedade entre pessoas e grupos estarão pautando as formas de organização do trabalho dentro de uma sociedade. Isso equivale a dizer que a energia empregada na transformação de um objeto advém da função e do significado que este vai cumprir dentro da nossa sociedade, e não necessariamente que esse significado será só técnico ou econômico. Essa afirmação entra numa questão de debate na sociologia clássica que se prolonga à sociologia contemporânea: são as relações de produção e trabalho (entendidas como econômicas) as que condicionam a vida social ou é a vida em sociedade a que constrói e modifica as relações de produção e trabalho?

Colocando um exemplo atual, vemos que as empresas do Vale do Silício – aquelas como Google, Microsoft, Facebook, Apple, e outras bem conhecidas atualmente – foram produto de investimentos realizados nos anos 1950 para desenvolver a indústria armamentista e a espionagem. Neste caso, as relações de poder político durante a época da Guerra Fria impulsionaram o surgimento da informática e das ocupações relacionadas com a informática e a sociedade em rede ou da informação. Mas os cientistas e técnicos acabaram desenvolvendo, com o seu trabalho, uma indústria que conectou as pessoas no mundo independentemente de não terem sido contratados com esse objetivo. Portanto, ao mesmo tempo que o trabalho dos seres humanos é condicionado por circunstâncias políticas e econômicas, este pode se desenvolver com dinâmica própria, gerando diferentes objetivos e tipos de relações.

Segundo a definição do *Dicionário Sociológico de Oxford* (Scott; Marshalls, 2009) *trabalho* é

> provisão de esforço físico, mental e emocional para produzir bens e serviços para o consumo próprio ou para o consumo de outros. O trabalho produtivo entra em três categorias principais: atividade econômica ou *emprego*, trabalho doméstico não-remunerado e atividades de lazer, e os serviços voluntários comunitários (p. 807, tradução das autoras).

O trabalho pode ser considerado uma atividade econômica quando é pago, e neste caso se denomina *emprego*. É fundamental iniciar este capítulo fazendo essa distinção, que orientará toda a compreensão da noção de trabalho como questão sociológica.

Mercado de trabalho na história

Na sociedade moderna, o trabalho é uma força e pode ser vendida da mesma forma que qualquer outro bem ou mercadoria. Mas o que se entende por *força de trabalho*? Como vimos, trabalho é a energia que se utiliza na transformação de bens, recursos materiais e serviços, assim como força de trabalho é a capacidade humana para realizar essa transformação. Mas a força de trabalho, na sociedade moderna, capitalista, de indivíduos livres de outras formas de sujeição é vendida no mercado. Os indivíduos ficaram libertados dos vínculos que os sujeitavam na sociedade feudal. Deixaram de ser lacaios de um senhor feudal, que dava a eles terra e lugar de moradia, para serem livres possuidores de um único bem, a sua força de trabalho. Essa energia eles podem vender, porque já foi criado um *mercado de trabalho* capaz de comprá-la. O sociólogo Swedberg (2003) mostra que a existência de mercados e do trabalho é anterior ao surgimento da sociedade moderna, e existe desde que há troca e intercâmbio de produtos entre diferentes grupos sociais. As tribos faziam trocas de produtos como sal ou minerais que eram necessários para construir ferramentas, e o trabalho estava integrado aos cultos religiosos e às atividades de lazer. A Ágora ateniense era um espaço para o mercado, havia preços fixos para alguns intercâmbios e também um tipo de moeda. Mas além disso era uma área em que se misturavam lazer, esporte, política e atividades de mercado. Mais tarde, com o comércio a longa distância, foram criados os mercados externos. Com eles aparecem os lugares onde se fixavam os mercadores, que foram chamados de feiras, cujo significado era festa ou tumulto. Na Idade Média, as feiras encontravam-se em terras do senhor feudal, que garantia a segurança dos mercadores em troca do pagamento de taxas. Com a consolidação dos Estados nacionais e do comércio a distância, essas feiras foram decaindo, e surgiram os mercados nacionais. Mas, nessa época, a maioria das pessoas ainda trabalhava na agricultura e como artesãos, nas terras do senhor feudal. No entanto, os mercadores acumulavam dinheiro e começavam a se diferenciar como grupo, e os senhores feudais contraíam dívidas com eles para financiar as suas guerras. Adam Smith, economista e filósofo escocês do século XVIII, escreveu na *Riqueza das nações* que existe "uma certa propensão natural humana para negociar, trocar e intercambiar uma coisa por outra", assim como também existe a "mão invisível do mercado". Mas foram os monarcas da época que promoveram a formação dos mercados nacionais, facilitando o intercâmbio com a construção de infraestrutura, assim como estimulando o desenvolvimento da indústria. A novidade que vai surgindo no século XVII com a Revolução Industrial, no século XVIII com o Iluminismo e a Revolução Francesa que revolucionaram as ideias, e finalmente no século XIX, foi a consolidação da sociedade capitalista. O livre comércio, o indivíduo livre que pode vender sua força de trabalho no mercado e a formação do moderno mercado de massa são os principais resultados desse processo histórico. Mas, como relata Karl Polanyi em sua obra *A grande transformação*, esses processos não responderam só à mão invisível do mercado ou à filosofia do *laissez-faire* (ou "deixar fazer"), senão a decisões políticas tomadas pelos soberanos da época e, depois, pela burguesia que tomou o poder político a partir da Revolução Francesa (1789). Segundo Polanyi, esse processo de arrancar as pessoas de suas terras e oficinas, de quebrar os vínculos que elas tinham com o senhor feudal, no caso dos camponeses, ou com os mestres artesãos, no caso das corporações artesanais, foi como um "moinho satânico" que destruiu o tecido social que existia anteriormente. Mas este não foi um fenômeno casual nem puramente econômico, senão parte da vontade de agentes sociais no poder estatal de estabelecer normas que regulassem intencionalmente esse processo.

Trabalho e ação social

Para Max Weber, toda ação social o é porque tem um sentido subjetivamente visado pelo(s) agente(s) em relação ao comportamento do outro. Ou seja, há ação social quando a ação de uma pessoa está orientada em relação à de uma ou mais pessoas. Isso quer dizer que, na medida em que definimos o trabalho como a utilização da energia física, intelectual e emocional para produzir bens e serviços para si próprio ou para os outros, o trabalho é, por excelência, uma ação social no sentido weberiano. Mais ainda, quando entramos nos tipos que Weber define como ações sociais, observamos que o trabalho se inclui em todos os tipos ideais por ele definidos. Vejamos a tipologia de ação social do Weber.

Trabalho como ação racional referente a fins, ou seja quando as expectativas quanto ao comportamento dos outros ou objetos são condições ou meios para alcançar os fins. Qualquer atividade que tenha por finalidade a produção de bens e serviços, para os outros ou para si próprio, pode ser definida como ação racional. Portanto, o trabalho o é por excelência.

Trabalho como ação referente a valores acontece quando a orientação pela crença consciente no valor (ético, estético, religioso) inerente a determinado comportamento independe do resultado final. Max Weber, em *A ética protestante e o espírito do capitalismo*, demonstra como as crenças religiosas e uma ética de comportamento que valoriza a dedicação sistemática à atividade profissional, o comportamento austero e disciplinado, e o vínculo das pessoas através do trabalho foram a base para o desenvolvimento da ordem social capitalista. Não é por acaso que até hoje a sociedade valoriza quem se dedica ao trabalho e condena o que se chama de *vagabundagem ou vadiagem*. Mais à frente, ao discutirmos a noção de trabalho no mundo contemporâneo e no Brasil, voltaremos a este ponto.

O trabalho é ação afetiva quando está orientado por afetos ou estados emocionais atuais. Sendo um tipo de ação mais espontânea ou reativa, o autor a coloca como pertencente ao limite da ação social. O trabalho também requer, da nossa parte, a utilização de energia emocional, gera prazer ou desgosto, compromete as pessoas que interagem em diferentes estados emocionais. É bem comum ouvirmos ou sentirmos, ao realizar nosso trabalho, diferentes tipos de emoções, que podem ir da raiva até a alegria, e que impulsionam, ou às vezes podem até dificultar, nossas relações no trabalho, com os outros colegas e com a qualidade do produto que estamos criando ou contribuindo para produzir.

O trabalho é ação tradicional orientada pelo costume arraigado. Por exemplo, o burocrata ou funcionário público que vai quase que automaticamente todos os dias ao trabalho porque adquiriu esse hábito e já não reflete sobre ele segue o peso do costume ou tradição, sem necessariamente se envolver com outro tipo de sentimento ou de compromisso com aquela tarefa. Por esse motivo, para Weber tal tipo de ação também está no limite da ação social, pois tende a ser fraca desde o ponto de vista do sentido que o trabalhador dá a ela e do que ele espera dos outros.

Finalmente, pode-se afirmar que, assim como nenhuma ação humana está enquadrada exclusivamente dentro destes "tipos puros", o trabalho é ação social com sentido e contém esses tipos em diferentes proporções. Os economistas colocam o trabalho fundamentalmente dentro do primeiro tipo, como ação racional referente a fins, privilegiando o componente utilitário. Os sociólogos analisam o trabalho como uma ação social que contém sentimentos, valores e carrega hábitos e costumes. A sociologia vai estudar como esses valores, costumes e hábitos são transmitidos de uma geração a outra, através da família, da escola, das amizades, dos vizinhos próximos, e assim criam o contexto que os indivíduos em parte reproduzem, mas em que também escolhem qual será a atividade que vão desenvolver.

Divisão do trabalho social e solidariedade

Em *A divisão do trabalho social*, o sociólogo Émile Durkheim afirma que a tendência social que impulsiona à divisão do trabalho é a especialização do trabalhador. A especialização opera na indústria, mas também nas profissões, na ciência e em todos os campos de trabalho. O especialista contrapõe-se ao antigo homem universal que dominava várias áreas de conhecimento ou profissões. A especialização é valorizada socialmente contra o diletantismo, e isso tem consequências morais para a sociedade. Cada um deve cumprir a sua função na sociedade, e isso é um imperativo categórico, apresenta-se como um dever moral, o que, para o autor, significa que responde a uma necessidade social. Mas, ao mesmo tempo, apresenta os seus perigos de que haja anomia. Ele entende por anomia a falta de normas que regulem as relações sociais, a qual causa as anomalias na vida econômica, como as crises industriais e a oposição entre capital e trabalho. Na divisão normal do trabalho, o indivíduo não fica só limitado à realização de uma tarefa, senão que tem a visão do processo e resultado. A divisão do trabalho, que é causada pelo aumento da densidade social, da densidade da população e dos vínculos entre as pessoas, produz uma forma de solidariedade, a solidariedade orgânica ou por complementaridade. No trabalho, as pessoas realizam diferentes tarefas específicas que se complementam, assim como são complementares as diferentes ocupações e funções dentro de uma sociedade. Isso mantém a consciência coletiva e a solidariedade social por diferença, distinta da solidariedade social presente em sociedades anteriores, produzida por semelhança entre os indivíduos e funções. Por esse motivo, a visão parcial que o trabalhador pode ter da sua tarefa em uma fábrica de sapatos onde ele só faz o salto leva ao desconhecimento do todo. Ele desconhece outras funções que contribuem para elaborar o produto "sapato" e, portanto, diminui o sentimento de união que esse trabalhador poderia ter com os outros que realizam tarefas complementares (as outras partes do sapato) e com o resultado final, o sapato. Tal visão parcial e isolamento do trabalhador na sua tarefa especial levam à desintegração social. Devido às suas funções especializadas, os operários das grandes indústrias se isolam entre si e também do patrão, com o qual estão em conflito prolongado. A situação era diferente nas corporações de ofícios que existiam na Idade Média, onde os artesãos conviviam com o mestre ou patrão e podiam tornar-se trabalhadores por conta própria. No exemplo do trabalhador do sapato, havia a possibilidade de que se tornasse mestre sapateiro ou dono da oficina de fabricação de calçados. Para Durkheim, a especialização e o isolamento do trabalhador da indústria massiva o levam a se opor ao capitalista. O governo ou o Estado são elementos unificadores, mas muito abstratos e distantes do trabalho como atividade cotidiana para poder resolver o problema de desintegração social. Neste caso, podemos pensar no exemplo atual do papel do Estado na regulamentação dos conflitos entre os patrões e sindicatos de trabalhadores, e na regulamentação trabalhista como uma forma de unificar e diminuir esse conflito. Novamente a norma reconstitui a solidariedade social, mas não porque se imponha abstratamente, senão porque exprime hábitos que se transformaram em regras de conduta que se fixam. Para que as regras se fixem, tem que haver continuidade e contiguidade das relações. Onde não há relações próximas, as regras são abstratas e não restabelecem a solidariedade social. A fixação da norma ou a geração da anomia dependem da rapidez com que se produzem os processos. Se forem muito rápidos – como a industrialização em massa, a especialização do trabalhador, a separação do capital e trabalho –, haverá conflito e desagregação. Durkheim não concorda com os economistas de que a mão invisível do mercado restabelece a harmonia social. Para que a divisão do trabalho mantenha a solidariedade orgânica que ela gera é necessário que

> o indivíduo não se encerre estreitamente nela [na função especial], mas mantenha-se em relação constante com as funções vizinhas,

> tome consciência de suas necessidades, das mudanças que nelas sobrevêm, etc. A divisão do trabalho supõe que o trabalhador, longe de permanecer debruçado sobre sua tarefa, não perca de vista seus colaboradores, aja sobre eles e sofra sua ação. Ele não é apenas uma máquina que repete movimentos cuja direção não percebe, mas sabe que tendem a algum lugar, a uma finalidade que ele concebe mais ou menos distintamente. Ele sente servir a algo... Assim, por mais especial, por mais uniforme que possa ser sua atividade, será a atividade de um ser inteligente, pois terá um sentido, e ele o sabe (Durkheim 2008, p. 390).

No entanto, Durkheim coloca explicitamente que a solidariedade não deve eliminar o conflito social, mas, sim, prevenir a desintegração.

Trabalho e conflito social

Essa preocupação com o trabalho e com as relações de conflito e poder que se geravam a partir das relações de trabalho na sociedade foi o foco principal dos estudos de Karl Marx e de Friedrich Engels. Para estes, o motor da história da humanidade sempre foi a luta de classes. O conflito iniciava-se quando o trabalho de uma coletividade produzia suficiente excedente, ou seja, havia mais produção do que podia ser consumida pelo grupo. Nas sociedades primitivas não haveria esse conflito, já que todos são produtores e consumidores. Mas, à medida que os grupos desenvolvem a agricultura e os meios de produção e se tornam sedentários, apropriando-se da terra e gerando excedente, começam a explorar o trabalho de outras classes. Uma primeira questão é: como o grupo define quem fica com o excedente? Segundo a explicação inicial dos autores, nas sociedades primitivas haveria critérios de poder religioso e de força ou poder militar. Alguns grupos com maior poder dominam outros e os convertem em escravos. Já no modo de produção escravocrata, os escravos produzem esse excedente e os donos dos meios de produção e dos escravos ficam com ele. O que fica claro na teoria marxista é que essa distribuição desigual do excedente gera diferentes classes na sociedade e que essas classes estão em luta permanente entre si.

O trabalho, para Marx e Engels, também era um esforço físico e mental realizado pelo ser humano em sua relação com a natureza.

Mas essa relação entre o ser humano e a necessidade que este tinha de transformar a natureza (ou mundo material) condicionava todas as outras formas de compreender o mundo e as relações entre pessoas e grupos. Por esse motivo eles chamam sua teoria de materialismo histórico, já que, nessa relação com o mundo material, o ser humano e a natureza se transformam mutuamente, assim como as relações entre os grupos sociais mudam através da história. A história passa por diferentes momentos, mas a luta de classes entre os que trabalham e os que se apropriam do excedente permanece: entre escravos e escravocratas, entre senhores feudais e servos, entre operários e capitalistas. Há uma compreensão dual das classes, a partir de uma compreensão também dualista do trabalho. Essa forma de interpretar a história tem, para os autores, um objetivo: explicar como se chega à sociedade capitalista, na qual as duas classes fundamentais são os capitalistas e os operários industriais.

A preocupação de Marx, assim como dos outros autores da sociologia clássica, era explicar a sociedade que já havia emergido no século XIX. Ele também visualizava a situação de empobrecimento e as condições de trabalho paupérrimas das massas de trabalhadores industriais e fez uma proposta política de transformação dessa sociedade. Assim como Durkheim, tinha uma preocupação com a desintegração social e os laços de solidariedade e procurou mostrar que a exploração de classe promovia a alienação de capitalistas e de operários. Ele assumia que o conflito era parte da relação entre os operários e os capitalistas, porque os primeiros só possuíam a força de trabalho para vender, e os segundos, os meios de produção (máquinas e estabelecimentos) e o capital (dinheiro) para comprar o trabalho. Portanto, os primeiros estavam condenados a se subordinar e vender sua força de trabalho, ao passo que os capitalistas estabeleciam as regras do jogo: o lugar e as condições de trabalho, o número de horas de trabalho, o ritmo no qual realizariam as tarefas e a divisão destas entre os trabalhadores e, fundamentalmente, qual seria o pagamento, que valor receberiam. Diante do fato de que os trabalhadores eram despossuídos de bens, além da própria força de trabalho, Marx fez uma proposta política, chamando os trabalhadores a se organizarem para mudar as relações de poder na sociedade e, finalmente, criarem uma sociedade comunista, em que o excedente fosse distribuído entre todos os que trabalhavam. Já existiam movimentos de trabalhadores que se revelavam contra essas formas de exploração e de organização do trabalho. O *Manifesto do Partido Comunista* chamou os operários do mundo a se unirem para alcançar o poder do Estado e a criarem o que ele chamou de *ditadura do proletariado*. Alguns sindicatos aderiram a esse chamado e chegaram a fundar os partidos socialistas e comunistas em diferentes países da Europa. A importância da proposta de Marx para o sistema político e econômico internacional foi enorme, já que a partir de revoluções sociais com essa orientação política criaram-se no mundo dois blocos opostos de países. Um, dos países que apostaram suas fichas no sistema capitalista, e outro, dos que tentaram, cada qual a seu modo, estabelecer uma sociedade socialista. Durante o século XX, as revoluções sociais e as ditaduras militares foram orientadas para a defesa de um ou outro sistema, sendo o motor do desenvolvimento armamentista, da indústria bélica mundial e da Guerra Fria. A compreensão do papel do trabalho humano e da utilização do valor excedente gerado por este foi tido como a base da disputa.

Trabalho e classe social

Para Weber, os trabalhos se diferenciam segundo as pessoas sejam proprietárias do capital econômico, dos meios de produção e pela aquisição de serviços (classes privilegiadas ou proprietárias), ou de acordo com as habilidades que possam ser vendidas no mercado ou a qualificação adquirida através da educação (classes negativamente privilegiadas ou aquisitivas). As classes sociais se definem quando as posições de mercado se vinculam ao intercâmbio social entre os indivíduos. No capitalismo moderno, ele diferencia, além dos proprietários, a classe operária, a pequena burguesia e os trabalhadores *white-collar*. Afasta-se da visão marxista porque entende que o poder econômico pode ser consequência de outras formas de poder existentes. Muitas vezes o trabalho está investido pela "honra" social que concede ou pelo prestígio que outorga. Neste sentido, a ordem social tem mais a ver com a distribuição da "honra" social e não é idêntica à ordem econômica, que trata da forma como são distribuídos e empregados os bens e serviços econômicos. Para o autor, pertencer a uma classe não significa que haja sentimento de comunidade, senão tão só "fundamentos possíveis para uma ação social". Para que indivíduos pertençam a uma classe, devem compartilhar similares oportunidades de vida, representadas por interesses econômicos, posse de bens e aquisitivos, e terem condições determinadas pelo mercado de bens ou de trabalho. As oportunidades de vida são diferentes dependendo da distribuição do poder de dispor da propriedade. Por isso, Max Weber separa entre possuidores e não possuidores de propriedade de bens de alto valor. Os que têm propriedade têm poder na luta pelos preços, em detrimento dos que não têm. Os que não têm propriedade oferecem o seu trabalho ou o produto do seu trabalho. Ou seja, o trabalho ou o produto deste é vendido no mercado pelos não possuidores de bens de alto valor. O poder sobre a propriedade diferencia as "situações de classe" das pessoas. Mas a situação de classe e o destino social dos indivíduos são condicionados pelas oportunidades no mercado.

Um dos pontos principais da teoria de Marx é a tendência das sociedades à consolidação de duas classes sociais principais: a dos proletários ou operários fundamentalmente industriais, e a dos empresários ou capitalistas proprietários do capital. As outras classes e facções de classe que ele admite existirem em sua obra *O 18 Brumário de Luis Bonaparte* (1851) são partes de alguma dessas classes principais, como a pequena burguesia, os comerciantes, os trabalhadores autônomos (parte da burguesia) e os camponeses (que, por serem proprietários, em alguns casos podem se aliar à burguesia e, pelas suas condições de vida, em outros casos, ao proletariado). Os desocupados ou que não pertencem a esses grupos eram o lumpemproletariado, uma subclasse que pode ser facilmente manipulada pela burguesia, que não trabalha ou trabalha esporadicamente ou está vinculada às atividades criminais. Os desocupados constituem o que ele chamou de *exército industrial de reserva*, que está à espera para entrar ao mercado de trabalho, uma mão de obra de reserva, que pressiona diminuindo os salários dos ocupados e prejudicando suas condições de trabalho.

Mercado de trabalho, segmentação e informalidade

A noção marxista de exército industrial de reserva e de duas classes antagônicas principais afetará a compreensão sociológica do mercado de trabalho. Os sociólogos contemporâneos que estudam o trabalho analisam como se cria um *mercado de trabalho secundário*, com trabalhadores que, por terem determinadas características, são desvalorizados e considerados como mão de obra secundária. Este é o fundamento da teoria dos *mercados segmentados*: existe um segmento principal das profissões e ocupações seguras, protegidas, bem pagas, que são exercidas pelos trabalhadores qualificados, homens e não estrangeiros, em idade produtiva. E existe um segmento secundário com ocupações reservadas a mulheres, jovens, negros ou pertencentes a etnias desvalorizadas socialmente, estrangeiros desqualificados, migrantes ilegais. Eles exercem tarefas intermitentes, sem proteção social, de baixos salários, muitas vezes em condições insalubres. Essas análises são comuns em países de economias avançadas, e esse tipo de trabalho é chamado de *economia subterrânea ou submersa* (Esping-Andersen, 1997).

Outra vertente do estudo do mercado de trabalho a partir da explicação do exército industrial de reserva desenvolveu-se nos países de economias menos avançadas nos anos 1970 ou de economias emergentes na atualidade. Estudos feitos pelo Banco Mundial (1971) e posteriormente pela Organização Internacional do Trabalho (OIT) sobre o trabalho informal permitiram defini-lo como um conjunto de ocupações instáveis, com baixos salários e níveis de produtividade. Tais ocupações tendem a se relacionar com situações específicas de subdesenvolvimento econômico e pobreza. De acordo com a Comissão Econômica para América Latina (CEPAL), o setor informal representava uma estratégia de sobrevivência dos pobres, e não uma alternativa de trabalho. A ideia principal era de que só os pobres trabalhavam informalmente, e de que eles não escolhiam esse tipo de trabalho. Outros autores que estudaram o trabalho informal viram que não eram só os pobres que o executavam, que ele não aparecia só nos países menos desenvolvidos, senão também em países desenvolvidos, que as pessoas escolhiam muitas vezes trabalhar informalmente, e que alguns dos trabalhos informais eram qualificados e com vínculos importantes com setores dinâmicos e mais modernos da economia (Portes *et al*, 1989; Cacciamali, 2007; Rivero, 2009). Longe de estar prestes a desaparecer, como previa Marx, constatou-se que, nas economias mais avançadas, o autoemprego e o trabalho por conta própria tinham aumentado nos últimos anos (Arum; Müller, 2004).

Formas de organização do trabalho

Uma última diferenciação importante para a análise do trabalho feita por Marx na sua obra *O capital* (1897) é entre mais-valia absoluta e relativa. A primeira era o valor excedente gerado pela extensão da jornada de trabalho, e a segunda era gerada pelo aumento do ritmo de trabalho ou a intensidade na execução das tarefas para produzir mais em menor tempo. A preocupação com as consequências que essas formas de extração de mais-valia podiam ter para os seres humanos que trabalhavam era central. Essa diferenciação é importante porque leva uma parte da sociologia a se interessar pelos processos de produção dentro das fábricas e pelas relações entre os operários, as máquinas e os processos de produção e de distribuição de poder e conhecimento dentro das fábricas. Assim, são estudados processos de organização do trabalho dentro da indústria, como o taylorismo (Taylor, 1856) e o fordismo (Ford, 1863). Estes métodos, aplicados no início do século XX, visavam à produção em massa e à intensificação e ao aperfeiçoamento dos movimentos no trabalho, para eliminar os tempos mortos e aumentar a produtividade. Exigiam um controle vertical forte dos trabalhadores por parte dos gerentes, e a medição do tempo que cada tarefa levava. O fordismo foi a aplicação dos princípios do taylorismo para a produção em massa do automóvel modelo Ford T em 1914. Aplicou-se à linha de montagem, na qual as peças passavam numa esteira e os trabalhadores ficavam parados no mesmo lugar fazendo movimentos rápidos e repetitivos para montar as peças no menor tempo possível. O objetivo era a maior produtividade e o aumento dos ganhos para os empresários. Essas formas de produção geraram conflitos intensos dos trabalhadores com os gerentes e empresários na época, e mais tarde foram demonstrando os danos ocasionados à saúde dos trabalhadores e problemas como diminuição do incentivo ao trabalho e finalmente da produtividade. O filme *Tempos modernos* (1936), de Charles Chaplin, retrata as consequências humanas e políticas da aplicação deste sistema nas indústrias.

Trabalho flexível e em rede

As formas de organização do trabalho continuaram a ser estudadas por economistas como Michael Piore e Charles Sabel que, em 1984, analisam as consequências negativas em termos de perda de conhecimento do processo de trabalho para o trabalhador do modelo fordista, comparando-o com os trabalhos de artesãos no século XIX. Posteriormente desenvolveram estudos que exaltam os modelos de produção flexível como modelos mais horizontais, participativos, nas quais o trabalhador recupera poder e conhecimento e há uma relação mais direta entre a produção e o consumo. Exaltam principalmente o toyotismo, criado depois da Segunda Guerra Mundial na fábrica da Toyota, com o objetivo de produzir em menor escala, com maior qualidade, respondendo à demanda do momento, o chamado *just in time*. Ele requer flexibilidade da produção e um trabalhador mais qualificado que conheça todo o processo de produção e que acompanhe o desenvolvimento da tecnologia de automação industrial. Esse sistema trouxe novas formas de organização social do trabalho – menos hierárquicas, mais horizontais e flexíveis –, que requerem trabalho qualificado. Até hoje essas formas de organização do trabalho são aplicadas, e sua filosofia foi estendida a outras áreas do trabalho, como aos serviços, ao trabalho de escritório, informatizados e em rede. Luc Boltanski e Eve Chiapello (1999) relatam cada um desses processos e as consequências sociais para o trabalhador e para a sociedade no seu conjunto trazidas pelas mudanças tecnológicas e as novas formas de organização do trabalho. O trabalho flexível, por projeto, e os vínculos através da construção e manutenção de redes sociais apresenta-se como o modelo atual. Para estes autores, o perigo é gerar novas formas de exclusão do trabalho daqueles que não estão conectados na rede nem participam de projetos. Mas a vantagem pode advir de se criarem novos tipos sociais de trabalhadores mais qualificados, autônomos e com poder de decisão sobre os rumos da empresa e por extensão do sistema econômico capitalista. Novamente, o trabalho e sua organização estão no centro das mudanças de comportamento e valores da sociedade contemporânea, e os sociólogos estudam as consequências também na família, na ética pessoal e nos valores individuais. É o caso do Richard Sennett que, no seu livro *A corrosão do caráter* (1999), estuda diferentes relações com o trabalho dentro da mesma família através de histórias de vida do pai, trabalhador fordista, e do filho, trabalhador do mundo do trabalho flexível. Enquanto o primeiro tinha os horários disciplinados e rígidos e podia planejar sua vida no longo prazo, o segundo pertencia a um mundo de relações de trabalho de curto prazo e de relações sociais gerais não permanentes. Sennett lança um olhar cético e desesperançado sobre a construção de uma ética duradoura na fase atual do capitalismo a partir das características do trabalho. Alguns sociólogos, como Claus Offe (1985), afirmam que o trabalho já não é mais a categoria sociológica chave para explicar o comportamento das pessoas, enquanto outros, como Manuel Castells (1999), lançam um olhar sobre a sociedade globalizada e conectada através de redes e destacam a importância do papel da informação e do conhecimento nas ocupações que essas sociedades geram. Aumenta o trabalho que requer mais conhecimento e qualificação, mas também aumentam os serviços desqualificados. Os serviços continuam a crescer, muitos deles vinculados à indústria. Mas os empregos no setor industrial diminuem. As características das ocupações mudam com a informatização, mas o trabalho não perde sua importância na sociedade. Porém, o trabalho deixa de ser visto como elemento central de identificação das pessoas, e outras formas de identidade, como as locais, étnicas, de gênero e religiosas ganham importância.

Trabalho e identidade

Para Weber, quando o trabalho só tem valor no mercado, ele se constitui em classe, mas não em estamento. O sentimento de comunalidade ou de identidade de grupo é o fundamento do estamento, e não da classe. O trabalhador individual pode perseguir interesses diversos, dependendo de sua qualificação ou do serviço ou bem que oferece no mercado, mas não necessariamente desenvolve uma ação coletiva ou associativa com outros trabalhadores a partir da sua situação de classe. Para que os membros de uma classe desenvolvam uma ação coletiva, terá que haver "condições culturais gerais, especialmente de natureza intelectual" que evidenciem as causas do pertencimento e das contradições de classe.

Para Marxs e Engels, a propriedade ou não propriedade dos meios de produção (capital, maquinarias, terras) define a posição de classe dos indivíduos. Quando os indivíduos compartilham a mesma posição de classe podem desenvolver consciência de classe, ou seja uma identidade em relação à posição que ocupam. Eles escrevem na *Ideologia Alemã* (1932) que "não é a consciência que determina a vida, mas sim a vida que determina a consciência, entendendo por vida as relações materiais de propriedade dos meios de produção. Ter consciência de classe é condição para que os indivíduos atuem coletivamente". Mas a "consciência de classe" precisa ser desenvolvida pela ação política, já que os trabalhadores podem estar "alienados" ou enganados em relação à sua situação de classe, sem que possam reconhecê-la. Para Marx e Engels a compreensão do pertencimento de classe do trabalhador não é automática, nem a ação coletiva ou comunitária resultante desta. Os aparelhos jurídicos, políticos e ideológicos do sistema burguês, ou seja, a superestrutura, são um mecanismo que mantém a alienação. E quanto mais gerais são, maior pode ser o nível de alienação que eles representam, dissimulando as verdadeiras contradições e lutas de classe em nome do "bem geral" da "nação". O texto de Marx *Para a questão judaica* (1844) vai tratar justamente do papel que cumprem as ideias religiosas e as ideias gerais do liberalismo para ocultar a verdadeira oposição, a luta de classes. Mais difícil é, portanto, a existência de identidade e ação coletiva de sujeitos que estão fora do mercado de trabalho, dos que formam o lumpemproletariado ou aqueles que integram o exército industrial de reserva, dos que trabalham oferecendo bens e serviços por conta própria ou dos que pertencem ao mercado informal de trabalho. Segundo a lógica marxista, esses trabalhadores geralmente apoiam as ações coletivas da burguesia. Para um weberiano, haveria que analisar até que ponto esses indivíduos compartilham de estilos de vida e de consumo, ou de uma "honra" determinada que os disponha à ação comunitária. Muitas vezes vemos que, entre as gangues criminosas, o sentimento de pertença e a ação coletiva são fortes, ou temos ações organizadas de camelôs que reivindicam regularização das suas atividades e negociam coletivamente com as autoridades para seu reconhecimento. Eles oferecem serviços e/ou produtos seja em mercados legais ou ilegais. Também as ações de organizações profissionais como as ordens de advogados, as associações de médicos ou engenheiros que compartilham um status profissional e reivindicam o monopólio do conhecimento da sua especialidade e da venda dos seus serviços no mercado estão investidas de um forte sentimento de comunalidade e desenvolvem frequentes ações coletivas.

Para Durkheim, como vimos antes, o que promoveria a consciência coletiva a partir da divisão do trabalho seria uma visão global do trabalhador do resultado do seu trabalho e uma relação de proximidade com os outros trabalhadores e empresários que mostrasse a complementaridade das funções que eles realizam. O que se aproxima desse tipo de organização são as corporações profissionais da Idade Média e, segundo alguns autores, as organizações profissionais atuais (Grusky, 1998).

Trabalho e diferentes formas de capital

O sociólogo francês Pierre Bourdieu estuda o que ele chama de capital social, cultural e econômico para, depois, analisar as diferentes profissões ou tarefas que os indivíduos desempenham. Para este autor e também para outros sociólogos como James Coleman, o capital social são os vínculos mais próximos, familiares, de amizade, de camaradagem que as pessoas herdam ou adquirem no seu ambiente social e que vão influenciar a posição delas no mercado de trabalho. Esse conceito está vinculado ao de honra e de estilos de vida, tratados por Weber ao explicar a ideia de estamentos. O capital cultural são aqueles conhecimentos e recursos educativos que as pessoas adquirem no seu ambiente familiar e na escola, tais como hábitos de leitura, utilização de tecnologia, frequência a museus e outros centros culturais, assim como os conhecimentos formais educacionais adquiridos no sistema educativo. Esse conceito é tratado por Weber como qualificação, que é vendida no mercado pelas "classes negativamente privilegiadas" ou não proprietárias. Está comprovado que esse capital social tem um peso importante na escolha e na posição que as pessoas ocuparão no trabalho. E o capital econômico são os recursos financeiros que os indivíduos têm, herdados da família de origem ou adquiridos na forma de outros capitais e do trabalho, os possuidores de propriedade ou capital.

A questão fundamental que está colocada quando tratamos dos diferentes capitais e de como estes influenciam o trabalho das pessoas é: qual é o capital que mais incide para que as pessoas se ocupem em certos trabalhos e não em outros? Bourdieu dá importância para todas as formas de capital, mas para ele o capital econômico tem uma importância fundamental na aquisição das outras formas de capital e na reprodução da posição dos indivíduos no trabalho. No entanto, ele coloca que o acesso à escola pode mudar a trajetória ocupacional de um indivíduo.

Trabalho e mobilidade social

Goldthorpe (2000), seguidor da teoria de Weber, concentra os seus estudos na mobilidade ocupacional e nas desigualdades geradas pelo acesso diferenciado ao trabalho. O autor mostra que a massificação da educação pouco mudou a posição dos indivíduos no trabalho, considerando fundamentalmente o poder de decisão, prestígio, qualificação e tipo de contrato das ocupações dos pais. Utilizando a Teoria da Ação Racional, mostra que os indivíduos calculam racionalmente o investimento e o risco a partir de uma avaliação das possibilidades e dos recursos com que eles contam. Isso quer dizer que, se eu nasci numa família de artesãos, vivo em um bairro de operários e outros trabalhadores artesãos, a escola está longe da minha moradia, e ainda que meus pais necessitem de recursos para sustentar a família, provavelmente eu optarei por não sobrecarregá-la com um custo maior de transporte para uma escola que fica distante, e talvez comece a trabalhar cedo para contribuir com o orçamento familiar ou me sustentar, sem correr os riscos de gastar com estudo meu tempo e recursos escassos para depois ter um emprego mal remunerado ou ficar desocupado.

Esse tipo de cálculo, segundo o autor, é feito também por aqueles que têm mais recursos e uma posição mais favorecida, e por esse motivo as desigualdades no trabalho se mantêm. Ele mostra que o que mais contribui para mudar as posições sociais das pessoas são as políticas específicas e contínuas promovidas pelo Estado, que intervém sobre o mundo doméstico, distribuindo recursos para a educação inicial das crianças, ajudando as mulheres a permanecerem no mercado de trabalho, incentivando a participação na escola e melhorando a qualidade da formação técnica, como no caso da Suécia.

Mercado de trabalho e desigualdade no Brasil

No Brasil, mudanças que levaram mais de 200 anos para acontecer na Europa sucederam em apenas 60 anos. Entre 1940 e 2000, o Brasil passou de uma sociedade agrícola a uma sociedade industrial e de serviços, com grande concentração da população nas áreas urbanas. Isso produziu uma grande mudança na estrutura ocupacional, cuja predominância passou do setor agrícola ao de serviços, como mostra o seguinte gráfico:

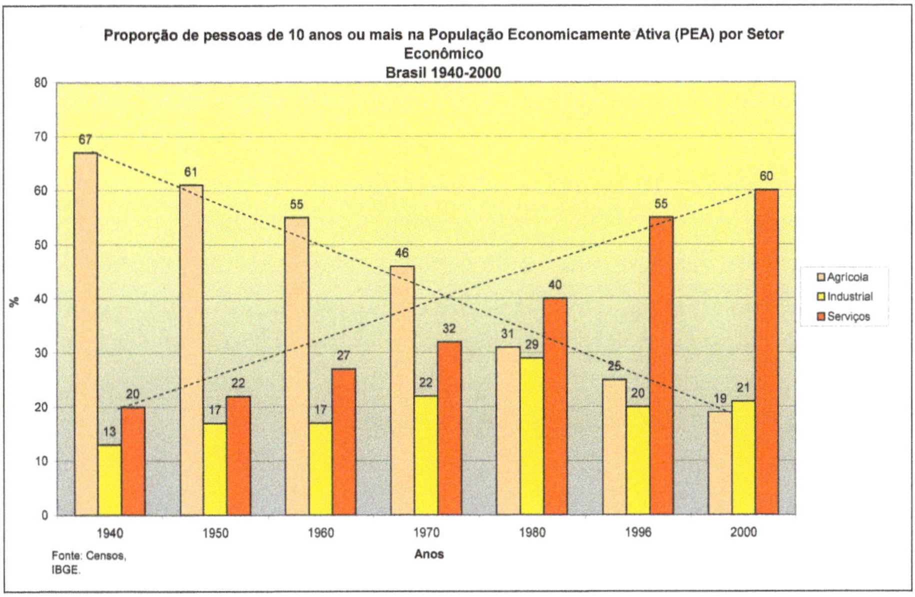

Segundo Hasenbalg e Silva (2003), essas mudanças afetaram os níveis de desigualdade social entre os trabalhadores, gerando uma massa de trabalhadores desocupados ou que trabalham no mercado informal ou em mercados secundários. Até os anos 1990, os trabalhadores em ocupações informais representavam 45% do total dos ocupados e, no ano 2005, diminuíram para aproximadamente 42,7%. Trabalhadores informais recebem 40% menos remuneração do que trabalhadores formais com as mesmas características que ocupam postos de trabalho semelhantes. De 1995 até 2005, a diferença de renda aumentou entre 4 e 15 pontos percentuais. Cresceu a proporção de trabalhadores formais ocupados, mas também a proporção de informais e as diferenças de renda entre estes (Cardoso Jr., 2007). Em 2005, no Brasil, segundo dados extraídos do IBGE, os homens com as mesmas características observáveis e inseridos nos mesmos segmentos no mercado de trabalho que as mulheres recebiam uma remuneração 56% maior. Homens brancos com as mesmas características e nos mesmos postos de trabalho que negros recebiam remuneração 11% maior.

A segmentação do mercado do trabalho no Brasil continua a ser importante, havendo grandes diferenças entre trabalhadores qualificados e desqualificados, entre manuais e não manuais, entre formais e informais, no tipo e nas condições de trabalho, assim como na proteção trabalhista e nos salários. As diferenças entre trabalhadores são acentuadas por características como a raça ou cor e o sexo. Negros e pardos ocupam postos que exigem menor educação, ganham menor salário e têm ocupações menos protegidas do que os brancos. As famílias sustentadas por trabalhadores manuais e de cor preta ou parda têm desvantagens na acumulação de capital social, cultural e econômico (Hasenbalg; Silva, 2003). As mulheres, apesar de já serem em média mais educadas do que os homens, recebem menor salário e ocupam grande parcela dos trabalhos desqualificados e informais. Elas ganham menos do que os homens em todas as ocupações, exceto naquelas nas quais mais se concentram, ou seja, nos trabalhos domésticos e trabalhos não manuais de rotina (IBGE, 2005; Hasenbalg; Silva, 2003). Apesar dessas desigualdades e injustiças que se manifestam nas atividades ocupacionais, houve avanços nos últimos 30 anos. Entre os anos 1980 e 1999, aumentou em 20% o percentual de crianças que só estudam e que estudam e trabalham, e caiu a proporção das que só trabalham.

Usando o critério dos capitais sociais, os sociólogos verificaram que, no Brasil, os capitais econômicos, culturais e sociais têm um peso sobre a idade de entrada das pessoas no mercado de trabalho e sobre o tipo de trabalho que elas desempenham. A população começa a trabalhar em idades bastante baixas (em média 13 anos de idade) e com níveis educacionais pouco elevados (em média 7 anos de estudo e 72% deles com até 5 anos de instrução). Isso varia com a ocupação dos pais. No caso de filhos de pais profissionais liberais, o ingresso no mercado de trabalho se dá na idade de 19 anos e eles têm, em média, 10 anos de educação, enquanto os filhos de trabalhadores rurais começam a trabalhar com menos de 12 anos de idade e têm, em média, 2,3 anos de educação. Os filhos de trabalhadores não manuais também se favorecem em relação aos manuais. Começam a trabalhar com mais de 15 anos de idade e mais de 6 anos de estudo. Os filhos dos profissionais universitários são os que entram no mercado de trabalho em idades mais avançadas e com maior número de anos de estudo. Os filhos de trabalhadores manuais têm o seu primeiro emprego com menos de 15 anos e menos de 6 anos de educação. Ou seja, as vantagens e desvantagens no trabalho se transmitem de uma geração para outra. No geral, a maioria das pessoas consegue o seu primeiro emprego em ocupações inferiores ou iguais às de seus pais e ingressa nas ocupações de menor hierarquia social. Só permanecem na escola e começam mais tarde a trabalhar os filhos das pessoas dos estratos mais elevados. E a educação formal tem grande influência sobre a renda obtida no trabalho. Segundo dados de Ramos (2005), para cada ano de estudo a mais há um aumento correspondente de renda no trabalho de 13%.

Definições operacionais de trabalho e fontes estatísticas

No início do capítulo diferenciamos *trabalho* (que pode ser remunerado, não remunerado, para o próprio consumo ou na construção para o próprio uso) de *emprego* (que supõe receber salário ou remuneração). Aqui trata-se de expor de forma sintética algumas das expressões mais comumente usadas quando se estuda o mercado de trabalho e se pretende analisar as fontes de dados. *População Economicamente Ativa (PEA)* é aquela que está em idade de trabalhar (de 14 anos ou mais), que trabalha (ocupados) ou procura trabalho na semana de referência (desocupados) em que foi realizada a pesquisa sobre o trabalho das pessoas. A *População Ocupada (POA)* é aquela que está efetivamente trabalhando na semana na qual foi realizada a pesquisa. Os *desocupados* são os que não estão trabalhando e que procuram trabalho na semana em que foi feita a pesquisa. A *Posição na Ocupação* é aquela que define se as pessoas são empregadoras, empregadas que trabalham para empregador, trabalhadores por conta própria ou trabalhadores para o autoconsumo. Aqui no Brasil muitas vezes indaga-se categoria na ocupação, ou seja, se é empregado com carteira ou sem carteira de trabalho assinada, militares e funcionários públicos, empregados domésticos com e sem carteira. O *Setor na Ocupação* refere-se a se a pessoa está ocupada na agricultura, na indústria, no comércio ou nos serviços. Muitas vezes especifica-se o tipo de indústria e o tipo de serviço que a pessoa desenvolve. Pertencem ao *Setor Informal* todas as unidades econômicas de propriedade dos trabalhadores por conta própria e de empregadores com até cinco empregados, habitantes de áreas urbanas, sejam estas a atividade principal dos seus proprietários ou atividades secundárias. Não fazem parte desse grupo os trabalhadores domésticos, os trabalhadores administrativos, os profissionais liberais e os técnicos. Também não são considerados os moradores de rua nem os trabalhadores rurais (IBGE, 2003; OIT, 2003).

Todas essas definições têm origem em definições internacionais criadas pela Organização Internacional do Trabalho (OIT) que são aplicáveis a todos os países por igual, apesar de que cada país introduz especificações próprias.

Além das bases de dados da OIT, úteis para comparações sobre o trabalho em diferentes países, as principais fontes de dados sobre o trabalho no Brasil são: as Pesquisas Nacionais por Amostras Domiciliares (PNADs), a Pesquisa Mensal de Emprego (PME), os Censos Populacionais, e a Pesquisa de Economia Informal Urbana. Especificações sobre as definições e as fontes podem ser encontradas no site do Instituto Brasileiro de Geografia e Estatística (IBGE) <www.ibge.gov.br>.

Perspectivas do trabalho

O trabalho vem evoluindo cada vez mais no sentido de que se pode trabalhar exclusivamente por meio do raciocínio e da criação não material, como é o caso do chamado trabalho intelectual. O trabalho intelectual interage com o trabalho material no sentido de aumentar a produtividade com menos esforço e obter mais amplos recursos.

Pode-se trabalhar isoladamente, em pequenos ou em grandes grupos, e em quase todos os locais da superfície do planeta e em alguns outros abaixo dela, como nas minas e nos oceanos, e mesmo acima da estratosfera. Em geral, quem trabalha se utiliza de uma experiência acumulada pelo seu grupo social, amplo ou restrito, além de seu próprio conhecimento, seja ele prático ou teórico, que é incorporado à atividade realizada e amplia o conhecimento que serviu de ponto de partida para o exercício daquele trabalho.

Quando uma sociedade, por meio da guerra, se apropria dos recursos de outra, ela exerce, através da força, uma extorsão do trabalho acumulado, das fontes de riqueza daquela que é derrotada, ou do esforço de seus membros, por meio de cobrança de tributos ou de escravização, em suma: da força ou do poder. Assim, o conflito é também um modo de extorquir a riqueza social de outros ou de forçá-los a trabalhar para sustentar ou enriquecer seus senhores.

Por meio do trabalho, os seres humanos tratam principalmente de garantir meios de sobrevivência. Plantam, colhem, constroem vias de acesso, moradias, fabricam máquinas, vestimentas. A separação do trabalho manual e intelectual é uma forma simples de classificação, já que dificilmente se consegue realizar um separadamente do outro. Vejamos exemplos. As comunidades fabricam medicamentos por meio de elementos químicos ou de plantas. Eles são o resultado de observação, de experimentos ou de cálculos nos quais a inteligência tem um papel importante. Um *chef* cria pratos com base em seus conhecimentos, em sua observação, em sua habilidade de combinar ingredientes, em sua imaginação, mas ele também realiza trabalhos manuais de cortar, limpar, processar, cozinhar e assar de certas maneiras os elementos que se transformarão no resultado de seu trabalho. E assim como farmacêuticos, existem *chefs* de cozinha mais habilidosos ou criativos do que outros. O trabalho costuma resultar também do exercício ou da prática. Um bom motorista não é o mesmo que um corredor de Fórmula 1. Podem ser feitas comparações da produtividade de cada trabalhador, assim como do desenvolvimento tecnológico das sociedades. As sociedades necessitam prover seus membros com um sem-número de bens e de serviços, e a estrutura que espelha sua menor ou maior complexidade remete à divisão do trabalho social. Diversas áreas do conhecimento humano contribuíram para a compreensão desse processo, mostrando de que modo as sociedades se desenvolveram por meio do conhecimento e de sua aplicação, como por exemplo através da agricultura, da criação de gado para a produção de leite, carne e lã, da engenharia que possibilitou a construção de canais, estradas, aquedutos e pontes.

No entanto, nem tudo o que os seres humanos produzem por meio de seu trabalho tem aplicação na sobrevivência, como é o caso da literatura, da música, do teatro, da escultura e das artes plásticas. E a espécie humana tampouco sobreviveria sem o trabalho artístico. Tomemos um exemplo como o das pescadoras de pérolas. Elas realizam um trabalho arriscado cujo produto não se destina à sobrevivência, mas a atender necessidades de distinção social. Aqueles que podem pagar por esses adereços exibem suas diferenças em relação a outros que não possuem recursos para tanto. As próprias pescadoras dificilmente utilizam os frutos diretos de seu trabalho, mas a existência dessas necessidades continua a reproduzir tal ocupação. Ao mesmo tempo, a tecnologia procura reduzir os custos de produção das pérolas e vai, assim, mudando a atividade profissional, que poderá ser extinta.

O trabalho é visto na sociologia como uma atividade essencial para a existência do ser humano e da sociedade. Mas é muito importante considerar essa ótica específica da sociologia, que mostra algumas características do trabalho que permitem tratá-lo como fato social. Assim, se todos os seres humanos precisam trabalhar para sobreviver (como dizem os economistas, "não existe almoço grátis"), em cada época ou lugar, em cada sociedade, o trabalho assume formas e significados distintos. A sociologia busca exatamente compreender tais formas e significados do trabalho humano, justamente o elemento que distingue esse trabalho daquele feito pelos animais. Estes últimos fazem esforços e mesmo se organizam e têm uma divisão rudimentar do trabalho. Mas essa divisão é instintiva, natural. A divisão que se faz do trabalho humano é social: ela se baseia numa diferenciação técnica das tarefas e numa construção social que gera distinções e desigualdades entre as diferentes tarefas. Do ponto de vista estritamente técnico, os trabalhos do médico, do padeiro ou do lixeiro são igualmente necessários: toda sociedade precisa de saúde, pão e limpeza. No entanto, como todos sabemos, as diferenças sociais entre esses trabalhadores é imensa.

Todas as sociedades modernas são sociedades complexas, ou seja, sociedades nas quais o trabalho está muito dividido, e são muitas as diferenças entre os grupos que realizam partes específicas desse trabalho. O processo de aprofundamento da divisão social do trabalho, que começa pela separação entre o campo (que fica com o trabalho de produzir os alimentos) e a cidade (onde se executam as funções de gestão da sociedade, principalmente através do Estado) desenvolveu-se fortemente a partir dos finais da Idade Média. Crescem e diversificam-se as formas de vida e trabalho nas cidades: além dos artesãos e comerciantes, aumentam os diferentes tipos de trabalhos religiosos, militares e de gestão da vida social. Criam-se hospitais e escolas, organizam-se estradas e estruturas de hospedagem para os viajantes. Fortalecem-se os diferentes ofícios e as associações das pessoas que neles trabalham.

As famosas guildas medievais foram vistas pela sociologia como modelos que permitem compreender qual é o sentido ou o significado que o trabalho especializado tem e como, a partir dele, constituem-se grupos sociais que partilham formas de perceber e agir sobre o mundo. Esses grupos podem ser chamados de ocupações ou de profissões e têm em comum com as guildas o fato de que seus membros realizam tarefas ou trabalhos semelhantes para os quais foram preparados através de um processo comum de aprendizagem. Nesse sentido, tanto o fabricante medieval de rodas de carruagem como o engenheiro mecânico que atualmente prepara os carros da Fórmula 1, tanto o construtor das catedrais góticas quanto o mestre de obras ou o pedreiro qualificado, fazem parte de guildas, ocupações ou profissões. Todos eles fazem parte de um grupo social, isto é, de um conjunto de pessoas que partilha uma identidade coletiva que é constituída em torno da forma específica do trabalho que fazem e do treinamento necessário para fazê-lo.

Leituras auxiliares

ARUM, R.; MÜLLER, W. *The Reemergence of Self-Employment*: A Comparative Study of Self-Employment Dynamics and Social Inequality. Princeton, NJ: Princeton University Press, 2004.

BOLTANSKI, L.; CHIAPELLO, È. *Le Nouvel Esprit Du Capitalisme*. Editora Gallimard, 1999.

BOURDIEU, P. *A distinção*. São Paulo: Editora EDUSP, 2008.

CACCIAMALI, M. C. (Pré-)Conceito sobre o setor informal, reflexões parciais embora instigantes. *Econômica*, Rio de Janeiro, v. 9, n. 1, p. 145- 168, 2007. Disponível em: <http://www.proppi.uff.br/revistaeconomica/sites/default/files/V.9_N.1_DOSSIER_3_Cacciamali.pdf>.

CASTELLS, M. *A Era da Informação*: economia, sociedade e cultura, vol. 3. São Paulo: Paz e Terra, 1999.

CARDOSO, A. M. *A construção da sociedade do trabalho no Brasil*. Rio de Janeiro: FGV, 2010.

CARDOSO JR., J. C. De volta para o futuro? As fontes de recuperação do emprego formal no Brasil e as condições para sua sustentabilidade temporal. *Texto de Discussão 1099*, Brasília: IPEA, 2007.

DURKHEIM, È. *Da divisão do trabalho social*. 3. ed. São Paulo: Martins Fontes, 2008.

ESPING-ANDERSEN, G. *Changing Classes*: Stratification and Mobility in Post-industrial Societies. Toronto: Univesity of Toronto; SAGE/ISA, 1995.

GRUSKY, D. B.; SØRENSEN, J. B. Can Class Analysis Be Salvaged? University of Chicago, *American Journal of Sociology*, v. 103, n. 5, Mar 1998, p. 1187-1234.

GOLDTHORPE, J. H. *On Sociology*: Numbers, Narratives and the Integration of Research and Theory. Oxford: Oxford University Press, 2000.

HASENBALG, C.; SILVA, N. Valle. *Origens e destinos: desigualdades sociais ao longo da vida*. Rio de Janeiro: Topbooks, 2003.

HIRATA, H.; SEGNINI, L. *Organização, trabalho e gênero*. São Paulo: Senac, 2008.

MARX, K. *O 18 Brumário de Luís Bonaparte*. São Paulo: Boitempo, 2011.

MARX, K. *O capital*: crítica da economia política. V. 1, Livro Primeiro. São Paulo: Nova Cultural, 1988.

OIT-ICLS. 17ª Conferência Internacional de Estatísticas do Trabalho, Genebra, 2003.

OFFE, C. *Capitalismo desorganizado*. São Paulo: Brasiliense, 1989.

PAES DE BARROS, R. *et al*. Discriminação e segmentação no mercado de trabalho e desigualdade de renda no Brasil. *Texto de Discussão 1288*, Rio de Janeiro: IPEA, 2007.

POLANYI, K. (1947). *La gran transformación*. México: Juan Pablos, 1975.

PORTES, A. *et al*. *The informal economy: studies in advanced and less developed countries*. London: Johns Hopkins University Press, 1989.

RAMOS, L. Evolução e realocação espacial do emprego formal: 1995-2005. *Econômica*, Rio de Janeiro, v. 9, n. 1, p. 89-112, 2007. Disponível em: <<http://www.proppi.uff.br/revistaeconomica/sites/default/files/V.9_N.1_Lauro_Ramos.pdf>.

RAMOS, L. Padrões espacial e setorial da evolução da informalidade no Brasil: 1991-2003. *Texto de Discussão 1099*, Rio de Janeiro: IPEA, 2005.

RIVERO, P. S. *Trabalho: opção ou necessidade? Um século de informalidade no Rio de Janeiro*. Belo Horizonte: Argumentum, 2009.

SCOTT, J.; MARSHALL, G. *Oxford Dictionary of Sociology*. Third edition revised. New York: Oxford University Press, 2009.

SENNETT, R. *A corrosão do caráter*: consequências pessoais do trabalho no novo capitalismo. 13. ed. Rio de Janeiro: Record, 2008.

SMITH, A. A riqueza das nações. V. 1, Livro Primeiro, Cap. I a IV. São Paulo: Nova Cultural, 1988. p. 17-54 (Coleção Os Economistas). Disponível em: <http://disciplinas.stoa.usp.br/pluginfile.php/4881/mod_resource/content/3/CHY%20A%20Riqueza%20das%20Na%C3%A7%C3%B5es.pdf>. Acesso em: 13 fev. 2012.

SWEDBERG, R. *Principles of Economic Sociology*. New Jersey: Princeton University Press, 2003.

CAPÍTULO 6

MUDANÇA SOCIAL

Individualmente ou em grupos, as pessoas podem se deslocar para outras regiões e mesmo países a fim de conseguir trabalho, ou serem forçadas a isso, seja pela fome ou pela força, como foi o caso dos escravos e pessoas ou grupos que se exilaram por motivos políticos e perseguições religiosas. Um movimento migratório se constitui de uma corrente de seres humanos que se move de um ponto a outro, com a finalidade de trabalhar temporariamente, no decorrer de um período que pode variar, ou com o projeto de se instalar definitivamente. Ir do Brasil aos Estados Unidos legalmente ou como clandestino em busca de trabalho, ou voltar ao Brasil em consequência de uma crise naquele país com altas taxas de desemprego não é somente uma decisão individual. A sociologia detecta tendências nesse sentido, identifica as direções das correntes migratórias, seus motivos, sua duração, os vínculos que se estabelecem entre os migrantes e seu país de origem e de destino, e as redes sociais – que funcionam como uma espécie de porto seguro para os recém-chegados, ajudando-os a se instalar, a conseguirem trabalho, fornecendo referências, amparando-os em casos de doença e desemprego, e que também representam um pequeno pedaço do país ou da região que foi deixada para trás.

Mesmo que a migração possa ser sentida individualmente como uma decisão própria, que nada tem a ver com qualquer fenômeno coletivo, as motivações para migrar não se originam na consciência de cada um. Ao contrário, ainda que não percebam, as pessoas começam a se interessar por outros países, ou por outras cidades ou regiões de seu próprio país a partir de:

(1) um conhecimento difuso que elas obtêm através dos meios de comunicação (cinema, televisão, jornais);
(2) de agências estatais ou de empresas privadas que trabalham no sentido de captar força de trabalho para atender necessidades específicas – por exemplo, um país que precisa de mão de obra barata para cuidar de idosos ou que pretende contratar pessoas altamente especializadas como engenheiros, especialistas em informática ou em saúde, ou pedreiros e encanadores, pode difundir essa procura em locais onde sabidamente existe certa abundância dessa força de trabalho, onde os salários oferecidos são mais baixos, para ali divulgar suas condições de trabalho de forma a motivar as pessoas a migrar;
(3) da experiência de outras pessoas que migraram; ou
(4) como um retorno às origens próprias ou paternas.

O Brasil utilizou o recurso de captar força de trabalho em outros países em diversas ocasiões, em busca de mão de obra para a indústria açucareira, a industrialização paulista e o plantio do café, e trouxe grandes levas de pessoas da África, da Itália e do Japão. Em outras ocasiões, aproveitando-se do processo social de expulsão de trabalhadores em razão de crises econômicas ou climáticas, abriu as portas para esses migrantes, assim como para refugiados. Recentemente, brasileiros têm migrado e retornado dos Estados Unidos, do Japão, de Portugal e da Espanha.

Um fenômeno que vem chamando a atenção dos sociólogos são os crescentes envios de recursos para suas regiões de origem por parte de pessoas que migram para o exterior. A massa desses recursos reflete certas tendências, como a concentração de migrantes oriundos de uma mesma região, assim como de envios financeiros que revertem em suas cidades na construção de imóveis, abertura de negócios, depósitos em contas bancárias, e aplicação na educação e profissionalização de familiares.

Um dos problemas sociais mais complexos relativos a esses processos massivos de ingresso de migrantes é a adaptação deles à nova sociedade. Quando se trata de estrangeiros, além da forte barreira que o idioma representa inicialmente e que o sotaque vai ser sempre para aqueles que entraram no país quando já eram adultos, existem várias outras dificuldades, como tipo de escolaridade, práticas culturais e religiosas. Um exemplo disso são as leis que a França vem aprovando relativas ao uso de véu pelas alunas muçulmanas nas escolas públicas ou aos matrimônios polígamos de famílias originárias de alguns países africanos.

A presença de pessoas de distintas culturas gera uma infinidade de mesclas que ajudam a mudar profundamente as sociedades e suas culturas – culinárias, religiosas, artísticas. Mudanças desse tipo podem ser observadas não só em países estrangeiros como no Brasil. A proporção de nacionais de outras regiões e de estrangeiros varia de acordo com os fatores de atenção de migrantes. Por outro lado, o Estado e as diversas agências estaduais e municipais podem utilizar os dados das pesquisas sociológicas para o planejamento – seja de infraestrutura, como estradas, alojamentos, postos de saúde, escolas, seja de campanhas de educação e de saúde pública, como a vacinação contra endemias, ou o encaminhamento e treinamento da força de trabalho que chega para a agricultura ou a indústria locais.

Leituras auxiliares

BASTOS, E. R.; VILLAS BOAS, G.; BOTELHO, A. *O moderno em questão*. Rio de Janeiro: Topbooks, 2008.

GOMES, A. C. *Minas e os fundamentos do Brasil moderno*. Belo Horizonte: Editora UFMG, 2005.

QUINTANEIRO, T. As contradições e os desafios da modernização brasileira. Disponível em: <http://crv.educacao.mg.gov.br/sistema_crv/index.asp?id_projeto= 27&ID_OBJETO=119540&tipo=ob&cp=4E6127&cb=&n1=&n2=M%F3dulos%20Did%E1ticos&n3=Ensino%20M%E9dio&n4=Sociologia&b=s>.

Migração e representações culturais

Mesmo quando se trata de migrantes brasileiros, a chegada de pessoas de culturas regionais distintas provoca forte impacto sobre a sociedade da região receptora. Embora exista um combate cultural permanente em relação à discriminação aberta, os estereótipos sobre mineiros, baianos, cariocas, paulistas, gaúchos e nordestinos são conhecidos de todos. Revestidos de brincadeiras e piadas aparentemente inocentes, os grupos nacionais nem sempre são representados de modo positivo, e há quem ultrapasse os limites do respeito ao se relacionar com outros diferentes. No Brasil, a constituição pune certos atos desse tipo como racismo. Ainda assim, estudos (Almeida, 2007) mostram que os nordestinos são muito discriminados pelos demais brasileiros.

O temor à perda de trabalho em função da concorrência com os que vêm de outras partes do país ou de outros países é uma das explicações para as condutas agressivas de que os imigrantes são alvo. Movidos geralmente pela sua própria necessidade de sobrevivência, os imigrantes vêm preencher aquelas ocupações mal pagas ou pelas quais os habitantes locais não se interessam. A incapacidade de entender esse fato leva a que muitas pessoas considerem os imigrantes menos capazes profissionalmente ou menos dignos de tratamento igualitário, especialmente quando são estrangeiros e, portanto, não desfrutam dos mesmos direitos que os nacionais. Uma das consequências negativas dessas representações culturais é a estigmatização, e pessoas discriminadas terão mais problemas ao tratar de conseguir trabalho, o que contribui para dificultar sua inserção social e produtiva. A vida na clandestinidade é também uma realidade para muitas famílias que entram em outros países sem visto legal.

É um fenômeno largamente difundido no mundo que os nacionais, diante de crises de emprego, passem a exigir de seus representantes leis mais duras contra os imigrantes, chegando até à sua expulsão. Durante esses processos, pessoas que vieram com o propósito de trabalhar e de instalar-se definitivamente precisam mudar seus planos e, muitas vezes, retornar aos países de origem.

Mudança social e tradição

O tema da mudança social é clássico na sociologia, que surgiu como ciência no Ocidente justamente durante um vigoroso ciclo de mudanças sociais, durante o período conhecido como o das Revoluções –

a Francesa e a Industrial. As revoluções são as mudanças sociais mais radicais. Elas transformam as sociedades, como bem diz o termo, pela raiz. Quando se utiliza como padrão de medida das mudanças sociais a duração média de uma vida humana, elas parecem ocorrer lentamente, mesmo em situações chamadas de revolucionárias. As mudanças costumam levar gerações para promoverem seus efeitos visíveis, mas elas se encontram subjacentes à vida coletiva e estão em ação permanentemente, de modo que, aos poucos, seus resultados podem ser observados e analisados. A característica que é comum a todas as sociedades é sua capacidade de transformação permanente, embora a velocidade de tais mudanças e a capacidade de percepção das mesmas sejam variáveis. Sociedades que tardam longos períodos para mobilizar-se e reestruturar suas instituições e valores, sejam políticos, religiosos, sociais ou culturais, são conhecidas como tradicionais. Depois de iniciadas, algumas mudanças têm efeito multiplicador sobre os demais setores das sociedades. Um exemplo muito discutido em sociologia se refere à necessidade que a indústria norte-americana teve de mão de obra feminina quando enviou para a Europa, durante a Segunda Guerra, a maioria dos homens jovens, e uma proporção bem inferior de mulheres, que atuavam como enfermeiras, profissão tipicamente feminina. A inserção de mulheres nas fábricas norte-americanas mudou para sempre a composição da força de trabalho industrial, teve forte influência sobre as famílias já constituídas, e depois, do fim da Guerra, muitas outras consequências se evidenciaram a longo prazo, como o planejamento familiar e a profissionalização em massa das jovens mulheres.

A necessidade de decidir o número de filhos, por exemplo, pode funcionar como tema para a pesquisa e descoberta científica, as quais também respondem às necessidades sociais. E o planejamento familiar pode gerar como resultado que os casais tenham não somente um número menor de filhos, com impacto sobre a demografia, como também nascimentos tardios e a facilitação da inserção das mulheres nas escolas superiores e no mercado de trabalho. Isso vem acontecendo no Brasil há tempos. Entre as consequências sociais, é possível observar que os papéis masculinos e femininos vêm se transformando, tanto no âmbito doméstico e privado, como no público, no trabalho e na vida política.

Leituras auxiliares

ALMEIDA, A. *A cabeça do brasileiro*. Rio de Janeiro: Record, 2007.

CAMPBELL, C. *A ética romântica e o espírito do consumismo moderno*. Rio de Janeiro: Rocco, 2001.

SZTOMPKA, P. *A sociologia da mudança social*. São Paulo: Civilização Brasileira, 1998.

As mudanças demográficas nas grandes áreas urbanas

O século XX caracterizou-se por mudanças expressivas na sociedade brasileira, particularmente a forte urbanização: em 1970, inverteu-se a proporção clássica entre as populações urbana e rural. Nesse ano, 70% dos brasileiros já viviam em cidades e apenas 30% moravam no campo, proporção essa que se reduziu a apenas 10% nos anos 2000. Viver em cidades introduz diferenças importantes nos modos de convivência social, como ficou claro acima. Mas há um padrão importante nesse processo de urbanização que precisa ser destacado: na segunda metade do século XX houve um crescimento acelerado de algumas áreas urbanas, principalmente as grandes capitais, sendo São Paulo o maior destaque. Formaram-se as regiões metropolitanas, conglomerados de cidades em torno dessas capitais, algumas delas com populações maiores que certos países. São Paulo chegou a ter 20 milhões de habitantes. No início dos anos 2000, a tendência era um pouco diferente: eram as cidades médias as que mais cresciam.

Todas essas cidades, médias ou imensas, representam um tipo de vida distinto das formas tradicionais, e algumas de suas características merecem atenção da pesquisa sociológica, seja pela sua dimensão, seja pelo seu caráter inédito. Nessas pesquisas, a demografia colabora por meio de informações e dados muito importantes para a compreensão dos novos padrões de vida instalados nas cidades. Uma das mudanças fundamentais nas sociedades urbanas é a redução do número de filhos que cada mulher tem. A chamada taxa de fecundidade reduziu-se no Brasil enormemente, passando de 5,5 para 1,9 filhos por mulher, muito próxima daquela encontrada nos países europeus e que, segundo os demógrafos, está abaixo da reposição populacional. Esse dado chama a atenção para o fato de que as mudanças da urbanização atingiram de forma decisiva a vida das mulheres. Se a vinda para as cidades foi muitas vezes comandada por homens que buscavam mais e melhor trabalho, a nova vida abriu mercados para as mulheres: de trabalho, de educação, de casamento.

Assim, o Brasil mudou o perfil da sua população: as pessoas vivem mais e as mães têm menos filhos, produzindo-se o que é chamado de um envelhecimento da população. Os jovens não são mais a imensa maioria da população. Há agora um espaço muito maior para os cidadãos da terceira idade, e isso pode ser visto em várias dimensões, seja na introdução das filas preferenciais para idosos em bancos e lojas, seja na criação de centros de saúde e de acolhimento, ou moradias voltadas para esse grupo de idade. A própria criação da categoria 'terceira idade' é um indicador do aumento dessa população e do seu reconhecimento social.

O perfil dos trabalhadores também mudou: as mulheres agora participam em todas as ocupações, da medicina às forças armadas, passando pelo trabalho industrial. Não existem mais campos de atividade exclusivamente masculinos. Além disso, as mulheres têm progressivamente se tornado mais escolarizadas que os homens, mesmo que isso não se traduza, normalmente, em igualdade de condições no mercado de trabalho. Um rapaz, no Brasil, com o mesmo nível de escolaridade que uma moça ainda recebe um salário maior que o dela no mesmo tipo de trabalho. Em compensação, sendo as mães mais educadas, aumentam as chances de sobrevivência dos bebês (houve uma enorme redução da mortalidade infantil no Brasil) por terem melhores cuidados e também aumentam as chances de sucesso escolar e aprendizado das crianças.

Todas essas mudanças, apenas mencionadas aqui, ocorrem junto com os processos de urbanização e industrialização. Não se podem estabelecer, é claro, relações de causa e efeito entre esses fatos tão diversos. Mas é possível mostrar que os migrantes que saíram do mundo rural em busca de melhorias na cidade estavam certos: a vida urbana traz ganhos significativos de qualidade para os cidadãos. Claro que também gera novos problemas, como as dificuldades de locomoção nas aglomerações urbanas ou mesmo as questões do desequilíbrio ecológico.

Leituras auxiliares

BAUMAN, Z. *Modernidade líquida*. Rio de Janeiro: Zahar, 2001.

INGLEHART, R.; WELZEL, C. *Modernização, mudança cultural e democracia*. Brasília: Verbena, 2009.

CAPÍTULO 7

DIFERENÇAS E DESIGUALDADES

É possível definir tipos de relações – como a influência, a dominação, o poder e a obediência – que podemos chamar de assimétricas. Tais interações refletem uma assimetria, já que um dos lados tem maior capacidade para modificar a ação do outro. São sociais as interações entre um indivíduo e outro, ou entre um indivíduo e um grupo, tal como um partido político, a diretoria de uma empresa, um time de futebol ou uma escola, entre grupos, como duas famílias, dois Estados nacionais, grupos religiosos, paciente e médico, aluno e professor. O modo de agir em cada caso é variável. A sociologia trabalha com diversos tipos de relações sociais assimétricas que permitem analisar aquilo que chamamos de desigualdade social.

Os estudos sobre a desigualdade social constituem uma área de pesquisa que sofreu intenso desenvolvimento nas últimas décadas. Podemos nos perguntar por que isso ocorre, dado que não é difícil perceber que a história do mundo ou de cada país, conforme vemos hoje, evidencia um vasto panorama de desigualdades de todo tipo. Há reis e rainhas, nobres e plebeus, empresários e operários, líderes ou pessoas geniais e liderados ou pessoas normais e mesmo medíocres. O que faz diferença é a forma como vemos essas desigualdades. Na Idade Média, por exemplo, todos sabiam que os senhores feudais tinham uma posição superior à de seus servos: viviam em casas mais aquecidas, consumiam mais proteínas e obtinham maior quantidade de alimentos. Todos sabiam, mas também achavam que isso era normal, que era a "ordem natural das coisas", que era a vontade de Deus.

A partir da passagem para a modernidade, sob influência das ideias iluministas, a visão que tínhamos do ser humano, como indivíduo, e da humanidade, mudou. O desenho de Leonardo da Vinci, o *Homem Vitruviano*, simboliza essa passagem, mostrando o ser humano como medida de todas as coisas. Essa nova concepção do que é a vida humana tem consequências importantes para nós, e uma delas tomou forma política na Revolução Francesa: *todos os homens são iguais*. Se todos os homens são naturalmente iguais e se, a partir da visão humanista desenvolvida pelo Iluminismo, esses homens são também os senhores do seu destino, não se pode atribuir à Natureza ou a Deus a responsabilidade ou a justificativa da desigualdade.

Sob essa nova perspectiva sobre o mundo, todos deveriam ser iguais. Se não o são, precisamos entender o que acontece na organização de sua vida em comum que acaba gerando a desigualdade. Um dos princípios fundamentais da vida nas sociedades modernas é a busca da igualdade entre os seres humanos. E, por isso mesmo, o fato de que essa igualdade não exista em nenhuma sociedade conhecida precisa ser explicado. Isso também significa que definir o que é igualdade é central para entender as desigualdades: estas existem, pois comparamos a realidade desigual ao princípio da igualdade.

Conceitos

Desigualdade: Resultados ou oportunidades desiguais para diferentes indivíduos dentro de um grupo ou para diferentes grupos dentro de uma sociedade. A desigualdade propriamente chamada de desigualdade social é aquela que existe entre os grupos de uma sociedade.

As formas da igualdade: Igualdade de resultados: como o nome diz, esse princípio de igualdade estabelece que todos e cada um dos indivíduos deveria receber da sociedade a mesma quantidade de riquezas, prestígio ou poder, independentemente de suas características. Dada a diversidade dos seres humanos, esse tipo de igualdade só funciona em sociedades que têm governos autoritários, ditatoriais. Um bom exemplo desse tipo de igualdade seria obrigar os professores a dar a mesma nota para todos os alunos, independentemente de terem comparecido às aulas ou de terem se esforçado para estudar.

Igualdade de condições: segundo esse princípio, todas as pessoas numa dada sociedade deveriam partir do mesmo ponto, deveriam ser anuladas as diferenças de origem familiar, tanto a herança econômica quanto os efeitos do nível cultural dos pais. Esse tipo de igualdade pode parecer desejável, mas jamais foi obtido em sua totalidade e pode gerar injustiças.

Igualdade de oportunidades: esse é o princípio que orienta a maioria das políticas públicas de combate às desigualdades. Ele estabelece que todos os cidadãos teriam direito às mesmas oportunidades (escolas de qualidade, serviços de saúde, segurança) para se desenvolverem como pessoas e como profissionais, para desenvolverem suas capacidades. Essa seria a forma propriamente social da igualdade: indivíduos pertencentes a um determinado grupo social (mulheres, por exemplo) teriam as mesmas probabilidades de obter uma boa educação ou um bom emprego.

Os estudos sobre estratificação social representam uma tentativa de síntese bem acabada, com uma contribuição importante e abrangente para a compreensão da desigualdade de um ponto de vista sociológico. Na verdade, o termo "estratificação" em sociologia é usualmente aplicado aos estudos de desigualdade social estruturada, isto é, quaisquer *desigualdades sistemáticas, desigualdades que se repetem regularmente entre grupos de pessoas*. Temos, então, um primeiro elemento da definição das desigualdades sociais: elas se referem a distinções entre grupos de pessoas, e não apenas entre pessoas. São características que se repetem regularmente em relação a indivíduos pertencentes a um mesmo grupo, mas não ocorrem da mesma forma no caso de indivíduos de outros grupos. Aqui surge uma questão importante que já havia sido levantada por Alexis de Tocqueville (1805-1859), filósofo político que refletiu principalmente sobre as formas sociais da democracia: em que ponto podemos dizer que a diferença, característica básica de cada ser humano, se transforma em desigualdade? É essa questão uma das principais que, até hoje, orientam as pesquisas sobre as desigualdades sociais.

Leituras auxiliares

BARBOSA, L. *Igualdade e meritocracia: a ética do desempenho nas sociedades modernas*. Rio de Janeiro: FGV, 1999.

CASTEL, R. A desigualdade e a questão social. São Paulo: EDUC, 2008.

CAVALCANTE, S.; DWYER, T.; WEBER, S. *Desigualdade, diferença e ee-conhecimento*. Recife: Tomo, 2009.

HENRIQUES, R. *Desigualdade e pobreza no Brasil*. Rio de Janeiro: IPEA, 2000.

MARTINS, J. S. *Exclusão social e a nova desigualdade*. São Paulo: Paulus, 1997.

RIBEIRO, C. A. C. *Desigualdade de oportunidades no Brasil*. Belo Horizonte: Fino Traço, 2009.

ROCHA, S. *Pobreza no Brasil*: afinal, de que se trata?. Rio de Janeiro: FGV, 2003.

SEN, A. *A desigualdade re-examinada*. Rio de Janeiro: Record, 2001.

Desigualdades sociais e grupos sociais

Assim, os estudos sociológicos teriam como objetivo apreender os mecanismos sociais que levam à formação das *estruturas de classes* e de *grupos de status*, e o grau em que essas estruturas são efetivamente dominantes nas sociedades e em que definem a organização da vida social. Também analisam as manifestações das *desigualdades de oportunidades, de condições e de recompensas,* bem como as formas através das quais os *grupos sociais* estabelecem e mantêm suas fronteiras.

Inspirando-se na obra de Max Weber, como a maior parte dos estudos em estratificação social, Brian Turner (1986) procurou coordenar as distintas manifestações das desigualdades sociais organizando-as em torno dos mecanismos através dos quais cada sociedade estabelece padrões de relações sociais desiguais. Dessa perspectiva, mais analítica que descritiva, *a desigualdade não é apenas contabilidade de diferenças, mas um tipo específico de organização social (a ser pesquisado em cada situação empírica), que transforma essas diferenças em desigualdades sociais.*

Com isso, Turner expressa de forma exemplar a preocupação central das teorias da estratificação social: *a formação das classes ou dos grupos de status seria a chave para compreender a integração social ou a ordem social.* Isso significa perceber que a desigualdade social é um dos elementos que constituem a sociedade. A forma de organização da vida social define o tipo de desigualdade social existente numa dada sociedade. Assim, na Grécia de Aristóteles, existiam os cidadãos, os metecos (estrangeiros domiciliados em Atenas, em geral, comerciantes), os periecos (moradores das cercanias das cidades) e os escravos (em Esparta, existia uma etnia de escravos, os ilotas, cujo nome passou a designar qualquer pessoa escravizada ou em posição ruim nas sociedades). Os cidadãos tinham direitos especiais no plano político: só eles podiam decidir o destino dos outros indivíduos na sociedade.

As mulheres de Atenas, como bem mostra a canção de Chico Buarque, não tinham as mesmas obrigações que os homens. Nem os mesmos direitos. Também os metecos, os periecos e os escravos não tinham direito de participar das decisões coletivas, tomadas em praça pública com a presença de todos os cidadãos. Nesse período da vida grega, a democracia existia para todos os cidadãos. O problema é que nem todas as pessoas dessa sociedade eram consideradas cidadãos. Apenas os homens, atenienses, que fossem proprietários de terras.

Mobilidade e dinâmica social

Mas, além da ordem social, a pesquisa na área de estratificação e mobilidade social tem produzido enormes avanços em termos da análise da dinâmica das hierarquias sociais, focalizando especialmente as mudanças nas situações ocupacionais, seja dos mesmos indivíduos seja entre diferentes gerações. Estudos desse tipo mostraram que as novas sociedades industriais que se formaram na Europa a partir do século XVIII eram mais abertas do que as anteriores. Isto é: essas sociedades, mesmo mantendo certos níveis de desigualdade, permitem que as pessoas se movam dentro das hierarquias sociais.

Nas sociedades tradicionais, o valor atribuído a uma pessoa dependia da posição de sua família. Se meu pai fosse um nobre, eu também seria nobre. Se ele fosse um servo, da mesma forma eu teria o lugar de servo. Ou seja: a minha origem social determinava, sem possibilidades de mudança, o destino social que eu poderia ter ou a posição social que eu poderia ocupar. Na sociedade moderna, as pessoas são valorizadas, em princípio, por aquilo que elas fazem. Nessa sociedade, um cidadão pode ter nascido bastante pobre, mas tem a possibilidade, através do trabalho, dos seus méritos ou da educação que ele recebeu, de atingir posições mais elevadas na hierarquia social.

Numa *sociedade tradicional típica*, a posição social depende do que a pessoa é, e não do que possui ou do que faz. Para garantir que os estratos superiores dessa sociedade permaneçam exclusivos, desenvolvem-se meios legais, rituais ou culturais que restringem a mobilidade social. Com isso, produz-se uma valorização do status hereditário e uma desvalorização da riqueza baseada em esforço pessoal.

Numa *sociedade moderna típica*, o poder, a riqueza e o prestígio associam-se ao controle sobre a riqueza econômica. Apesar de existir herança, há uma considerável mobilidade social. A vida social aparece como mais conflituosa, menos dependente da etiqueta e das regras culturais, pois o mercado torna-se a dimensão mais relevante.

Entender e medir o quanto as pessoas podem subir ou descer nas escalas sociais é o objeto principal dos estudos de mobilidade social. Essas medidas não são importantes apenas como informação teórica sobre a sociedade, mas sobretudo como indicação do grau de modernização e de democratização das oportunidades sociais. O Brasil não teve um sistema feudal, mas as características da sociedade tradicional ainda são muito fortes. Mesmo assim, é possível constatar algum avanço: apenas para dar uma ideia do fechamento dessa forma tradicional de organizar a vida social, pode-se mencionar que as mulheres só se tornaram eleitoras a partir dos anos 1920. E que, para ter o direito de votar, até o início do século XX, o indivíduo deveria comprovar uma renda bastante elevada.

Esses exemplos permitem entender que a desigualdade é organizada de formas diferentes, específicas para cada sociedade. E, ainda, que a desigualdade existe nas dimensões mais variadas, incluindo os aspectos políticos e econômicos e também aspectos culturais e sociais, como é o caso das diferenças de acesso à educação ou à cultura erudita ou aos museus.

São muito significativos os avanços teóricos e metodológicos obtidos nessa área de pesquisa e podemos encontrar aí autores que convidam a fazer a análise das desigualdades sociais considerando mais seriamente as identidades ocupacionais e a diferenciação social a elas associada, como também os aspectos subjetivos. É o caso de estudos que associam o desenvolvimento das novas formas de desigualdade e as crises geradoras de sofrimento no mundo atual: crise do "Estado Providência", produzida pela pane nas instituições que fortalecem os laços sociais e a solidariedade, crise do trabalho, associada à mudança nas relações entre economia e sociedade, e crise do sujeito, provocada pela mudança nos modos de constituição das identidades individuais e coletivas.

Os estudos sobre a desigualdade social contemplam uma série de temas justamente pelo fato de ela se manifestar em quase todas as dimensões da vida humana. Se a doença e a morte são fatos inevitáveis da natureza e atingem democraticamente todos os seres, o mesmo não acontece com as formas pelas quais os diferentes grupos sociais são atingidos por elas. Pessoas pertencentes a grupos sociais mais afluentes têm chances de viver uma vida mais longa que pessoas que fazem parte de grupos mais pobres. Bancários são afetados por doenças como a LER (lesão por esforço repetitivo), e trabalhadores em siderúrgicas têm problemas pulmonares.

A desigualdade entre os grupos sociais pode ser vista também nos diferentes graus de acesso à informação ou às tecnologias modernas, como os computadores e as conexões de Internet. Essa diferença aparece entre grupos, mas também entre sociedades: países desenvolvidos têm mais telefones, computadores e Internet que países não desenvolvidos. Essas questões indicam que há uma grande desigualdade entre países e entre regiões no mundo: todos sabemos o quanto a África é mais pobre do que a Europa, embora no interior desse continente existam grandes diferenças entre os próprios países. Também diferem entre si as regiões de um mesmo país: o Nordeste brasileiro é mais pobre que o Sul ou Sudeste – não só em termos de riquezas materiais, mas também em termos de educação.

> Nós vivemos dentro de uma sociedade fortemente diferenciada: as desigualdades, mesmo quando elas não têm a amplitude daquelas do passado, permanecem fortes. Mas, de um lado, a relação com as desigualdades mudou de natureza e, por outro, constata-se no seio da população assalariada a formação de uma vasta classe média, mais difícil de ser apreendida. Isto deve ser bem compreendido. Estaremos enganados se percebemos aí apenas uma banal evolução sociológica. Esse fato não traduz apenas uma homogeneização dos modos de vida engendrados pelo crescimento ou uma mutação do sistema de produção ligada ao desenvolvimento do emprego no terciário. Tal sociedade se caracteriza principalmente por uma formidável reorganização dos modos de diferenciação e hierarquização sociais (Fitoussi; Rosanvallon, 1996, p. 25).

Outro elemento da vida social que se diferencia segundo a posição das pessoas na sociedade é a estrutura das famílias. Essas se diferenciam não apenas pelo tamanho (em famílias mais pobres encontramos um número mais elevado de crianças) como também pela forma. Existem atualmente milhares de famílias no Brasil que são chefiadas por uma mulher sozinha, situação que aumenta a precariedade da vida doméstica entre os mais pobres. Nos Estados Unidos, dados (*The Economist*, 26 de maio 2007, p. 23) indicam que, entre pessoas com nível superior de educação, somente 4% das crianças nasceram fora de um casamento estável. Mas esse número sobe para 15% das crianças quando as mães deixaram a escola antes de completar a educação básica. No caso dos afrodescendentes, 67% das crianças nasceram nessa situação.

A violência também atinge diferencialmente os grupos sociais: a chance de um jovem carioca, negro e favelado, morrer antes de completar 24 anos é 500 vezes maior que a de um jovem branco, de classe média, morando em Campinas.

O consumo também permite diferenciar os grupos sociais. Mas se é fácil imaginar que um trabalhador qualificado possa comprar um carro popular enquanto seu patrão compra um carrão importado, devemos prestar atenção também à distribuição da renda para pagamento das despesas cotidianas. O orçamento familiar permite diferenciar classes de consumidores ou simplesmente classes.

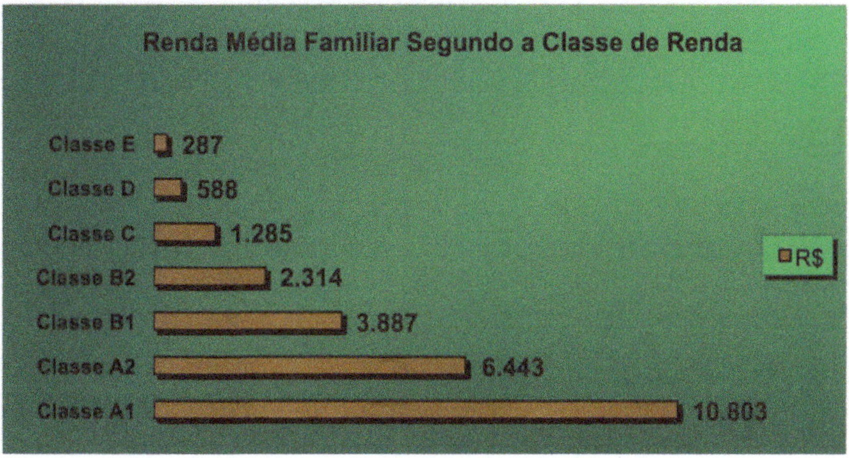

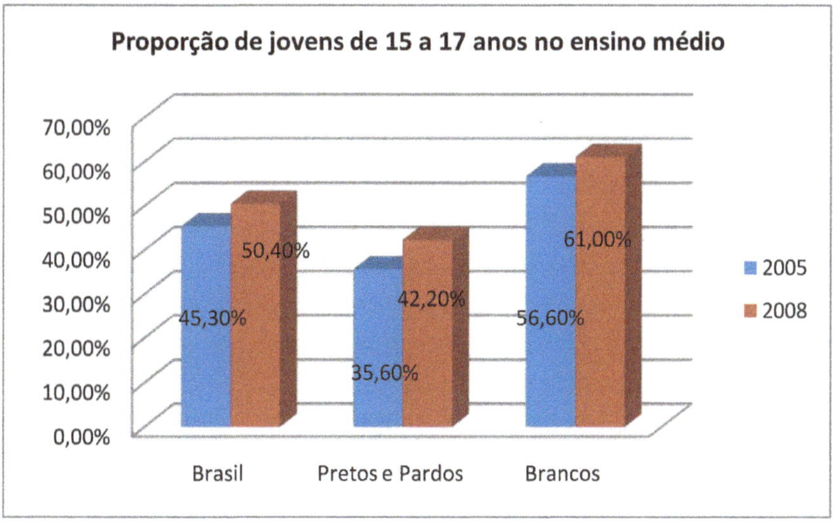

Fonte: Associação Nacional de Empresas de Pesquisa e Target, publicado em *O Globo*, 7/12/2003.

Leituras auxiliares

CATTANI, A. D. *Riqueza e desigualdade na América Latina*. Porto Alegre: Zouk, 2010.

FITOUSSI, Jean-Paul; ROSANVALLON, P. *Le nouvel âge des inégalités*. Paris: Éditions du Seuil, 1996.

HASENBALG, C.; SILVA, N. V. *Origens e destinos: desigualdades sociais ao longo da vida*. Rio de Janeiro: Topbooks, 2003.

RIBEIRO, C. A. C. *Estrutura de classe e mobilidade social no Brasil*. Bauru: EDUSC, 2007.

TURNER, B. *Equality*. London: Taustock, 1986.

A desigualdade social e a discriminação racial

Qualquer pessoa que observe uma cidade brasileira, mesmo por um curto período, verifica que existe uma grande diversidade de tipos físicos. Vemos não só os diferentes grupos de idade ou pessoas de ambos os sexos, mas também conjuntos de indivíduos que apresentam traços distintivos como a cor da pele, o formato dos olhos, o tipo de cabelo, a altura. Essas diferenças podem ser consideradas sob uma ótica estritamente física ou biológica, e assim poderíamos analisar por que alguns são mais altos que outros ou porque outros tantos são menos fortes e saudáveis.

Nossa observação das cidades brasileiras poderia se tornar ainda mais acurada. Por exemplo, podemos verificar algumas diferenças, que se repetem com bastante regularidade, quanto aos meios de transporte utilizados ou quanto às instituições frequentadas, ou ainda quanto ao tratamento dispensado a pessoas diversas. Assim, podemos ver que pessoas morenas ou pretas têm mais probabilidade de serem vistas num ônibus ou no metrô do que num carro de luxo. Nas universidades ou faculdades de algumas cidades, veremos que há mais pessoas brancas e amarelas (ou orientais) do que pessoas pretas. Da mesma forma, temos mais chance de encontrar um homem preto como porteiro do que como morador de um condomínio de luxo.

Essas observações indicam que podemos ter um outro olhar para as diferenças físicas entre as pessoas e que essas diferenças podem não ser "apenas" físicas, ou mesmo nem ser verdadeiras diferenças físicas. Um olhar sociológico nos mostra que as sociedades estabelecem certas regras sobre como enxergar, perceber e agir em relação às pessoas, aos grupos de pessoas, ou mesmo às diferenças entre pessoas e grupos.

Aqui podemos estabelecer uma baliza fundamental da análise sociológica: essas diferenças mencionadas podem ser vistas, corretamente, como diferenças naturais, o que indicaria que, em princípio, elas não poderiam ser analisadas pelas ciências sociais, mas deveriam ser objeto apenas das ciências naturais. Mais ainda, os avanços da pesquisa genética mostraram que essas diferenças existem apenas num plano muito superficial (a cor da pele, por exemplo) e que não têm qualquer significado do ponto de vista das características essenciais. Todos somos humanos, partilhamos o mesmo genoma, a mesma estrutura corporal, a mesma base cerebral. Da perspectiva da genética, não é possível distinguir raças, elas não existem. Como, então, a sociologia pode analisar diferenças entre grupos raciais se essas diferenças, geneticamente, cientificamente, são inexistentes?

A resposta é razoavelmente simples: a pesquisa sociológica se interessa pela forma através da qual as pessoas nas sociedades percebem e tratam esses fenômenos. A sociologia procura explicar como são construídas, difundidas e vivenciadas as representações que em cada sociedade se fazem de homens e mulheres, de jovens, velhos e crianças, de brancos, pretos e amarelos. Essas representações coletivas definem as formas de agir e pensar que, regularmente, cada um dos membros de uma sociedade usa nas suas relações com as outras pessoas e com o mundo natural. Assim, mesmo que a ciência moderna tenha mostrado a inexistência de raças geneticamente diferentes, as pessoas da nossa sociedade aprenderam a enxergar grupos raciais distintos. E, mais que isso – esse é o núcleo do problema sociológico em relação aos grupos raciais –, aprendemos a valorizar diferentemente esses grupos. Nós classificamos esses grupos numa hierarquia de valores socialmente distintos.

Através dessas classificações, a sociedade cria – ou recria – os grupos raciais, estabelecendo entre eles uma hierarquia, uma estrutura de desigualdades sociais. Estas podem assumir os mais diferentes formatos e nuances, e a sociologia enfrentou dificuldades para elaborar um sistema analítico que permitisse capturar e explicar adequadamente as desigualdades raciais.

Esse tipo de desigualdade entre os grupos raciais é particularmente importante no caso do Brasil. A nossa história de escravidão ajudou a criar alguns estereótipos, como aquele que associa todo trabalho manual aos negros, fazendo parecer "natural" ou "normal" que muitas pessoas pretas sejam lavadeiras ou peões de obra e não sejam médicos ou advogados. Por outro lado, nós brasileiros nos acostumamos a nos ver como um povo miscigenado, afável, de fácil convívio, formando uma imagem ou representação harmoniosa do povo brasileiro. Por essas duas razões, houve uma tendência, entre os sociólogos brasileiros, a considerar que as diferenças raciais não seriam importantes, não produziriam desigualdades profundas.

Para muitos estudiosos, como Gilberto Freyre, por exemplo, as diferenças raciais seriam superadas pelo domínio de um tipo de sociabilidade que reforçaria a cordialidade, e não o conflito. Para esse autor, a convivência entre pretos e brancos seria tranquila, pacífica: de alguma forma, eles viveriam como uma grande família, na qual existem algumas diferenças, mas prevalecem os laços básicos de união.

> Todo brasileiro, mesmo o alvo, de cabelo louro, traz na alma, quando não na alma e no corpo – há muita gente de jenipapo ou mancha mongólica pelo Brasil – a sombra, ou pelo menos a pinta, do indígena ou do negro. No litoral, do Maranhão ao Rio Grande do Sul, e em Minas Gerais, principalmente do negro. A influência direta, ou vaga e remota, do africano.
>
> Na ternura, na mímica excessiva, no catolicismo em que se deliciam nossos sentidos, na música, no andar, na fala, no canto de ninar menino pequeno, em tudo que é expressão sincera de vida, trazemos, quase todos, a marca da influência negra. Da escrava ou sinhama que nos embalou. Que nos deu de mamar. Que nos deu de comer, ela própria amolengando na mão o bolão de comida. Da negra velha que nos contou as primeiras histórias de bicho e de mal-assombrado. Da mulata que nos tirou o primeiro bicho-de-pé de uma coceira tão boa. Da que nos iniciou no amor físico e nos transmitiu, ao ranger da cama-de-vento, a primeira sensação completa de homem. Do moleque que foi nosso primeiro companheiro de brinquedo (Freyre, 2002, p. 396).

Para outros autores, como Florestan Fernandes, as diferenças de classe, de caráter econômico, tenderiam a se tornar as únicas desigualdades sociais significativas, na medida em que a sociedade brasileira se modernizasse. O processo de modernização, associado ao de urbanização e de industrialização, destruiria a herança cultural que influenciava na percepção dos brasileiros pretos como inferiores aos brancos. Sob essa perspectiva, apenas as desigualdades entre os proprietários das empresas, que formavam a burguesia industrial, e os trabalhadores, que formavam a classe operária, seriam objetivamente importantes, produziriam distinções relevantes. Como os pretos são, geralmente, pessoas mais pobres, as duas características são comumente confundidas e seria muito fácil imaginar que classe pudesse ser, efetivamente, o principal fator de desigualdade.

A discussão atual sobre as políticas de cotas inclui alguns elementos dessa perspectiva: quando se estabelecem cotas para negros, aceita-se que existam desigualdades específicas que atingem os membros desse grupo em particular. Quando as cotas são estabelecidas para alunos de escolas públicas, por exemplo, estão sendo consideradas as desigualdades de classe, pois, em geral, alunos de escolas públicas são provenientes dos grupos mais desfavorecidos na sociedade.

Essas duas perspectivas, mais tradicionais, foram revistas por estudiosos que, a partir dos anos 1970, demonstraram que o fato de fazer parte de um grupo racial ou étnico tem efeitos específicos sobre a trajetória social de uma pessoa. Os retornos sociais que essa pessoa pode obter, como a realização educacional ou sucesso escolar, os rendimentos econômicos no mercado de trabalho ou o prestígio social, são menores se essa pessoa for preta ou morena. Essa nova abordagem, que destaca a especificidade do efeito do pertencimento étnico, significou a inauguração de um novo patamar na análise das relações raciais no Brasil. Esses autores influenciaram a maior parte dos pesquisadores mais jovens, que hoje constituem os grupos e centros mais fortes de estudos sobre o tema.

Ao analisar as estatísticas oficiais, alguns autores mostraram que, apesar do crescimento econômico que marcou a segunda metade do século XX, as desigualdades econômicas e sociais entre brasileiros brancos e não brancos não foram alteradas. "Com isto desabam definitivamente as imagens sobre as relações raciais no país vinculadas à noção de democracia racial. [...] A cor das pessoas é um determinante importante das chances de vida, e a discriminação racial parece estar presente em todas as fases do ciclo de vida individual" (Hasenbalg; Silva, 1992, p. 113).

A partir dos trabalhos produzidos por esses pesquisadores, podemos então caracterizar adequadamente a situação dos grupos raciais no nosso país. Com isso, poderemos compreender o significado prático, na vida cotidiana, dessas desigualdades sociais. Para fazer isso, alguns esclarecimentos conceituais são extremamente importantes, a começar pela necessidade absoluta de utilização de dados quantitativos para demonstrar a existência de desigualdade social. Desigualdade social não é uma simples diferença entre indivíduos. É uma diferença entre grupos sociais. Isso quer dizer que é uma característica que se repete regularmente entre os indivíduos pertencentes a um mesmo grupo e que os diferencia, também com regularidade, dos indivíduos pertencentes a outro grupo. A desigualdade social não pode ser verificada comparando a situação de dona Terezinha com a de dona Marli. Nós só podemos falar de desigualdade social quando pudermos mostrar que, sendo dona Terezinha branca, formada numa universidade bem conceituada e tendo um emprego bem remunerado, ela faz parte de um grupo que se distingue daquele do qual dona Marli faz parte. No caso, dona Marli é negra, fez apenas o curso primário e trabalha como lavadeira na casa de dona Terezinha.

A desigualdade social pode ser exemplificada por esses casos individuais. Mas só pode ser explicada pela demonstração de que são os grupos dos quais elas fazem parte que se distinguem. Não são diferenças individuais, isoladas. São diferenças que se repetem com todas as mulheres que, como dona Marli, são negras e pouco educadas, ou que, como dona Terezinha, são brancas e mais educadas.

Outro esclarecimento importantíssimo: o que diferencia um preto de um negro? O que é um pardo?

Se consultarmos um dicionário, como o *Aurélio*, por exemplo, verificamos que as diversas definições e sinônimos para a palavra "preto" sempre se referem à cor. Trata-se de uma cor, no caso, referida à pele das pessoas: "[...] diz-se do indivíduo negro; diz-se da cor da pele desses indivíduos." É dessa forma que o IBGE faz a pergunta quando faz os censos demográficos ou quaisquer pesquisas que incluam informações sobre a cor dos indivíduos: pede-se que a pessoa que está respondendo ao questionário diga qual é a sua cor, escolhendo dentre as opções que são apresentadas, branco, preto, pardo, amarelo e indígena. O mesmo dicionário menciona, entre as definições da palavra "negro", referências à raça: "[...] diz-se do indivíduo de raça negra." No caso brasileiro, as estatísticas oficiais tomam as declarações de cor, feitas individualmente. Alguns analistas agrupam as pessoas que se declaram pretas e aquelas que se declaram pardas, num mesmo grupo, que é chamado de "Negro". Portanto, é importante lembrar que a cor da pele é um critério objetivo de classificação, feito pelo próprio indivíduo, e que serve de base para a criação de agrupamentos estatísticos. Em alguns casos, é a base de agrupamentos sociais, como é o caso do Movimento Negro, que chama para si todas as pessoas que tenham ascendência africana.

Quando se diz que a cor é uma classificação objetiva, podem surgir dúvidas: como podemos dizer que é objetiva se sabemos que há uma tendência ao embranquecimento de pessoas que têm mais dinheiro ou mais poder? Tantas vezes ouvimos que a riqueza clareia e a pobreza escurece, haveria objetividade nessa área? Não existiria aquilo que uma antropóloga chamou de "cálculo racial brasileiro", carregado de subjetividade, uma negociação da cor? Esta questão intrigou alguns pesquisadores, que criaram um teste para verificar se haveria mesmo um viés na autoclassificação dos brasileiros. Esse teste consistia em pedir que o entrevistador, que estava aplicando o questionário do censo, fizesse, ele mesmo, uma classificação da cor do entrevistado (sem que este soubesse, claro!) e, em seguida, pedisse a esse mesmo entrevistado que dissesse qual era a sua cor. Resultado do teste: a autoclassificação não é significativamente diferente da classificação feita pelo entrevistador. Portanto, a autoclassificação quanto à cor demonstrou ser uma forma objetiva de definir a cor dos brasileiros.

Entendidos esses conceitos iniciais, podemos passar à caracterização da situação do negro na sociedade brasileira.

Segundo o Censo Demográfico de 2000, haveria no Brasil, naquele ano, 169.799.170 pessoas das quais 90.647.461 seriam brancas, 10.402.450, pretas, 66.016.783, pardas. Há um grupo que inclui amarelos e indígenas e pessoas que não declaram a cor, com 1.568.434 pessoas. Agrupando os pretos e pardos na categoria Negros, teríamos 76.419.233, o que corresponde a 45% da população brasileira. Apesar de ser quase a metade da população, os negros estão distribuídos na sociedade de modo que se evidencia uma importante desigualdade racial: entre os mais ricos, os negros são menos que 10%, mas entre os mais pobres eles são mais que 70%. Isso significa que os negros tendem a ser mais pobres que os brancos na nossa sociedade. Ou seja, mesmo que existam negros ricos e brancos pobres, a proporção de brancos e negros nos dois grupos não é semelhante. Nesse quadro, a renda média de brancos e negros pode expressar melhor essa desigualdade: em 2001, cada brasileiro, em média, ganhava R$356 por mês. Mas um branco ganhava R$482, e um negro, R$205.

Racismo: é uma ideologia que apregoa a existência de hierarquia entre grupos raciais.

Preconceito racial: toda predisposição negativa em face de um indivíduo, grupo ou instituição assentada em generalizações estigmatizantes sobre a raça a que é identificado.

Discriminação racial: toda e qualquer distinção, exclusão ou preferência racial que tenha por efeito anular a igualdade de oportunidade e tratamento entre indivíduos ou grupos.

Fonte: Jaccoud; Beghin, 2002.

A inserção no mercado de trabalho das pessoas pertencentes aos diferentes grupos étnicos pode ser compreendida também a partir das informações contidas no quadro a seguir. Nele são mostradas as proporções de brancos e negros em algumas ocupações. E podemos constatar que brancos representam um percentual maior de pessoas em ocupações melhor remuneradas, como é o caso do funcionalismo público – 7% dos brancos são funcionários públicos contra 6% dos negros – e dos empregadores – só 2 de cada 100 pessoas negras são empregadores, mas 6 em cada 100 brancos estão nessa posição. Em compensação, 9% dos negros são empregados domésticos, e apenas 6% dos brancos trabalham nessa ocupação.

Tipo de Vínculo	Brancos 	Negros 
Funcionário público 	7%	6%
Empregada Doméstica 	6%	9%
Empregador 	6%	2%

Fonte: IBGE/PNAD, 2003 – Dados referentes ao Brasil: posição na ocupação e raça, dados selecionados e trabalhados pelas autoras.

Esses dados comprovam fatos demonstrados sistematicamente por pesquisas que utilizaram diferentes perspectivas: a população preta e parda (ou não branca) está exposta a desvantagens sistemáticas em dimensões demográficas e socioeconômicas de qualidade de vida, tais como mortalidade infantil, expectativa de vida ao nascer, oportunidades de mobilidade social, participação no mercado de trabalho e na distribuição de renda. Esses mesmos estudos demonstraram que o núcleo das desigualdades experimentadas por negros pode ser encontrado nas suas trajetórias educacionais.

Estudiosos brasileiros analisam evidências das desigualdades raciais no plano educacional, demonstrando que os pretos e pardos apresentam claras desvantagens em relação aos brancos quanto aos resultados educacionais obtidos (medidos em anos de escolaridade), ao acesso e às trajetórias escolares (diferenças na velocidade de promoção, nas taxas de repetência, de atraso e de ingresso tardio).

O gráfico a seguir mostra as diferenças de presença entre brancos e negros no ensino médio. São comparados os percentuais de jovens brancos e negros (pretos e pardos) de 15 a 17 anos que se encontram matriculados nas séries do segundo grau. Podemos ver que, em 2008, 61% dos jovens brancos entre 15 e 17 anos estão na escola, mas apenas 56,6% de seus colegas negros, na mesma idade, são matriculados num curso de ensino médio.

Se há uma clara melhoria na evolução das matrículas, permanece ainda uma diferença numérica da presença de brancos e negros no ensino médio. Mais ainda, haveria indicadores de que a falta de qualidade no ensino da escola pública é uma deficiência importante ainda a ser combatida, considerando que os alunos negros frequentam principalmente esse tipo de rede escolar.

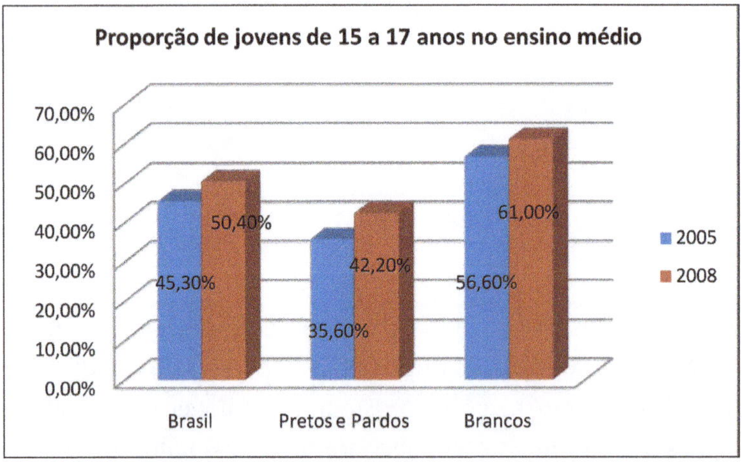

Fonte: IBGE/PNAD 2005 e 2008. Dados selecionados e trabalhados pelas autoras.

Nos anos 1960, a sociologia demonstrou claramente que as diferenças de realização educacional eram inegavelmente ligadas às diferenças e desigualdades sociais. O próximo passo da pesquisa sociológica foi constatar que a habilidade ou a inteligência e as condições sociais das famílias dos estudantes não eram os únicos fatores de diferenciação nos resultados educacionais. Os arranjos institucionais constituídos nas escolas, os métodos pedagógicos, os recursos econômicos e didáticos com os quais as escolas podiam contar, todos esses fatores passaram pelo crivo da investigação sociológica.

Essas pesquisas puderam mostrar fatos e tendências importantes no modo como a escola se organiza e como é vista pelos pais e pelos alunos. Assim, no quesito "qualidade" da escola, podem-se encontrar diferenças significativas entre os resultados de alunos brancos e não brancos. Os alunos não brancos em escolas de boa qualidade têm desempenho melhor nos testes de português e de matemática do que os alunos brancos em escolas de má qualidade.

Numa perspectiva um pouco diferente, pois menos voltada para os efeitos da instituição escolar, apesar de próxima a ela, procuram-se analisar os efeitos da discriminação racial sobre a vida escolar. Percebe-se que as escolas podem ser os locais mais importantes para examinar a discriminação racial. Através de vários estudos de cunho etnográfico, buscam-se evidenciar procedimentos e falas que contribuem para a constituição de sentimentos de inferioridade entre alunos pretos e pardos, incluindo também as expectativas e atitudes da própria família. Assim, ao universo cultural que não abre espaços para a perspectiva dos afrodescendentes (nos livros didáticos, na literatura, na TV e no cinema), se junta uma oposição dos próprios negros ao sucesso educacional, "por ser um comportamento de branco".

Foi possível demonstrar também que as crianças brasileiras pretas e pardas são objeto de avaliações menos positivas por parte de suas mães, e que as esperanças dessas mães quanto ao número de anos de escolarização das crianças são inferiores às esperanças apresentadas por mães brancas.

Outros estudos destacam também um aspecto decisivo no interior da organização escolar: as práticas docentes, no seu sentido mais amplo. A observação etnográfica permitiu verificar claramente que o tratamento dispensado pelas professoras aos alunos brancos – mesmo na educação infantil – é mais acolhedor, carinhoso e favorável. E, mais ainda, foi possível observar a existência de investimentos docentes preferenciais para os alunos brancos: os professores se tornam responsáveis pela criação e veracidade das profecias autocumpridas quando se permitem submergir na imagem negativa dos negros difusa pela sociedade.

Leituras auxiliares

BELTRÃO, K.; BARBOSA, M. L.; FERRÃO; E.; SOARES, S. Os mecanismos de discriminação racial nas escolas brasileiras. Rio de Janeiro: IPEA, 2005. Disponível em: <http://www.ipea.gov.br/sites/000/2/livros/OsMecanismosDeDiscriminacaoRacialNasEscolas.pdf>.

FERNANDES, D. C.; HELAL, D. H. *As cores da desigualdade.* Belo Horizonte: Fino Traço, 2011.

FREYRE, G. *Casa grande e senzala.* Rio de Janeiro: Nova Aguilar, 2002.

SANTOS, G.; SILVA, M. P. *Racismo no Brasil.* São Paulo: Perseu Abramo, 2005.

GUIMARÃES, A. S. *Racismo e antirracismo no Brasil.* São Paulo: Editora 34, 1999.

HASENBALG, C. *Discriminação e desigualdades raciais no Brasil.* Belo Horizonte: Editora UFMG, 2005.

HASENBALG, C.; SILVA, N. V. *Cor e estratificação social no Brasil.* Rio de Janeiro: Contracapa, 1986.

JACCOUD, L.; BEGHIN, N. *Desigualdades raciais no Brasil: um balanço da intervenção governamental.* Brasília: IPEA, 2002.

TELLES, E. *Racismo à brasileira.* Rio de Janeiro: Relume-Dumará, 2005.

CAPÍTULO 8

VIOLÊNCIA E DISCRIMINAÇÃO

O fenômeno da violência no Brasil vem sendo analisado nos últimos 40 anos de forma sistemática, seja por planejadores de políticas públicas, por centros de pesquisa independentes, assim como por diversos centros de estudos acadêmicos. Apesar disso, nessas últimas décadas, salvo algumas inflexões a partir de 2003, a violência visualizada e reconhecida como tal não para de crescer. No entanto, quando abordamos a questão da violência neste capítulo, é conveniente explicitar o que se entende como violência.

Neste caso, tem chamado especialmente a atenção dos especialistas o aumento da violência letal, aquela que produz morte e que é possível ser quantificada através da medição dos homicídios intencionais. No país, o número de homicídios intencionais vem crescendo de forma constante desde os anos 1980 até o presente, a partir da entrada massiva do tráfico de cocaína e das armas nas cidades mais populosas do Brasil. É um fenômeno que atinge principalmente as áreas urbanas mais povoadas, as grandes regiões metropolitanas, e que nos últimos anos estaria se espalhando para cidades menores (Walselfisz, 2008). Alguns estudos vinculam o processo acelerado de urbanização e o crescimento das taxas de homicídios, relacionando essa violência letal com o adensamento desordenado das cidades, o aumento da pobreza e da desigualdade social, com o incremento de espaços urbanos de moradia precária e irregular e fundamentalmente com o aprofundamento de processos de segmentação socioterritorial nas metrópoles.

Outras análises, focalizadas em relacionar dados de mortes violentas com índices de pobreza e/ou desigualdade, descobrem que o fenômeno pode estar associado também a outros fatores de ordem cultural. Estudos de tipo qualitativo mostram o surgimento de uma subcultura da violência em que a exaltação das armas e do poder que estas outorgam é significativa para compreender as relações de populações inteiras que vivem na ilegalidade e muitas vezes também na pobreza, submetidas à ação dos agentes da violência (bandos armados, criminosos, policiais corruptos). Pobres e moradores de favelas são muitas vezes discriminados por serem classificados como os únicos e principais responsáveis pela violência.

Até agora, a relação entre as causas e os resultados em vítimas violentas mostra que o fenômeno é mais complexo do que muitos formuladores de políticas públicas poderiam supor ou gostariam. Por outro lado, existem também estudos focalizados nas ações das instituições do Estado e particularmente daquelas envolvidas com a segurança pública, como as polícias, que aparecem como responsáveis por mortes violentas de moradores pobres.

Sabe-se, portanto, que a violência pode ser vista como um fenômeno multidimensional e ainda é motivo de debate na teoria sociológica a definição de violência, assim como suas causas ou fenômenos relacionados. Sendo esta uma discussão teórica, abrange reflexões de ordem filosófica sobre a origem da natureza humana e do convívio em sociedade, que ultrapassam os objetivos deste capítulo. Porém, será indispensável fazer menção a alguns desses debates em torno do que possa ser definido como violência e da origem a ela atribuída.

Violência como tema sociológico

A existência na história da humanidade, e principalmente no século XX, de guerras e revoluções, de conflitos sociais, comunitários e/ou interpessoais que produzem danos à pessoa humana ou morte, tem levado os pesquisadores sociais a se indagarem sobre o conceito de violência, assim como sobre as origens e o sentido das ações violentas. O desenvolvimento tecnológico e de instrumentos de violência letal e de destruição em massa, como são as armas de fogo, as armas químicas e as atômicas, com grande poder de destruição, tem levado cada vez mais a sociologia a tentar compreender o fenômeno da violência.

O fenômeno da violência é um dos fatos sociais mais debatidos do nosso mundo contemporâneo e envolve vários conceitos sociológicos importantes.

A primeira questão poderia ser: a violência é *um fato social*? Por fato social compreendemos aquele que tem uma regularidade, é um fenômeno coletivo ou deriva de comportamentos coletivos. Neste sentido, um dos fundadores da sociologia, Emile Durkheim, estudou a variação das taxas de suicídios na Europa continental e especialmente na França no final do século XIX como uma das manifestações da mudança social que vinha acontecendo desde o século XVIII. Embora a solidariedade, entendida esta como vínculo social, advinda da divisão do trabalho e da especialização profissional, continue a ser uma das representações principais de solidariedade social, com a mobilidade social começa a surgir o sentimento de instabilidade, desconfiança e ambição de ascensão social que em muitos casos se vê frustrada. Nesta situação, aparecem comportamentos que são produto da falta de normas ou, como o chama o autor, anomia. O comportamento criminoso, segundo ele, fere a sociedade e esta reage através da criação de normas punitivas. O suicídio seria mais uma das manifestações de anomia e, mesmo sem que o autor seja explícito neste sentido, qualquer fenômeno que danifique a solidariedade social está relacionado à falta de normas, e esta à diminuição da solidariedade social. É importante ressaltar que hoje em dia a Organização Mundial da Saúde considera o suicídio como violência auto inflingida, junto com os homicídios e outros tipos de agressões. Deste ponto de vista, os fenômenos criminais, como a violência que produz morte, estão relacionados com danos causados ao tecido social, por isso a reação da sociedade é forte, respondendo com normas punitivas, diferentemente dos crimes contra a propriedade, cuja resposta é através de normas restitutivas.

Violência e crime

Reconhecendo que a *violência* é sim um fato social, agora seria necessário diferenciá-la da noção de *crime*, já que nem tudo o que é crime significa violência e nem toda violência é tipificada como crime.

Isso nos leva a questionar novamente o que deve ser definido como violência. Enquanto a noção de violência está relacionada ao "uso da força" contra o outro/s ou contra si mesmo, de forma arbitrária, que pode causar um dano corporal, o crime traz implícita a noção de normatividade e a sanção que deve ser aplicada uma vez que é cometido o ato de violência

> o *crime* é um conceito *legal* e não apenas sociológico. Os 'homicídios legais' não são crimes, mas são homicídios – o que é de interesse para a criminologia (Soares, 2008, p. 181).

O que determina se um comportamento é violento ou se um tipo específico de violência deve ser apenado por lei e, portanto, constitui-se em crime, é a sociedade se manifestando através de um corpo de normas para um momento histórico determinado. Existem tipos de violência cuja tipificação como crime é consensual. Trata-se dos homicídios intencionais, que além de estarem tipificados legalmente como crimes, são reconhecidos socialmente como atos de violência, dado que o direito à vida é um dos direitos humanos fundamentais reconhecidos pela legislação internacional e proclamado pelas constituições dos Estados. Mas pode haver outro tipo de violência, como o suicídio, antes mencionado, que não necessariamente é tipificado como crime. Inclusive, dependendo das normas prevalentes na sociedade, alguns homicídios não são tipificados como crimes, como aquele cometido em legítima defesa. Portanto, como podemos ver, além de ser um fenômeno social, a violência pode ser ou não reconhecida como crime. Como fato social, está em estreita vinculação com as normas que regulam a sociedade, pode variar de uma sociedade para outra e varia de um momento histórico para outro.

Essa diferenciação entre *violência* e crime leva-nos a outra discussão sociológica fundamental, que é a constituição da *ordem social racional-legal* e o que pode ser considerado como violência dentro desta ordem. Na teoria sociológica clássica, Max Weber explica a constituição do Estado nacional e o processo de burocratização nas sociedades modernas através da concatenação de ações sociais históricas (Weber, 2004, p. 13). Neste contexto, o processo fundador do Estado-nação é relacionado à delimitação do território e do poder soberano dentro deste, sendo que o Estado é a associação que detém o uso legítimo da força nos limites desse território. Assim, o processo histórico de concentração dos meios de produção do uso da força e a criação de um aparelho burocrático profissionalizado cuja tarefa é fazer aplicar as normas dentro dos limites territoriais estabelecidos são definidores e constitutivos do Estado nacional moderno. A predominância das formas de dominação racional-legal na ordem social define o que será criminalizado/penalizado, e a violência legítima é o uso da força dentro da ordem reconhecida como tal. A compreensão da ordem social racional-legal e da violência legítima como uso da força aplicada pelo aparelho burocrático legal responsável pela sua instrumentação sobre um território abre a possibilidade de definição da violência não legítima, compreendida também como uso da força no espaço territorial, mas que independe da possibilidade de reconhecimento legítimo e da existência de um aparelho burocrático profissional capaz de aplicá-la. A teoria weberiana contribui também para a compreensão do fenômeno da violência em seu aspecto multidimensional. A forma analítica de representação da ordem social dividida em diversas esferas, social-cultural, econômica e política, e cada uma delas ancorada no *sentido visado das ações* concatenadas historicamente, pode servir de base para interpretar o contexto em que as decisões dos agentes da lei ou dos agentes do crime atuam. Neste ponto, entrelaçam-se decisões atuais e anteriores, sequências de tomadas de decisão que vinculam os diferentes sentidos. A ação instrumental de tipo puro, para atingir fins, encontra-se como modelo de ação "vazio", a partir do qual podem ser compreendidos os outros tipos ideais de ação (racionais, de valores, afetivos, tradicionais). Como referência, os agentes da lei, como os agentes criminosos, têm objetivos que conferem sentido às suas ações. Poderíamos supor que as ações com finalidade de obtenção de lucro, que constituem a finalidade das ações econômicas, são a motivação dos agentes criminosos, traficantes que controlam territórios. Também pode haver finalidades de sentido correspondentes a valores, crenças ou sentimentos que impulsionam os agentes ao uso da força não legítima, e na prática não parece possível diferenciar fins unívocos no sentido das ações dos também múltiplos agentes.

Violência legítima e ilegítima

Podemos passar a discutir então a diferença entre *violência legítima e ilegítima*. Atos de violência significam o uso da força e podem ser legítimos ou ilegítimos. O uso da força ilegítima é quando esta não é reconhecida como um ato validado através das normas socialmente estabelecidas e que regulam a ordem social vigente. Ou seja, neste caso, o uso da força ou a violência converte-se em crime, já que infringe as normas que uma sociedade reconhece como aquelas capazes de regular as relações entre as pessoas e grupos. Mas, e o uso da força legítima, também pode ser chamado de violência? Do ponto de vista da sociologia da dominação, sim, há uma violência legítima, que é reconhecida como tal. É a partir desta discussão que o tema da violência torna-se objeto de estudo tanto da sociologia quanto da ciência política, cuja discussão vai girar em torno ao tema do poder. A violência desde esse ponto de vista aparece como árbitro dos negócios políticos nacionais e internacionais, é o respaldo último da legitimidade do Estado. Neste sentido a autora Hanna Arendt (2009) pergunta-se: "Não estaria Hobbes certo quando disse: pactos sem a espada são meras palavras?"

Isso significa que por trás de todo poder aplicado na sociedade está a presunção de violência, o que nos remete a outra questão: qual é a *diferença entre poder e violência*? O poder segundo Max Weber reside na probabilidade de impor a própria vontade numa relação social, e a dominação é a probabilidade de encontrar obediência. Ou seja, está ligado à existência de alguém que mande com eficácia sobre os outros. Existe a possibilidade de que não haja obediência às imposições de uma ordem. Neste caso haverá o que o autor chama de *luta*, a qual pode ser pacífica ou não. Mas é o Estado, segundo essa definição, a associação política que assegura a subsistência e vigência de uma ordem social dentro de determinado território geográfico. A forma de garantir essa vigência é mediante a ameaça e/ou a aplicação da coação física por parte do quadro administrativo capaz de aplicá-la (polícia que aplica a força dentro do território e exército fora deste). Portanto, o Estado reivindica com êxito o monopólio legítimo da coação física para realizar a ordem vigente. A coação física (efetiva ou eventual) será um elemento específico e indispensável de toda associação política e do Estado em particular. Esta leva dentro de si própria a probabilidade da aplicação da violência legítima. Só existe circunstância de coação física "legítima" na medida em que a ordem estatal a permita ou prescreva. Neste sentido, situações de coação física como as impostas em cidades do Brasil por grupos de narcotraficantes ou de paramilitares configuram aplicação de coação física ilegítima e competem com a legitimidade do Estado no uso da força. Neste ponto há uma diferenciação importante, entre violência e poder, que está atravessada pela discussão do reconhecimento da legitimidade. Na teoria política, Hanna Arendt ocupa-se de diferenciar poder de violência, de forma muito clara e contundente. Segundo a autora, o poder indica uma habilidade humana para agir em concerto, portanto, nunca é individual, senão que depende sua existência do consentimento grupal. Alguém que tem poder é porque foi empossado por um número de pessoas a agir em seu nome, e quando esse apoio desaparece, o poder se esvanece. A violência, assim como o vigor, entendido como a propriedade inerente a um objeto ou pessoa, é para essa autora um implemento instrumental que ajuda a sustentar o poder enquanto este tem ainda apoio. Ela serve como instrumento para obter outros fins, e não é fim em si mesmo, enquanto o poder é fim em si mesmo. Essa diferenciação pode ser fácil de compreender através de um exemplo histórico recente no Brasil. A violência exercida pelo tráfico em grandes centros urbanos em alguns momentos levou à discussão sobre o estabelecimento de um poder paralelo. Mas, quando o poder legítimo do Estado resolveu agir, ficou comprovada a superioridade da força legítima tanto pelo seu vigor, claramente superior ao dos traficantes, como pelo apoio da população, ou seja, pelo seu poder. Portanto, enquanto o poder precisa de legitimidade para se realizar, a violência, não. Como ficou claro anteriormente, pelo seu caráter instrumental, esta pode ser legítima ou ilegítima.

Violência como ação social

Apesar do reconhecimento da *violência* como representação do estado de condições sociais específicas, ainda é um tema de debate dentro das ciências sociais se esta deve ser considerada *uma ação social* ou simplesmente um instrumento da ação social. Alguns autores a consideram como uma ação tipicamente instrumental. Ou seja, dentro da definição do tipo ideal de ação racional meios/fins, criada pelo sociólogo Max Weber, a violência é considerada um meio para obtenção de certos fins, sejam bens materiais ou simbólicos, que outorgam poder a quem os detém. De acordo com ele, referindo-se aos conceitos sociológicos fundamentais, uma ação social é aquela que comporta um sentido subjetivo do ator visando ao comportamento dos outros e orientado por estes. Max Weber diferencia as ações sociais entre aquelas que têm um sentido dado pelo autor e estão orientadas à ação de outros (por exemplo, quando estou me arrumando para ir a uma festa com a intenção de chamar a atenção dos outros convidados), as ações tradicionais ou orientadas por valores que estão no limite da ação social (por exemplo, quando estou em uma situação difícil começo a rezar), e as ações sociais ou que são reação a um evento externo (por exemplo, começou a chover abri o guarda-chuvas). Em alguns casos, podemos entender que a violência é uma ação simplesmente reativa e não comporta o sentido da ação social, como nos casos da simples defesa ou reação automática que temos como resposta a uma agressão que podemos sofrer. Em outros, a violência pode ser orientada por afetos e sentimentos, como no caso dos crimes passionais, mas não deixa de ser uma ação social, compreensível (embora não justificável do ponto de vista dos valores) e com um sentido direcionado na relação com o outro. Também a violência pode estar orientada por valores ou pela tradição, como o apedrejamento de mulheres adúlteras, ainda usado em sociedades diferentes da sociedade ocidental, nas quais não constitui crime nem é censurado socialmente, mas podemos compreender o sentido da ação no seu desenrolar.

Por outro lado, também é posto em dúvida que a violência seja uma ação social intencional, porque ela leva implícita a indeterminação e arbitrariedade dos resultados. Isso ainda significa dizer que talvez alguém tenha agido agressivamente, mas sem a intenção de cometer um ato de violência, ainda que o resultado da ação tenha sido uma violência, no sentido de uso da força física que infringe danos físicos ou psicológicos. Autores da sociologia contemporânea como Raymond

Boudon e Anthony Giddens lidam muito bem com os conceitos de ação instrumental e de consequências inesperadas das ações, portanto, mesmo que a violência apresente características não claramente definidas como intencionais, dentro da sociologia continua a ser considerada uma ação social. É comum ouvir a expressão de que o "uso da violência não leva a nada", o que significa que pode levar a muitos resultados inesperados ou também que na relação meios/fins há mais perdas que ganhos com o uso da violência. A história da humanidade está cheia de exemplos de atos violentos justificados por uma finalidade: para obter "justiça social", violência para erradicar um tirano do poder ou para evitar uma violência maior, violência por justa causa ou em legítima defesa. Isso nos leva a uma segunda discussão sobre a violência.

Outra discussão importante do ponto de vista da sociologia, e que está implícita na discussão anterior sobre a caracterização da *violência*, é se deve ser considerada uma ação social *racional ou irracional*. Está muito estendida a ideia de que a violência é uma ação irracional, impensada, produto de um momento de paixão ou de loucura, ou que é produto de condições sociais de pobreza ou precariedade que impedem a capacidade de raciocínio e condicionam os indivíduos ao uso da violência. Apesar de que aqui será dedicada uma parte do capítulo à análise da relação entre violência, pobreza, desigualdade social e discriminação, vale a pena mencionar a discussão sobre as características da ação violenta do ponto de vista da sua racionalidade. A visão de que a violência é ação irracional pura é amplamente contestada por alguns sociólogos da Teoria da Ação Racional, especificamente por Raymond Boudon, que trabalha com a ideia de crime (e não necessariamente violência) do ponto de vista racional. Segundo a sociologia racionalista, "economistas explicam por que os homens fazem o que planejaram, enquanto sociólogos explicam porque os homens fazem o que não queriam" (Boudon, 1989, p. 754, tradução da autora) e usa o exemplo do crime para estabelecer as diferentes políticas públicas que podem ser aplicadas dependendo da ótica da análise:

> Se eu tendo a usar uma teoria racional da ação humana, darei mais atenção à chamada "teoria da oportunidade" e à porção de verdade que esta contenha. Se eu tendo a usar uma teoria irracional da ação

humana vou desconsiderar a anterior teoria e focalizarei nas causas reais do crime. No primeiro caso eu direi: "ele roubou a bolsa da velha dama porque podia fazê-lo quase sem risco"; no segundo caso eu direi: "ele roubou a bolsa da velha dama porque, como muitos jovens de famílias pobres, ele pertence a uma subcultura delinquente". No último caso, eu posso concluir que pode ser feito muito pouco contra o crime sem mudar a sociedade. No primeiro caso, eu serei tentado facilmente a propor medidas que aumentem o custo do crime." (Boudon, 1989, p. 754-755, tradução de Rivero).

Para Soares (2008), tanto uma quanto a outra perspectiva constituiria o que ele chama de "racionalidade econômica" na explicação dos homicídios: "[...] ambas partem de princípios explicativos baseados na racionalidade, na primazia das explicações econômicas e na extensão de teorias da economia e da sociedade para explicar o crime" (Soares, 2008, p. 146). A única diferença é que uma considera o crime como "maximização do lucro" e outra como "subproduto do capitalismo". Para umas e outras teorias, a pobreza e a desigualdade têm relação com o crime. Para as primeiras porque pessoas pobres que esperam pouco do emprego legal teriam maiores expectativas de obter lucros cometendo crimes contra a propriedade de pessoas ricas. Nas segundas, porque na estrutura social a desigualdade e a pobreza geram criminalidade, atribuída esta às populações marginalizadas e mais pobres (Soares, 2008, p. 146-148). Fundamentalmente essa última vertente dialoga com as teorias marxistas, para as quais se não houver consciência de classe com a subsequente manifestação política, a luta de classes organizada, é provável que haja violência social desorganizada ou que o lumpemproletariado sem ter condições materiais para o acesso à consciência de classe, permaneça na marginalidade e na criminalidade.

Karl Marx refere-se ao *lumpemproletariado* francês que apoiava Luis Bonaparte da seguinte forma: "[...] havia vagabundos, soldados desligados do exército, presidiários libertos, forçados foragidos das galés, chantagistas, saltimbancos, *lazzarani*, punguistas, trapaceiros, jogadores, *maquereaus*, donos de bordéis, carregadores, *literati*, tocadores de realejo, trapeiros, amoladores de facas, soldadores, mendigos – em suma, toda essa massa indefinida e desintegrada, atirada de ceca em meca, que os

> franceses chamam *labohême*. [...] nessa escória, nesse refugo, nesse rebotalho de todas as classes" (p. 79).

Cita-se aqui essa perspectiva, pois marca grande parte dos estudos latino-americanos sobre a questão da violência e da criminalidade, mesmo que sub-repticiamente, procurando relacionar pobreza e desigualdade com criminalidade

> Contudo, os estudos *empíricos* nessa linha na América Latina se desenvolveram em um marco que se poderia chamar de marxismo *implícito*, talvez a explicação intuitiva a que mais recorrem estudiosos latino-americanos da violência e do crime. O marxismo e suas categorias funcionam, nesse nível de explicação, como partes de uma orientação sociológica geral, só que difusa e, com frequência, pouco precisa (Soares, 2008, p. 148, cap. 5).

Por outro lado, o próprio autor reconhece a existência de uma relação entre crime violento e pobreza, já que aos não pobres atribui-se geralmente o tipo de *crime de colarinho branco*. Mesmo que não se comprove uma relação linear entre vítimas de mortes violentas e pobres ou locais de concentração de homicídios e moradia irregular e precária, várias dessas representações sociais têm significado baseado na realidade, como demonstrado em importantes pesquisas sociológicas sobre este tema no Brasil (Misse, 1995; Beato, 2001; Caldeira, 2000; Cano; Santos, 2001; Machado, 2006; Soares, 2008; Rivero, 2010).

Violência: discriminação, pobreza e desigualdade

Segundo o *Dicionário Sociológico de Oxford* (2009), o termo discriminação é definido como "tratamento injusto", está desde o início do seu uso pela sociologia vinculado com as teorias de estudos étnicos e raciais, e se relaciona à aversão ao diferente. Mas essa interpretação aparece na sociologia junto à análise da construção de estereótipos sociais, na qual se mostra como as relações étnicas e raciais são afetadas por crenças sociais que cada indivíduo constrói acerca do outro. Nessa perspectiva, um trabalho pioneiro para a compreensão da construção social da discriminação social pelos próprios atores, tanto os dominantes como os dominados, é o de Elias & Scottson (2000). Neste estudo realizado numa cidade do interior da Inglaterra os autores mostram os diversos mecanismos de construção de identidade através de fofocas, comentários e comportamentos entre os moradores do local. Essas identidades construídas expõem e reforçam as diferenças de poder entre eles, determinando quem será excluído e quem está estabelecido no local. Por outro lado, outras análises sociológicas se concentram em modelos de dominação e opressão vistos como a expressão de lutas pelo "poder e o privilégio" ou de "dominação de classe". A partir das análises de Karl Marx, autores marxistas geralmente explicam a funcionalidade da discriminação ao sistema capitalista, como uma forma de diminuir os custos de exploração sobre uma população cujas características são depreciadas no mercado de trabalho. A partir desta forma de compreender a discriminação, as teorias explicam a segmentação étnica, racial e de gênero no mercado. Os indivíduos deste grupo estão ocupados em atividades de menor remuneração, sem proteção social e em condições de trabalho piores que as daqueles que não têm essas características discriminatórias. Pierre Bourdieu (1989) mostra que os atores sociais definem o que eles são de acordo aos valores aprendidos, e através do *habitus* reproduzem o sistema de dominação social. Os atores sociais constroem sua própria realidade e fazem uma autoavaliação subjetiva das suas características, ou seja, o que eles têm para oferecer por exemplo no mercado de trabalho, o que eles representam na sociedade, na cidade e no espaço onde eles moram. Nessa perspectiva, o sociólogo Loïc Wacquant (2008), baseando-se no estudo acerca de como opera o processo civilizatório na nossa sociedade, estuda o fenômeno que ele denomina de "descivilização". Esta "descivilização" atinge algumas populações localizadas em guetos, como a população negra nos Estados Unidos ou os imigrantes, e significa a erosão do espaço público, a desorganização e o abandono por parte dos serviços públicos dessas populações e as áreas onde moram.

Alguns autores mostram que esses fenômenos acontecem nas metrópoles brasileiras e estão associados à violência, mas não são "um simples acúmulo espacial de condições sociais indesejáveis (privação de renda, dissolução familiar, deterioração das moradias ou crime endêmico e outros desvios comportamentais)", senão "uma forma institucional" de dominação que se utiliza de um discurso público articulado a uma realidade material (Wacquant, 2008; Rivero, 2010). No Brasil, análises como a de Caldeira (2000) estudam essa separação na cidade e apontam para o reforço da divisão entre cidadãos e não cidadãos consolidada no espaço territorial urbano, diferenciando as populações segundo o local de residência e atribuindo a elas categorias diferenciadas não só de acesso aos bens, como também aos direitos.

Luiz Antônio Machado da Silva (2006) refere-se à discriminação dos moradores das favelas no Brasil a partir da dupla subordinação: de classe e de cidadania. O autor trata do processo de discriminação dos moradores de favela através do discurso de criminalização dos pobres ou da denominação dos pobres como "classes perigosas". Os pobres, além de serem discriminados por serem pobres, também o são por serem considerados violentos e/ou criminosos, assim como os seus lugares de moradia lugares perigosos.

Diversos estudos empíricos mostram uma associação muito clara entre lugares de moradia precária/favelas e concentração de vítimas de homicídio (Santos, 1997; Beato, 2001; Soares, 2008; Rivero, 2010). Também mostram que a maioria das vítimas de homicídio no Brasil é de negros, pobres, jovens (entre 15 e 24 anos de idade) e homens (85% das vítimas). Por falta de dados e informações confiáveis no país, não há estudos generalizáveis sobre o perfil social dos criminosos. Portanto, as afirmações sobre violência associada à pobreza referem-se às características das vítimas, e não dos criminosos.

Como dissemos anteriormente, a discussão sobre a relação entre pobreza e criminalidade é muito ampla e tem diversas derivações para a teoria sociológica. Uma das questões é enunciada da seguinte forma: o nível de desenvolvimento é um fator importante na determinação das taxas de homicídio? Para calcular o nível de desenvolvimento utilizamos variáveis como renda (para medir desigualdade e pobreza), características e quantidade da população (segundo sexo, raça e educação) e o grau de urbanização. Dependendo da resposta dada a esta pergunta, podem ser propostas diferentes políticas públicas para diminuir a violência letal. De um lado estão os que concordam com uma resposta positiva e tendem a apoiar medidas sociais, como melhoria da educação, aumento das oportunidades de trabalho ou redução da desigualdade social, e transformá-las nas principais políticas de redução dos homicídios e da violência como um todo. De outro lado, aqueles que questionam o vínculo entre renda e violência tendem a defender medidas relacionadas ao sistema de justiça criminal, como a melhoria do desempenho da polícia, uma vez que as medidas sociais pretendidas apresentariam um impacto insignificante em termos de redução da violência. Possivelmente seja uma combinação de ambos os tipos de medidas mais factível para encarar o problema da violência.

Alguns dos crimes violentos são contra a propriedade, outros decorrem de conflitos políticos ou interpessoais ou da violência doméstica e não têm relação clara com questões econômicas. Os assassinatos resultantes de lutas de poder entre gangues ou outras redes do crime também podem ser considerados de natureza econômica, uma vez que a finalidade última dessas organizações é o lucro, sendo a violência um meio para alcançar essa finalidade. Na realidade, nem sempre é fácil determinar inequivocamente se a violência tem motivação econômica ou de outra natureza. Para uma ou outra perspectiva, são as pessoas pobres e sem educação as responsáveis pela autoria de crimes violentos.

A maioria dos estudos, tanto no Brasil quanto no exterior, apresenta algum tipo de relação entre condição econômica e violência letal (homicídios). Através de indicadores de renda ou de índices de desigualdade essa relação pode ser comprovada, apesar de que os resultados não são sempre convergentes. Outros estudos destacam a urbanização como a variável que mais peso tem sobre o número de homicídios (Cano; Santos, 2001). Algo que fica claro ainda é que os dados e suas fontes parecem ser um problema para determinar os tipos e níveis de violência, assim como também as relações com os fatores causais. Na seguinte e última parte deste capítulo, retomaremos esta discussão sobre os dados.

Dados e fontes para medir a violência no Brasil

Por que são importantes os dados sobre violência? A resposta parece óbvia: sem boas informações sobre violência será muito difícil elaborar políticas e ações para preveni-la.

Esta parte do capítulo refere-se especificamente aos critérios, dados e fontes que se utilizam para medir a violência no Brasil. Apesar de a medição da violência ser reconhecida como um problema no mundo todo (OMS, 2002; Soares, 2008), no Brasil podem-se encontrar características e problemas específicos, relativos às fontes e aos tipos de dados que são gerados pelas instituições responsáveis.

As formas de violência mais facilmente detectáveis são aquelas que deixam suas marcas nos corpo das vítimas. Esse tipo de violência refere-se às agressões físicas, que podem produzir ferimentos ou causar a morte.

Nestes casos, uma das principais fontes de uso nacional e internacional são as informações de Doenças por Causas Externas produzidas pelos Ministérios da Saúde de cada país, e que são classificadas de acordo com a Classificação Internacional de Doenças da Organização Mundial de Saúde (chamada de CID). É claro que como violência supõe intencionalidade, dentro das agressões por causa externa geralmente são selecionadas como violência as categorias nas quais pode haver comprovação de certa intencionalidade. Os dados mais fiéis para a comprovação de violência são os dos óbitos, ou seja, quando a agressão, além de ser intencional, produziu a morte. As categorias mais confiáveis para medir violência são, portanto, aquelas classificadas como óbitos produzidos por "agressões" (em que entram os homicídios e os suicídios) e óbitos produzidos por "intervenções legais e guerras" (em que entram as mortes produzidas em confrontos entre grupos geralmente armados militares e policiais e civis). Um dos problemas dos dados de morte por causa externa produzidos pelas instituições de saúde é a elevada mortalidade classificada como de "intenção indeterminada" ou aquelas mortes cuja causalidade é "mal especificada". Isso, segundo os pesquisadores, deve-se ao mau preenchimento das informações sobre as causas de morte feito pelos médicos ou o pessoal da saúde responsável.

A outra fonte fundamental para detectar a violência são os registros de ocorrência criminal preenchidos pela polícia. Quando acontece um fato que é registrado como crime, tem que ser preenchido no boletim de ocorrência pelos policiais responsáveis em atender esse fato.

Aqui também há problemas, já que é registrado o crime, e não a violência. Por exemplo: as mortes que se produzem por roubo seguido de morte (crime chamado de latrocínio) são registradas pela polícia como crime contra a propriedade, e não contra a pessoa, e por isso, para o registro da polícia, não entram na contagem das mortes por agressão, enquanto para a saúde entram. Outro problema para o registro das mortes é que a polícia registra o fato no momento em que ocorre e às vezes a vítima vem a morrer depois de ocorrido o fato. Isso causa o que se chama de sub-registro das mortes, ou seja, registrar menos mortes do que as que realmente aconteceram. Esse tipo de morte será registrado pela saúde, através do atestado de óbito, mas não pela polícia. Mas uma vantagem dos dados da polícia em relação aos dados da saúde é que através do boletim de ocorrência, onde está relatado o fato, se pode chegar mais facilmente às causas da violência e também se podem obter informações sobre o criminoso, e não só sobre a vítima. O problema no Brasil é o mau preenchimento dessas informações por parte dos policiais que atendem a ocorrência, pois poucas vezes há informações detalhadas sobre o fato e sobre o criminoso. Um último problema com as informações policiais provém da sua falta de homogeneidade. Isso porque, apesar de os crimes estarem detalhados e tipificados para cada sociedade, o registro depende dos órgãos de segurança de cada local, que trabalham de forma diferente. Por exemplo, no Brasil a Secretaria de Segurança de São Paulo foi a primeira a organizar e informatizar suas informações criminais, enquanto no Rio de Janeiro chegar a esse nível de organização levou mais tempo. Ainda muitos estados do Brasil não têm as suas informações criminais totalmente organizadas, o que impede que haja registros dos dados criminais de qualidade para todo o país. Para uma avaliação da qualidade das informações criminais no Brasil é recomendável ver o estudo do CESeC/SENASP de 2003.

Outra forma de avaliar a violência é através das pesquisas de vitimização. Estas são surveys, com questionários aplicados aos domicílios, em que se pergunta às pessoas se foram vítimas ou não de violência, se informaram às autoridades públicas a ocorrência de violência. Também se indaga sobre os sentimentos que as pessoas têm de segurança ou de insegurança, no bairro, na escola, na cidade e em diferentes locais do espaço público ou privado, assim como sobre a confiança que têm nas autoridades públicas de segurança, principalmente na polícia. No Brasil tais mecanismos são de aplicação relativamente recente e mostram crescimento do medo da violência em grandes cidades, assim como altos níveis de desconfiança da polícia (Ilanud, 2002; ISP, 2008). Um dos resultados encontrados nesse tipo de pesquisa é que o medo independe da ocorrência de crimes. Isso significa que em lugares onde as pessoas têm mais medo da violência é onde a criminalidade é menor, o que indica que o sentimento de insegurança das pessoas pode ter outra origem, diferente da ocorrência dos fatos violentos. Outro problema que apresenta esse tipo de pesquisa é que são ocasionais e não são aplicadas ao mesmo tempo em todos os lugares do país. Portanto, elas têm utilidade para indagar sobre causas de violência e medos da população, assim como para assistir programas de prevenção de violência localizados, mas não são generalizáveis a todos os locais. Sobre este ponto, a análise de Leandro Piquet Carneiro (2007) sobre as pesquisas de vitimização pode ser de grande utilidade.

Dadas as possibilidades e dificuldades que apresentam as fontes e os dados que identificam e medem a violência, pode ser afirmado que o mais útil para desenhar políticas e programas de prevenção de violência é o uso de dados de diversas fontes ao mesmo tempo. Essa forma de utilização de dados de diferentes fontes e provenientes de análises e métodos diferentes é chamada dentro dos métodos de pesquisa de "triangulação".

Resumo

Violência é:

Um fato social com certa regularidade, com profunda relação com o tecido social e as normas e valores sociais existentes numa determinada sociedade num determinado momento histórico.

É uma ação social com sentido visado em relação ao outro, a outros ou a si próprio, independente de se o resultado dessa ação está relacionado ao objetivo inicial ou se o resultado escapa à finalidade da ação.

É uso da força real ou potencial que causa danos físicos ou psicológicos contra outra pessoa, contra si próprio ou contra um grupo social.

Em muitas ocasiões encontra-se sob a forma de meios para alcançar um fim, seja econômico, político ou afetivo, portanto está intimamente relacionada com o tipo puro de ação instrumental.

Afeta indivíduos, grupos e coletividades globais.

É diferente do crime, já que nem toda violência infringe as normas e para ser tipificada de crime deve violar as normas de uma sociedade.

Por esse motivo, pode ser legítima ou ilegítima. Ou seja, há atos de uso da força que se aplicam de acordo com a normativa vigente e outros que infringem as normas. Muitas vezes os que infringem as normas são os encarregados de aplicá-las, como quando os policiais cometem atos violentos e ilegais.

A violência pode ser racional ou irracional, mas isso não necessariamente está diretamente associado a sua motivação. A violência é usada de forma reflexiva como meio para obter o fim desejado (comum na violência com objetivo de ganho econômico), orientada pelo hábito, costume ou valores dentro de um grupo (por exemplo, quando em uma comunidade ou grupo é aceito que há que matar alguém que delate um colega, chamado de X9) ou orientada afetivamente (produto de um sentimento ou reação emocional). Pode-se agir racionalmente orientado por razões afetivas, assim como de forma automática e irracional para salvar algum bem econômico.

A violência letal (os homicídios) afeta as pessoas pobres, negras, jovens, de sexo masculino e que habitam em grandes cidades e dentro destas nos bairros e locais mais pobres.

A discriminação acontece quando se atribui menos valor social a uma pessoa ou grupo em função de características que os definem previamente. Isso acontece quando se relaciona violência com pobreza de forma linear: por serem pobres, são violentos. Não permite que vejamos que essa não é uma norma geral, ou seja, nem todo pobre é violento, ou o contrário, nem todo rico é não violento.

Os estudos mostram que existe maior relação entre grau de urbanização, desigualdade e violência, do que entre pobreza e violência. Isso quer dizer que, em lugares pobres, mas isolados dos centro urbanos e de outros grupos sociais mais avantajados economicamente, os índices de violência são menores.

Para medir violência usa-se como parâmetro o número de homicídios a cada cem mil habitantes (taxa de violência), já que os homicídios são o tipo de violência que mais aparece nos registros. Outras formas de violência, como ameaças, violência sexual, violência psicológica de outros tipos, na maioria das vezes, não são denunciadas e não aparecem registradas.

Há duas fontes principais para obter os dados de violência: os registros de óbito das instituições da saúde (hospitais, centros de saúde) e os registros criminais ou registros de ocorrência das instituições de segurança pública (delegacias de polícia). Ambos apresentam problemas e vantagens. Uma terceira fonte, que é mais esporádica, subjetiva e parcial, são as pesquisas de vitimização. Para ter dados mais fiéis sobre violência, o ideal seria ter informações originadas nas diferentes fontes e que fossem comparáveis.

Leituras auxiliares

ARENDT, H. *Sobre a violência*. Rio de Janeiro: Civilização Brasileira, 2009.

BEATO F., C. *et al.* Conglomerados de homicídios e o tráfico de drogas em Belo Horizonte, Minas Gerais, Brasil, de 1995 a 1999. *Cad. Saúde Pública* [online]. 2001, v. 17, n. 5 [citado 2008-12-02], p. 1163-1171.

BOUDON, R. Will sociology ever be a normal science? *Theory and Society*, v.17, n.5, p. 754-755, 1988-89.

BOURDIEU, P. *O poder simbólico*. Memória e sociedade, Lisboa: DIFEL/ Bertrand, 1989.

CALDEIRA, T. P. *Cidade de Muros* – crime, segregação e cidadania em São Paulo. São Paulo: Editora 34, 2000.

CANO, I.; SANTOS, N. *Violência letal, renda e desigualdade social no Brasil*. Rio de Janeiro: 7 letras, 2001.

ELIAS, N.; SCOTSON, J. L. *Os estabelecidos e os outsiders. Sociologia das relações de poder a partir de uma comunidade*. Rio de Janeiro: Zahar, 2000.

ILANUD. Pesquisa de vitimização 2002 e Avaliação do PIAPS. São Paulo: ILANUD/FIA-USP, 2002.

KHAN, T.; ZANETIC, A. O papel dos municípios na Segurança Pública. Série Estudos Criminológicos, São Paulo, n. 4, 2005. Disponível em: <http://www.ssp.sp.gov.br/estatisticas/downloads/manual_estudos_criminologicos_4.pdf>.

MACHADO S., L. A. Favela, crime violento e política no Rio de Janeiro. Rio de Janeiro: IBASE, Observatório da Cidadania, 2006.

MACHADO S., L. A. Solidariedade e sociabilidade violenta: verso e reverso da "moeda" memória. Favela tem Memória. *A memória das favelas*, Comunicações ISER, Ano 23, n. 59, Rio de Janeiro, 2004.

MISSE, M. Violência e participação política no Rio de Janeiro, Rio de Janeiro: IUPERJ, Série Estudos, n. 91, agosto de 1995, p. 23-39.

ORGANIZAÇÃO PANAMERICANA DA SAÚDE. Relatório mundial sobre violência e saúde. Etienne G. Krug, Linda L. Dahlberg, James A. Mercy, Anthony B. Zwi e Rafael Lozano. Organização Mundial da Saúde, Genebra, 2002. Disponível em: <http://www.opas.org.br/cedoc/hpp/ml03/0329.pdf>.

PIQUET C., L. Pesquisas de vitimização e gestão de segurança pública. São Paulo em perspectiva, v. 21, n. 1, p. 60-75, jan./jun. 2007. Disponível em: <http://www.seade.gov.br/produtos/spp/v21n01/v21n01_05.pdf>.

RIVERO, P. S. Distribuição desigual dos Direitos Humanos e da cidadania: áreas de concentração de vítimas de homicídio e ação policial no município do Rio de Janeiro. IPEA, *Textos para Discussão*, n. 1499. Disponível em: <http://ipea.gov.br/sites/000/2/publicacoes/tds/td_1499.pdf>.

SOARES, G. A. *Não matarás. Desenvolvimento, desigualdade e homicídios*. Rio de Janeiro: FGV, 2008.

WACQUANT, L. *As duas faces do gueto*. São Paulo: Boitempo, 2008. (Apresentação, cap. 1, 2 e 3).

WAISELFISZ, J. Mapa da violência dos municípios brasileiros 2008. Brasília: RITLA, 2008. Disponível em: <http://pdba.georgetown.edu/Security/citizensecurity/brazil/documents/mapaviolencia.pdf>.

WEBER, M. Economia e sociedade. v. 1, Cap. I e III. Brasília: UnB, 2004.

CAPÍTULO 9

ESTADO E CIDADANIA

O tema Estado é compartilhado pela sociologia e a ciência política, embora seja de interesse de outras ciências, como a economia, o direito e a demografia. O compartilhamento entre as duas primeiras deu origem a uma especialização muito importante que é a sociologia política.

À parte as discussões relativas à sua origem, o Estado é fundamentalmente um modo de organizar e defender as sociedades chamadas nacionais no interior de um território. O Estado não é uma abstração, mas, sim, formado por cidadãos, membros da sociedade, que ocupam postos por meio de eleição, indicação e, ainda, hereditariamente, nos regimes monárquicos e outros semelhantes. É também formado pelos funcionários profissionais que se encarregam das diversas atividades realizadas pelo Estado, incluindo-se tanto médicos e professores quanto militares ou secretários. O Estado existe nos atos de cada um de nós, seja quando cumprimos as leis, seja quando pagamos impostos ou no momento em que tiramos um documento de identidade ou carteira de trabalho, ou ainda na procura de um posto público de saúde. Nesse sentido, ele é feito por cada um dos cidadãos, que agem e pensam considerando sempre que este Estado pode defendê-lo, ou pode ajudá-lo, assim como pode também cobrar impostos e taxas diversas. Ao mesmo tempo, é bom destacar que, se por um lado o Estado somos nós, por outro, nós somos, em alguma medida, o que o Estado fez e faz de nós ao longo do tempo. Isso é particularmente importante na América Latina, onde o Estado tem sido historicamente o agente de transformações ou mesmo de revoluções que em outras áreas têm sido fruto da sociedade, como, por exemplo, o nacionalismo, a industrialização, etc.

As sociedades ocidentais, das quais o Brasil faz parte, são, em sua maior parte, democracias, constituídas pelos chamados três poderes: judiciário, legislativo e executivo. Grande parte dos cargos ocupados nesses níveis é preenchido por meio do voto dos cidadãos, e seus ocupantes são também sujeitos à vontade popular no sentido de perderem o direito a exercê-los se não agirem segundo regras constitucionais. De fato, o Estado se constitui num vasto campo de pesquisas para a sociologia, que tem estudado a formação das estruturas estatais, a ação estatal em forma de políticas públicas, os efeitos da burocratização dos procedimentos administrativos.

Visto como uma estrutura profissional de gestão da sociedade, caindo muitas vezes numa burocratização excessiva, o Estado é essencial para o funcionamento das sociedades complexas. Na teoria weberiana encontram-se elementos para o entendimento das crescentemente complexas estruturas estatais. Weber interessou-se pelo processo de racionalização que, no caso do Estado, manifestou-se na forma das burocracias, estruturas administrativas que vão se tornando mais e mais especializadas, a ponto de se instituir o que Robert Michells chamou de "lei de ferro das oligarquias". Para governar e administrar grupos humanos extremamente grandes, complexos e com múltiplas necessidades, coletar impostos e distribuí-los na forma de recursos indispensáveis à vida dessas coletividades, garantir a ordem pública, a segurança, a saúde, etc., o Estado acaba por admitir funcionários que se perpetuam nos cargos, dada sua capacidade altamente desenvolvida de lidar com todos esses recursos e necessidades. O Estado pode existir nas formas mínimas, como vemos nos países anglo-saxões, ou com vastas áreas de intervenção, como é o caso da França e do Brasil, em todos os casos temos uma instituição humana. Isso quer dizer que o Estado é sempre resultado da interação dos cidadãos e grupos de cidadãos, podendo assumir formas mais ou menos democráticas, com maior ou menor participação desses cidadãos.

Se esses modelos de Estado tendem a dirigir a sociedade, nos tempos modernos, através de processos burocráticos racionais e legais, nem sempre a execução e o trabalho efetivamente desenvolvido pelos dirigentes assumem sua melhor forma e nem sempre o Estado consegue se mostrar minimamente eficiente ou justo. Nesses casos, algumas vezes surgem movimentos espontâneos ou organizados que são capazes de mobilizar multidões em nome de alguma exigência - melhoria nos transportes e outras instalações e serviços, criação de leis, deposição de corruptos - e as manifestações crescem nas ruas, provocando respostas mais ou menos imediatas por parte dos poderes públicos.

É importante compreender que a participação dos cidadãos na gestão do Estado é um acontecimento histórico e que a própria ideia de cidadania se desenvolveu a duras penas, começando pela Revolução Inglesa, que derrubou e condenou um rei incompetente em 1649, passando pela Independência Americana, em 1776, e pela Revolução Francesa de 1789. Em todos esses casos, foram se afirmando as ideias iluministas de que os homens são os responsáveis pela sua existência e que todos eles são iguais em termos de seus direitos e deveres.

Nesse quadro, fica claro que a ideia de igualdade é irmã da ideia de cidadania e que elas se associam também à ideia de liberdade. Todas elas são obras humanas e, portanto, resultam em formas historicamente muito variadas.

Para a sociologia, importa discutir, de um lado, as formas sociais do Estado, seu nível de abertura e democratização e, de outro, os mecanismos ou movimentos sociais organizados para a reivindicação dos direitos de cidadania.

O conceito de Estado e a pesquisa sociológica

Todas essas atividades organizadas no e pelo Estado precisam ser tratadas, numa abordagem sociológica, a partir de um conceito que seja capaz de apreender a complexidade desse fenômeno social.

O conceito clássico pode ser encontrado no já mencionado dicionário de Gordon Marshall (1994, p. 506-7) (tradução nossa):

> O Estado é um conjunto distinto de instituições que têm autoridade para fazer as regras que governam a sociedade. Ele tem,

segundo Max Weber, "o monopólio da violência legítima" dentro de um determinado território. Assim, o Estado inclui instituições como as forças armadas, o serviço - público - civil e a burocracia estatal. Consequentemente, ele não é uma entidade única. Seria muito mais um conjunto de instituições que descrevem o terreno e os parâmetros para o conflito político entre os vários interesses sobre o uso dos recursos e a direção das políticas públicas.

É bem perceptível a enormidade da tarefa na análise do Estado e cada um dos itens mencionados define linhas de pesquisa importantes e fortes na sociologia Política, começando pela própria formação do Estado, processo histórico que se articula com aquele da formação das nações modernas. A constituição do Estado-nação se dá a partir das disputas sociais entre vários senhores feudais que acabam se organizando em torno de um rei (ou o suserano de todos os suseranos): em longos períodos de guerras com tomada de territórios, seguidos de períodos de lutas pela unificação do direito ou criação do monopólio de cunhar moedas que tenham validade exclusiva naqueles territórios, a política, a economia, a guerra geram um novo tipo de sociedade. Das sociedades feudais divididas em miniterritórios autossuficientes tanto em armas quanto em produção de alimentos, passamos, com algumas dificuldades e percalços, a uma sociedade razoavelmente unificada num território amplo, com fronteiras e controles físicos, econômicos, linguísticos e sociais, conhecida como Estado-nação. Esse foi o modelo dominante da formação dos Estados-nação na Europa e se estendeu com força pelo menos no Ocidente. Uma sociologia política, com forte presença da abordagem histórica, tem nesse estudo da construção do Estado moderno o seu objeto principal de pesquisas.

Outra dimensão importante a ser percebida diz respeito aos limites da instituição estatal: onde termina o Estado e onde começa aquilo que alguns sociólogos chamam de sociedade civil? Existem muitos diferentes conceitos de "sociedade civil" mas entre eles alguns itens são comuns: a sociedade civil é um fenômeno da vida pública, e não da vida privada, situando-se entre o Estado e a família. Outra dimensão importante, a "sociedade civil" funciona segundo as regras legais estabelecidas. Normalmente, a ideia de "sociedade civil" está associada à dinâmica social, incluindo movimentos sociais e diversas formas de participação pública, como as Organizações Não Governamentais (ONGs), as igrejas ou as associações profissionais e sindicatos. Nesse quadro, a delimitação do que cabe ou não ao Estado, em cada caso, é diferente em cada sociedade, segundo as regras de constituição do poder estatal. Novamente, opondo as sociedades anglo-saxônicas àquelas como a francesa ou brasileira, os limites da atuação do Estado são bem distintos, sendo muito restritos nas primeiras e muito amplos nas últimas. O caso dos sistemas de saúde nos Estados Unidos e na França ilustra bem essa diferença: no primeiro, a saúde é responsabilidade individual, havendo reduzida atuação do Estado com cada cidadão pagando suas despesas, ao passo que na França o sistema é integralmente público, sendo essas despesas pagas pelo conjunto dos cidadãos através dos impostos.

Essa dinâmica da delimitação do Estado diz respeito às diferentes perspectivas sobre a natureza do mesmo, sua estrutura e seu peso na organização social, sobre os níveis da sua atuação. Carregada de dimensões políticas e ideológicas, essa delimitação é objeto de lutas políticas e sociais que buscam definir qual seria o tipo ideal, mais justo e mais eficiente, de funcionamento do Estado. Aqui, a visão "liberal", mais vigorosa nos países anglo-saxões, sobre as funções que cabem legitimamente ao Estado opõe-se à visão "intervencionista" dessas funções, sendo dominante na sociedade francesa ou brasileira. No primeiro caso, verifica-se uma preferência por um Estado com funções restritas, sendo sua atuação limitada aos campos considerados essencialmente públicos, como as relações internacionais, as forças armadas e a justiça. Já no segundo, o Estado é chamado a desempenhar as mais diferentes funções, inclusive assumindo atividades produtivas diretas, como vemos, no caso do Brasil, a Petrobras e várias empresas estatais de mineração.

Outro debate importante para a pesquisa sociológica diz respeito à natureza do poder estatal. Considerando sua natureza diversa e múltipla, como conjunto de instituições, é importante compreender de que modo os diferentes atores ou agentes que definem as políticas tomam decisões sobre sua execução, dão vida real e efetiva ao Estado, estabelecem laços com os diferentes interesses ou grupos dentro da sociedade. Sobre essa questão podem-se encontrar pelo menos duas perspectivas: a primeira vê o Estado como uma arena na qual os representantes de diferentes grupos sociais se enfrentam, disputando a possibilidade de definir os rumos das políticas públicas. A outra perspectiva entende o Estado como subordinado aos interesses dos grupos dominantes na sociedade. No primeiro caso, guarda-se algum nível de autonomia para os agentes estatais, mas na segunda perspectiva esses não têm autonomia alguma. Em cada uma delas, os conceitos anteriores sobre autoridade, legitimidade e poder são tratados de maneira distinta.

Nesse ponto, a sociologia tem pesquisado de forma intensa quais seriam os atores ou agentes que têm presença no Estado, buscando estabelecer as identidades sociais dos mesmos, os padrões e o sentido da sua atuação, assim como os resultados efetivos da sua ação. Um exemplo marcante de análise sociológica do funcionamento do Estado e dos seus atores pode ser encontrado em estudos do sociólogo francês Pierre Bourdieu: em trabalhos como *Noblesse d'État* (1989), ele mostra como um grupo social da elite francesa reforça o valor dos seus títulos escolares obtidos nas melhores instituições francesas. Esses indivíduos estabelecem laços sociais e ocupam espaços no Estado que lhes permitem desenhar as regras do jogo que definem as hierarquias sociais. Assim como acontecia com a nobreza antiga, na república francesa os títulos escolares dessas escolas tornam-se símbolos respeitados (e bem pagos) do valor especial dos cidadãos que os detêm.

De outro ponto de vista, o mesmo autor reflete sobre a construção do que ele chama de "espíritos de estado", indicando como o desenvolvimento dos diversos ramos da magistratura e da justiça peça essencial na configuração do novo tipo de poder. Este seria exercido de forma racional e burocrática, através de um corpo especializado de agentes, dentre os quais a magistratura se destaca pela sua capacidade, ao longo da história, de estabelecer padrões de legalidade.

Esse último tipo de abordagem, voltado para os atores ou agentes que constroem e dão identidade ao Estado, é desenvolvido em vários estudos sociológicos, tanto sob a perspectiva das organizações e das profissões quanto dos movimentos sociais ou políticos.

Estado moderno, democracia e cidadania

Este é um tema particularmente caro aos cientistas políticos e está presente como pano de fundo da maior parte das discussões sociológicas mencionadas acima. Dessa forma, o surgimento do Estado moderno e de suas instituições já poderia aparecer como um processo de construção de formas democráticas. Por mais que a justiça, organizada de forma burocrática pelo Estado, possa parecer distante dos cidadãos que passam por ela como requerentes de direitos ou réus, ela representa um passo democratizante. Isso porque, em princípio, o Estado estabelece regras de funcionamento da justiça que são teoricamente iguais para todos os cidadãos. Esse princípio, como bem se sabe, não chega a ser totalmente respeitado em todas as sociedades. Mesmo assim, é um princípio fundamental das regras burocráticas, da justiça: qualquer cidadão tem direito ao mesmo tratamento. Esse caráter democrático fica bem claro quando se comparam as sociedades modernas às tradicionais, em que a justiça não era decidida por princípios de igualdade, mas pelo conhecimento que um cidadão mais poderoso ou mais experiente poderia ter do caso em pauta. Não se deve esquecer de que, nas sociedades feudais, cabia ao senhor local decidir pendências e resolver problemas e querelas entre seus súditos, sempre de acordo com sua própria consciência, sem qualquer regulamentação que limitasse as infinitas possibilidades de suas ideias.

Como mostra Giddens (2011, p. 360), a democracia é um sistema político em que o povo, e não os monarcas ou ainda os aristocratas, governa ou estabelece as regras. Se a frase parece simples o bastante, ela coloca inúmeros problemas para a pesquisa sociológica. Podemos citar alguns deles, começando por aqueles relativos ao "povo":

Quem é o povo?

Que tipo de participação pode lhe ser concedida?

Em que condições uma democracia pode conduzir à participação?

Quanto a ideia de governo ou domínio:

Qual a extensão desse governo? Em que áreas da vida social cabe o estabelecimento de regras por esse governo e em quais áreas não há espaço para essas regras?

Toda regra feita pelo povo tem que ser obedecida? Como ficam aqueles que são minoria e não podem fazer sua vontade valer através do voto?

Como podem participar do jogo político as pessoas ou grupos que são excluídos pelas regras vigentes? Eles devem obedecer essas regras que os excluem?

Finalmente, mas não menos importante: em que circunstâncias pode um governo democrático usar de coerção sobre os cidadãos?

Nesse contexto, percebe-se bem como, a partir do Estado, é possível discutir as mais diversas dimensões da vida social. Se foram vistos acima os agentes e atores que podem configurar o Estado, a noção de democracia traz outros termos para a pesquisa sociológica. De um lado, temos uma imensa produção sobre os processos eleitorais e o encaminhamento das regras jurídicas e sociais para garantir o funcionamento democrático das sociedades. De outro, há o debate já mencionado sobre as formas de participação e o grau de abertura das sociedades modernas a diferentes alternativas e propostas de participação.

Uma questão relativa ao tema mereceu destaque ao longo do século XX: a incorporação das mulheres ao sistema democrático. Em inúmeros países, inclusive o Brasil, as mulheres conquistaram o direito de votar e de serem votadas, depois de muitas lutas, quase todas elas travadas ao longo do século passado.

A presença tardia das mulheres nos sistemas eleitorais, mesmo em países avançados, destaca uma questão sociológica bastante significativa: o modo pelo qual as sociedades democráticas abrem, em maior ou menor grau, espaços para participação. Em boa parte a resposta pode ser encontrada nos estudos sobre os movimentos sociais, um título genérico que encobre uma grande diversidade de formas de associação organizadas em torno de alguma reivindicação. Entramos aqui no tema clássico da cidadania.

Revivendo uma noção que nasceu na Grécia antiga, o Estado moderno organiza a cidadania sob nova perspectiva. Do ponto de vista legal, também muito utilizado para várias discussões na ciência política, a cidadania se refere ao conjunto de direitos e deveres dos membros do Estado-nação ou de uma cidade-estado (como as gregas, por exemplo). "Em tempos mais recentes, convencionou-se que cidadania se refere às várias organizações que institucionalizaram esses direitos no Estado de bem-estar" (Gordon, 1994, p. 54).

Publicado em 1950, o livro[1] do sociólogo britânico Thomas Humphrey Marshall (1893-1981), *Cidadania e classe social*, transformou-se no ponto de partida para discussões sobre o tema. Marshall criou uma tipologia dos direitos que, paulatinamente, seriam estabelecidos de forma a garantir uma sociedade genuinamente democrática. Esses começam pelos direitos civis, aos quais se ajuntariam, em seguida, os direitos políticos e sociais. Cada um deles contribui para a formação de um leque de direitos que vão do direito à vida e à liberdade individual ao voto livre, passando, é claro, pela igualdade entre homens e mulheres. Cada membro de uma comunidade que possa usufruir desses direitos é considerado um cidadão.

A perspectiva teórica de T. H. Marshall foi criticada sob diversos pontos de vista, sendo um deles o de que sua concepção de cidadania corresponde àquela existente na Inglaterra e que nem todas as sociedades evoluíram da mesma forma e com os mesmos resultados. Também se discute se a cidadania é um bem concedido pelo Estado ou conquistado pelos cidadãos. Outros ainda cobram a necessidade de se estabelecerem critérios adequados, para cada sociedade e em cada momento, para medir se efetivamente os direitos de cidadania são vigentes.

Duas áreas de pesquisa sociológica desenham-se a partir dessa problemática: a primeira sobre os processos sociais de informação, disseminação, organização e luta pela obtenção desses direitos civis, políticos e sociais; em particular, a produção sobre os movimentos sociais e sobre as formas de constituição e ação dos sujeitos coletivos.

A segunda área diz respeito às políticas públicas.

---

[1] O livro foi editado no Brasil pela Zahar em 1967 e encontra-se disponível em várias bibliotecas universitárias.

As políticas públicas

Nos Estados modernos democráticos, a ação do governo necessita se justificar ou se legitimar diante dos seus cidadãos. Não se trata apenas de verificar os índices de popularidade desse ou daquele dirigente mas de, efetivamente, mostrar a esses cidadãos que o dinheiro que eles pagam em impostos ou que o trabalho que eles realizam em favor do público mais amplo é alguma coisa que valha a pena. Esse valer a pena se traduz num equilíbrio básico que orienta a criação e a efetivação ou implementação das políticas públicas: eficiência e equidade. Esses dois princípios organizam as ações do Estado em forma de políticas públicas que devem responder a duas questões básicas: (a) elas são justas? (b) elas são formas eficientes de se gastar o dinheiro público?

Tanto a sociologia quanto a ciência política têm avançado bastante para definir abordagens sistemáticas adequadas para a avaliação das políticas públicas, contando com a colaboração dos economistas que, há anos, trabalham na área. Como gestores das políticas de desenvolvimento econômico e contando com uma formação que os habilita a lidar com dados quantitativos de larga escala, os economistas foram pioneiros nesse tipo de análise. Mas a contribuição da sociologia e da ciência política vem fazendo progredir o conhecimento sobre essa que é uma das áreas mais significativas de trabalho empírico. O tema das políticas públicas, na verdade, tornou-se o fundamento de uma perspectiva multidisciplinar rica e produtiva.

Como a ciência social avalia as políticas públicas? Essa é uma área forte nas sociologias norte-americana e inglesa, em que se definiu o que se chama de "Policy Research" ou mesmo "sociologia aplicada", que tem um caráter eminentemente prático. São estudos que visam a um público não acadêmico e representam tentativas de encontrar uma solução, a partir dos conhecimentos teóricos, para os problemas com que se depara o governo na execução de suas políticas.

A própria definição das políticas públicas ou sociais é bastante controversa. Mesmo assim, ela contém elementos importantes para a reflexão.

A interpretação mais comum é que as políticas sociais são políticas governamentais (tanto centrais quanto locais) que são dirigidas para o atendimento das necessidades da população. Essas necessidades sociais normalmente são interpretadas como necessidades de bem-estar. A lista dessas políticas inclui aquelas relativas à seguridade social, saúde, habitação, educação, e, algumas vezes, legalidade e ordem" (Marshall, 1994, p. 492-3; tradução nossa).

Existem inúmeras abordagens possíveis, todas elas de natureza multidisciplinar, para a análise dessas políticas. Podem ser estudadas questões relativas à própria definição do que seria razoável fazer como política pública (uma política de controle inflacionário pode ser considerada uma política social?). É também possível estudar quais são os agentes ou atores relevantes na arena política e que são capazes, com maior ou menor força, de definir o tipo e a forma das políticas públicas. Essas políticas podem ter diversas finalidades, gerando maior ou menor conflito na sua aplicação: políticas distributivas (o programa "Bolsa Família" poderia ser definido assim) ou redistributivas (que implicam maiores conflitos porque se pretende uma transferência de recursos entre grupos sociais).

O caráter dinâmico da execução dessas políticas é reforçado pelas próprias mudanças que elas tendem a gerar: os gestores das mesmas são obrigados a fazer acompanhamento permanente sobre os processos que se desenrolam e fica evidente a necessidade de conhecimentos científicos que deem conta dessa dinâmica.

Leituras auxiliares

ARRETCHE, M. *Estado federativo e políticas sociais*. São Paulo: Revam, 2000.

BOURDIEU, P. *Noblesse d'État*. Paris: De minuit, 1989.

BOURDIEU, P. "Espíritos de Estado: gênese e estrutura do campo burocrático" In: *Razões práticas*. São Paulo: Papirus, 1996.

BRESSER-PEREIRA, L. C. *Reforma do Estado para cidadania*. São Paulo: Editora 34, 1998.

COVRE, M. L. *O que é cidadania?* São Paulo: Brasiliense, 2010.

ELIAS, N. *O processo civilizador: formação do Estado e civilização*. Rio de Janeiro: Zahar, 1994.

FREY, K. Políticas públicas: um debate conceitual e reflexões referentes à prática da análise de políticas públicas no Brasil. Desafios, IPEA, 2009. Disponível em: <http://desafios2.ipea.gov.br/ppp/index.php/PPP/article/viewFile/89/158>.GIDDENS, Anthony. Sociologia. Porto Alegre: Artmed, 2011.

GOHN, M. G. *Movimentos sociais e redes de mobilização*. Petrópolis: Vozes, 2010.

LOUREIRO, M. R. *Burocratização e política no Brasil*. Rio de Janeiro: FGV, 2010.

LOUREIRO, P.; COSTA, M. *Cidadania, novos temas, velhos desafios*. Ijuí: Unijuí, 2009.

MARSHALL, G. *Oxford Concise Dictionary of Sociology*. Oxford: Oxford University Press, 1994.

MARTINS, P. H.; PORTUGAL, S. (Org.). *Cidadania, políticas públicas e redes sociais*. São Paulo: Annablume, 2012.

NOGUEIRA, M. A. *Um Estado para a sociedade civil*. São Paulo: Cortez, 2011.

SOLA, L. *Estado, mercado e democracia*. Rio de Janeiro: Paz e Terra, 1993.

TURNER, B. *Status*. Lisboa: Estampa, 1989.

CAPÍTULO 10

RECURSOS E MÉTODOS

Em cada situação escolar, o professor e os alunos têm acesso a distintos recursos, seja diretamente na escola, no bairro ou no município. A criatividade é fundamental, seja em circunstâncias de extrema carência ou de abundância de recursos. Para que o uso seja proveitoso, vale a pena planejar com antecipação o que se pode explorar do que é oferecido, seja na forma de dados de pesquisas, de situações de observação, de obtenção de dados estatísticos, obras de bibliotecas, museus.

Se a sociologia dispensa laboratórios tradicionais, o seu ensino exige conhecimentos básicos e métodos didáticos adequados exatamente pelos níveis de abstração do objeto ensinado.

Na elaboração deste livro foram utilizados materiais publicados pela American Sociological Association. São textos escritos em inglês nos quais encontramos um vasto material desenvolvido por professores de sociologia americanos, tanto no ensino médio quanto superior. Para quem conhece um pouco de inglês, vale a pena dar uma olhada no site <http://trails.asanet.org/Pages/default.aspx>.

Leituras auxiliares

DUKES, D.; PETERSEN, J. C.; VAN VALLEY, T. (Ed.). *Teaching applied sociology.* Washington: The American Sociological Association, 2003.

NENGA, S. K.; KAIN, E. *Innovative techniques for teaching sociological concepts.* Washington: The American Sociological Association, 2006.

NIEBRUGGE, G.; LENGERMANN, P.; BRENNER, A. (Ed.). *Resource book for teaching sociological theory.* Washington: The American Sociological Association, 2007.

SCOTT, B.; MISRA, J.; SEGAL, M. *Race, gender and class in sociology: toward an inclusive curriculum.* Washington, The American Sociological Association, 2003.

Ensinando uma metodologia simplificada

Certamente não é muito importante que um aluno do ensino médio faça investimentos muito complexos em metodologia científica. O mais importante seria buscar formas de mostrar que, como qualquer ciência, a sociologia se vale de métodos que são, segundo o dicionário *Caldas Aulete*, um "conjunto de procedimentos para atingir um objetivo". O dicionário completa ainda a definição como "maneira ordenada e sistemática de agir".

Tudo isso pode ser interpretado como um conjunto de regras que visa a controlar a forma pela qual se estabelecem relações de causa e efeito entre determinados fenômenos e pela qual se faz a inferência; "raciocínio por meio do qual se conclui a partir de indícios", completa o dicionário. É através do método que se controlam os excessos de imaginação ou de paixões (afetivas ou ideológicas ou mesmo religiosas) que normalmente tendem a informar nossa percepção do mundo social. Se na vida comum todos esses fatores podem ser tolerados como normais, sua presença na análise científica é potencialmente muito negativa, pois gera o que se chama viés de percepção ou enviesamento do problema ou da solução. Isso não significa que a ciência seja perfeitamente controlada. Significa apenas que, através do método, a atividade do cientista, tão humana quanto qualquer outra, pode ser submetida à crítica que controla algum possível viés, assim como possíveis erros. O método é a base possível para que se discutam os achados de cada um dos cientistas em qualquer área.

Os métodos utilizados pela sociologia são muito diversos e podem ser divididos em dois grandes tipos: qualitativos e quantitativos. Entre os primeiros, temos as entrevistas e a observação. Mais fortes na antropologia, esses métodos exigem também grande atenção e rigor na delimitação dos procedimentos de pesquisa e de análise. Uma entrevista sobre uma história de vida de uma determinada personagem exige que se conheçam os fatos sobre os quais se vai conversar, que se organize o roteiro da conversa, etc. Não se trata de mera conversa sobre fatos gerais: uma entrevista, para funcionar como recurso de análise científica, necessita obedecer regras.

Mais claras ainda são as exigências de rigor nos métodos quantitativos, talvez por se valerem de ciências bastante desenvolvidas (matemática e estatística) e altamente rigorosas. Os métodos quantitativos exigem a utilização de informações produzidas em escalas razoavelmente grandes: não há sentido em fazer a média da distribuição dos biscoitos entre dois ou três irmãos porque a informação é irrelevante, ainda que tecnicamente possível de ser feita. Um dos principais instrumentos da pesquisa quantitativa é o questionário (com uma série de perguntas fechadas sobre o assunto a ser tratado). A construção de um questionário é bastante complexa e mostra claramente que essa diferença entre métodos quantitativos e qualitativos é mais fortemente didática que propriamente substantiva: os dois tipos de procedimentos são interdependentes e têm usos distintos nos procedimentos de análise científica.

Várias vezes neste texto fizemos referências à necessidade de se diferenciar a análise em relação à descrição, à impressão, ao palpite e à fofoca. Esse tipo de distinção é particularmente importante nas ciências humanas, em que o sujeito cientista é muito próximo do objeto analisado: as relações sociais, as obras humanas. Se o que é fofoca não exige grandes definições, pois é uma noção muito difundida na nossa sociedade, os demais termos precisam ser mais discutidos.

Um palpite, ainda segundo o dicionário *Caldas Aulete*, é uma "opinião emitida com base apenas em intuição ou pressentimento". Palpites e uma coleção imensa de "achismos" inundam nossa vida cotidiana, tanto nos jornais quanto na Internet. Eles vão desde as inúmeras curas para queda de cabelo com xampus dessa ou daquela erva milagrosa até a ideia de que bastaria investir mais dinheiro na educação que o Brasil se tornaria um país cheio de pessoas educadas.

Nenhuma dessas ideias apresenta as bases de informações a partir das quais se construiu o argumento. Não se explicita como se estabeleceram as relações de causa e efeito. Não se apresenta o método.

A impressão pode ser um primeiro passo para se investigar um problema. Trata-se de uma palavra que, em dois sentidos figurativos, significa "efeito ou emoção que um fato, um objeto, ou alguém provoca; noção ou opinião vaga". Mas uma análise científica não pode se restringir a essas impressões, noções, opiniões. E aqui começamos a definir a análise científica, que exige uma descrição correta e adequada do problema e de seus termos. Se a impressão pode ser um primeiro passo, a descrição é necessariamente um elemento constitutivo da análise. Eu não posso analisar alguma coisa que eu não sei exatamente o que é.

Mas o que é analisar um objeto sociológico? Analisar alguma coisa é tomar os componentes dessa coisa e distingui-los estabelecendo as relações entre eles. Isso significa que a análise consiste no estabelecimento de associações entre as partes que compõem um determinado objeto de forma a conhecer as formas de sua existência, os mecanismos do seu funcionamento. Como os objetos da sociologia são extremamente complexos (não é fácil estabelecer, por exemplo, o conjunto de fatores que pode determinar uma situação de pobreza ou o fracasso escolar), a descrição inicial e, em seguida, a percepção das associações entre os fatos analisados são elementos cruciais para uma análise.

Nessa única evidência já temos alguns elementos que nos permitem fazer algumas associações e análises.

Todos nós temos a impressão de que a pobreza é alguma coisa muito ruim. Vários temos palpites sobre o que causa a pobreza, indo desde o pecado original até a falta de educação ou competência dos pobres. Mas são os estudos de uma economista, Sonia Rocha (2003), que definem o que é pobreza no Brasil e estabelecem várias associações de fatores que poderiam compor o quadro das causas da pobreza. Na sociologia, os estudos sobre a desigualdade social tentam estabelecer quais seriam os princípios de organização da sociedade brasileira que geram a existência de grupos desprovidos de condições minimamente adequadas de sobrevivência (Hasenbalg; Silva, 2003).

Uma boa descrição de um fenômeno social ou um objeto sociológico necessita de algum conhecimento prévio sobre aquilo que a sociologia já sabe sobre aquele objeto. Se queremos pesquisar o racismo na sociedade brasileira precisamos conhecer, mesmo que de forma resumida, os principais trabalhos sobre o tema: há estudos clássicos em que fica patente a existência de discriminação racial no Brasil. A partir dessa abordagem bibliográfica inicial, começamos a estabelecer quais seriam os tipos de evidência da discriminação racial apontados nessa bibliografia. Como exemplo, utilizaremos apenas a mais forte e mais clara delas, que seria o fato de que um negro (pretos ou pardos, de acordo com a classificação do IBGE[2]) ganhe 57% (IBGE/PNAD2009) daquilo que receberia um branco. Ou seja, dois jovens que entraram no mercado de trabalho teriam a probabilidade de ganhar R$570,00 (o preto) e R$1.000,00 (o branco). Numa sociedade em que a raça ou a cor do indivíduo não tivesse significado algum essa estatística não poderia ser feita. A variável cor não faria qualquer diferença, pois o rendimento de cada pessoa não dependeria da sua cor. Fica claro, com base nessa informação do IBGE, que há diferenças importantes entre brancos e negros no Brasil e que a cor é um fator (ou uma variável) importante na explicação das diferenças de rendimentos entre as pessoas.

As variáveis são informações que, como o próprio nome diz, variam segundo os casos. A cor das pessoas é uma variável importante num país que tem na raça uma das bases importantes das suas desigualdades sociais. Mas outras variáveis são igualmente importantes para a compreensão da sociedade moderna, como a escolaridade das pessoas, por exemplo, que é o número de anos completados na escola com sucesso ou aprovação. Ela seria também um fator importante para explicar a desigualdade de rendimentos: quanto maior o nível de

---

[2] Depois de longos estudos, o IBGE verificou que as cores da pele das pessoas expressam de forma muito adequada as diferenças sociais. Considerando-se a dificuldade ou quase impossibilidade de se falar em raças, o IBGE estabeleceu as cinco cores do espectro brasileiro: branco, preto, pardo, amarelo indígena e amarelo asiático. Os negros são vistos como uma categoria de natureza mais política e que inclui, segundo os movimentos sociais, aqueles que são pretos e aqueles que são pardos.

escolaridade, maior o rendimento (sempre considerando isso uma probabilidade: quanto mais estudei, mais chance tenho de ganhar mais).

A sociologia abarca uma série bastante grande de objetos: a cada época, nas diferentes sociedades, várias questões se colocam e aparecem como problemas sociais. Esses podem estar ligados às mais diferentes esferas da vida social, segundo o país. Assim, os problemas sociais na Dinamarca são bastante diferentes daqueles que temos no Brasil ou mesmo daqueles encontrados em outros países europeus.

Ainda assim, a sociologia é apenas uma, mesmo que dividida em diferentes abordagens. Os mais diversos problemas sociais podem ser tratados por uma única ciência! Eis aí um ponto importante a se ter em mente: problema social não é a mesma coisa que problema sociológico. A pobreza é novamente um bom exemplo de problema social: ela exige ações dos poderes públicos e das diversas instituições. E o seu aparecimento como preocupação social generalizada está ligado às pressões políticas dos movimentos sociais e outros atores. Mas para os economistas e para os sociólogos ela deverá ser tratada com outro olhar, baseado nos conceitos e métodos de cada uma das ciências, e só então converter-se num problema sociológico ou econômico. A diferença essencial consiste no fato de que o problema social passa a existir ou é construído quando algum grupo social se movimenta e chama a atenção para suas próprias condições de vida ou para aquelas de algum outro grupo, clamando por uma ação pública que permita solucionar esse problema. Já o problema sociológico existe quando o olhar dos sociólogos se volta para alguma questão (problema social ou não) e a descreve e analisa com os instrumentos conceituais e metodológicos da sociologia. Problema social é uma construção social e política. Problema sociológico é uma construção científica.

Recursos de pesquisa

A compreensão do que são esses recursos está ligada à definição do que é o social. Trata-se de discutir de que forma os elementos que estão disponíveis à observação podem ser captados de um modo científico são temas correlatos: fontes, opinião, método científico.

Nesse ponto, trata-se de refletir sobre os diferentes tipos de material informativo que permitiriam ao professor ensinar a sociologia. Obviamente, o primeiro deles é o aluno e sua experiência social. Nos anos mais recentes, o conceito de experiência vem ganhando importância como objeto da sociologia, particularmente nos trabalhos de François Dubet.

O aluno, como indivíduo socializado que passou por um conjunto de experiências familiares, escolares e até mesmo de trabalho, representa uma importante fonte para experimentos escolares que podem produzir formas ricas de aprendizado. Inúmeros exercícios são propostos neste livro e permitem ao professor utilizar tal experiência dos alunos para o ensino de conceitos sociológicos.

As origens socioeconômicas dos estudantes da turma podem ser mais ou menos homogêneas. Sua inserção social e mesmo sua história particular ajudam a explicar a existência ou não de preconceitos em relação aos colegas, à sua cultura ou religião, assim como a grupos ou nações. Muitos preconceitos têm origem na ignorância, podendo ser esclarecidos e superados. O conhecimento só tem a contribuir para que os estudantes descubram os motivos de suas dúvidas, seus medos em relação ao outro, sua suposta inferioridade e superioridade. As raízes da maioria dos preconceitos se encontram na história da sociedade brasileira e na vivência específica de cada um em seu contexto social. Cabe ao professor explorar todas essas possibilidades, aproveitando para motivar a turma não somente para uma reflexão a respeito das origens de seus possíveis preconceitos, onde foram aprendidos, por que são considerados preconceitos, que tipo de problemas eles podem colocar para outras pessoas, que leis brasileiras eles infringem, a que servem tais preconceitos. Uma reflexão é útil como começo de trabalho, já que o objetivo é o de motivar a pesquisa.

No entanto, o que se deve temer é que a atitude preconceituosa venha a ser um sério obstáculo ao relacionamento entre colegas e precisa ser colocada em discussão, cuidando de se evitar o uso de estereótipos culturais a respeito de grupos. Mas a consciência de que pratica atos socialmente preconceituosos e que desrespeita outros indivíduos ou grupos, ou a pressão para admitir tais condutas publicamente, pode despertar no estudante embaraço ou vergonha. Em geral os preconceitos se relacionam a aspectos externos que o outro porta, exibe ou tenta esconder, nem sempre com sucesso, tais como: cor, sotaque, gênero, características estigmatizantes como gagueira ou outros traços, orientação sexual, condição econômica, instrução, idade, religião, etc. Refletir sobre as próprias reações diante de outros indivíduos é um exercício essencial para o desenvolvimento de uma atitude de respeito em relação ao outro. Essa reflexão pode ser aproveitada pelo professor na identificação das causas de tais atitudes, especialmente a origem social de preconceitos e sua forma de aprendizado.

Sobre a discussão das experiências individuais dos alunos, há questões importantes que merecem ser mencionadas desde o início. A primeira delas é o cuidado necessário com percepções discriminatórias e comportamentos belicosos por parte dos alunos e mesmo dos professores. Nem sempre as posturas declaradas correspondem às práticas efetivas. Um exemplo pode ser encontrado no estudo (Barbosa; Randall, 2004) que mostra que professoras que se declaravam negras e diziam não ser racistas avaliavam seus alunos negros ligeiramente abaixo da média efetivamente obtida por esses mesmos alunos. No caso dos brancos, ocorria exatamente o contrário. Ou ainda, avaliavam as meninas bem acima da sua avaliação média dos meninos.

Essas percepções podem ser menos sutis por parte dos alunos e podem variar muito segundo o tipo de problema (há discriminações de vários tipos e formas: no caso acima, vimos aquelas relativas ao sexo e à cor, mas há outras que dizem respeito ao nível de pobreza e consumo ou ainda às opções religiosas ou sexuais). Cabe ao professor tomar os cuidados necessários para que a discussão das experiências de cada aluno, especialmente aqueles pertencentes a grupos socialmente menos valorizados, não tome rumos de ofensa pessoal. A discussão da vida individual deve ressaltar o funcionamento dos mecanismos sociais de desvalorização daqueles grupos e evidenciar as formas injustas de comportamento.

Por outro lado, é importante discutir as condições sociais, e não as formas psicológicas de experimentar as diferentes situações. Isso significa que, ao se falar de situações de discriminação, a ênfase não deve ser dada na força interior maior ou menor que cada um de nós tem para enfrentá-las. O ponto a ser enfatizado é que a sociedade constrói representações de homens e mulheres, pretos e brancos, jovens e velhos, que não são nem naturais nem necessariamente justas. Entender como as mulheres são menos valorizadas no mercado de trabalho é ir bem além da força e da coragem de cada mulher e analisar o machismo vigente na sociedade, que julga que elas seriam incapazes ou incompetentes para o desempenho de certas tarefas.

Além das experiências individuais, as histórias das famílias e dos vizinhos e amigos fornecem também um amplo repertório de questões para análise, sempre tratadas sob as mesmas considerações mencionadas acima.

Material jornalístico

Atualmente há uma imensidão de material informativo produzido seja na imprensa escrita e televisada, seja através da diversidade de produtores não profissionais de notícias que geram diferentes modos de informar. Elas constituem-se num material abundante e disponível para ser explorado pelo professor. Esta é mais uma forma de trazer o interesse dos alunos para a aula de sociologia: a atualidade e diversidade, praticamente infinitas, dos temas e questões a serem discutidas no curso. Nesse caso, além de uma discussão das possibilidades e racionalidades envolvidas no tema, o cuidado a ser tomado é com a transformação da aula num apanhado de generalidades sem qualquer elemento estruturante que permita análises. Ou seja, o material jornalístico precisa ser usado como informação para construir o argumento ou para confirmar/desconfirmar análises de problemas sociológicos, sempre fazendo referência aos conceitos e problemas específicos que estariam sendo analisados naquela aula.

Os temas que podem aparecer numa aula a partir de notícias são quase infinitamente variados: fala-se do cachorro que mordeu a velhinha na esquina, mas também de grandes encontros internacionais para discutir diferentes tentativas de melhorar a situação de fome nos países da África subsaariana. Cabe ao professor selecionar aqueles que sejam mais adequados para o tema em pauta naquele dia. Por exemplo: se o assunto for desigualdade social, notícias sobre os distintos estilos de vida e consumo, o atendimento médico nos postos públicos de saúde, ou ainda as diferenças no desempenho educacional nos exames do ENEM ou ENADE oferecem excelentes entradas para se explicar o que é esse assunto. A partir dos dados trazidos pelos alunos, podem ser discutidas as desigualdades de acesso aos serviços públicos e privados e como elas estão ligadas às características sociais dos indivíduos que procuram esses serviços e não às suas necessidades. Esse é um bom caminho para conversar sobre o conceito de desigualdade social e sobre os métodos para medir essa desigualdade.

Material audiovisual

Mesmo que, no mundo contemporâneo, saturado de imagens e de sons, nem sempre seja fácil motivar estudantes jovens a concentrar-se em uma leitura solitária, de textos que eles consideram complexos ou abstratos, não se deve substituir seu uso. Quando o apoio do curso se concentra em audiovisuais, o cuidado é evitar que isso possa reduzir as oportunidades de treinamento em leitura e concentração, as quais devem ser valorizadas.

O trabalho com audiovisuais precisa ser bem planejado, o professor precisará conhecer os recursos da escola e a disponibilidade dos recursos técnicos e espaços. Igualmente interessante será aproveitar para realizar um trabalho interdisciplinar com professores das disciplinas de história ou literatura, já que o tempo de aula é geralmente muito curto para uma exibição completa de um longa-metragem. Filmes e documentários são materiais de pesquisa sociológica, do mesmo modo que a literatura, a música, a dança e as artes plásticas. Historiadores, artistas e antropólogos também fazem uso desses recursos visando a complementar seu trabalho, seja ele de ensino ou de pesquisa. No entanto, sem o apoio teórico fornecido em sala de aula, não se pode esperar que os estudantes consigam ir muito além de insights e de ideias isoladas, ainda que interessantes. O que organiza seu entendimento é a teoria. Em outras palavras, o prazer estético é um subproduto, por mais importante que seja, do objetivo traçado pelo professor. Cabe lembrar que o audiovisual, como obra de arte que é, sempre será um ponto de vista, uma interpretação do artista sobre um tema. Portanto, está longe de ser uma obra científica. Basta sugerir que os próprios estudantes organizem um roteiro de um trabalho artístico sobre um assunto de seu interesse que será mais fácil para eles se darem conta de que haverá enormes variações, desde o objeto selecionado, o recurso escolhido (teatro, cinema, áudio, dança, artes plásticas) e a abordagem que cada um fará. A proposta pode ser mostrar que a obra de arte é uma dentre possíveis visões sobre um tópico. A seleção de um tema é um caminho trilhado tanto pelo artista como pelo cientista. Mas os procedimentos de ambos são bem distintos. No entanto, ao se dirigir aos sentimentos e à imaginação, o artista colabora para o entendimento de um objeto ou, ao menos, para a sensibilização de quem entra em contato com sua obra.

Um filme funciona como ilustração para o entendimento do que é desenvolvido e aprofundado nas aulas. O professor pode lembrar que há filmes com objetivo político e de propaganda, ou que atuam como paródias das situações reais. Existem reconstruções históricas mais ou menos fiéis, algumas delas releituras da literatura, como tem ocorrido no Brasil com romances de Machado de Assis ou do Visconde de Taunay. Vejamos outras possibilidades.

Tempos modernos é um exemplo de paródia do fordismo, conceito que pode ser desenvolvido na unidade que trata da industrialização e divisão social do trabalho. Outro filme do mesmo diretor, *O grande ditador*, chegou a ser usado como propaganda contra Hitler pelo governo dos Estados Unidos durante a Segunda Guerra, e é um exemplo para a discussão de conceitos como poder, autoridade e globalização. O cinema brasileiro oferece uma grande riqueza de produções que abordam a violência do mundo das drogas, a corrupção, a violência policial e social em geral, como *Cidade de Deus*, *Pixote – a lei do mais fraco*, *Tropa de elite* e *Última parada 174*.

Os documentários, por sua vez, são excelentes ilustrações sobre condições de trabalho, trabalho infantil, urbanização, trabalho nas carvoarias ilegais, como funcionam mercados como o da pesca ou de madeira. Noticiários filmados ou publicados em jornais surtem efeito semelhante, mostrando aos estudantes a necessidade de que estejam a par do cotidiano para que eles próprios se coloquem questões cuja resposta a sociologia pode auxiliar a responder.

Leituras auxiliares

BARBOSA, M. L.; RANDALL, L. *Desigualdades sociais e a formação de expectativas familiares e de professores sobre o desempenho escolar de alunos do ensino fundamental.* Cadernos CRH - Universidade Federal da Bahia, v. 1, 204, p. 289-309.

HASENBALG, C.; SILVA, N. V. (Org.). *Origens e destinos: desigualdades sociais ao longo da vida.* Rio de Janeiro: Topbooks, 2004.

QUINTANEIRO, T. *Cinema e guerra: estratégias e objetivos da política estad-unidense no Brasil.* Comunicação & Política, Rio de Janeiro, v. 23, n. 2, p. 41-69, 2005.

QUINTANEIRO, T. *Rádio e propaganda nas relações dos Estados Unidos com o Brasil durante a Segunda Guerra.* Comunicação & Política, Rio de Janeiro, v. 24, n. 2, p. 39-59, 2006.

Dados secundários de pesquisas

São aqueles que foram produzidos em pesquisas realizadas por outros investigadores e que estão disponíveis para que mais pessoas possam utilizá-los, seja para confirmar análises anteriores, seja para realizar outras análises.

Temos no Brasil inúmeras fontes desses dados secundários, pois o setor público em nosso país (e mesmo algumas instituições privadas) tem longa tradição de realização de pesquisas e de tornar públicos os dados obtidos. A mais importante delas e mais conhecida é certamente o IBGE que, desde 1872, realiza, a cada dez anos, o Censo Demográfico Nacional, que é, na verdade, uma imensa pesquisa em que todos os indivíduos fornecem informações. Mas, além dos censos, o IBGE produz também uma gama variadíssima de pesquisas, sendo que a PNAD (Pesquisa Nacional por Amostra de Domicílios) é uma das mais utilizadas nas análises sociológicas. Realizada anualmente, essa pesquisa utiliza uma amostra representativa da população brasileira e obtém informações mais detalhadas sobre a situação familiar e de trabalho, sendo que em cada ano são introduzidas temáticas específicas de interesse social.

Algumas informações sobre essas pesquisas podem ser obtidas na Internet, no sítio do IBGE (http://www.ibge.gov.br), e outras, como por exemplo os microdados da PNAD, são adquiridas junto à instituição. Outro órgão público que oferece estatísticas importantes para pesquisa sociológica é o INEP (http://www.inep.gov.br/), que fornece dados sobre o sistema escolar e sua avaliação no Brasil. Diversos ministérios e secretarias estaduais ou mesmo municipais fornecem um conjunto razoável de informações que também podem ajudar no material didático para ser usado em cada região específica. Finalmente, mas não menos importante, contamos atualmente no Brasil com o Consórcio de Informações Sociais (CIS) (http://www.nadd.prp.usp.br/cis/index.aspx) que é "um sistema de intercâmbio de informações científicas sobre a sociedade brasileira. Tem como objetivo oferecer gratuitamente dados qualitativos e quantitativos resultantes de pesquisas sobre vários aspectos da vida social".

Estatística e leitura de tabelas

O uso de informações estatísticas pode causar algum desconforto tanto entre professores quanto entre alunos. No entanto, essa é uma ferramenta essencial para o trabalho sociológico, em particular quando queremos efetivamente verificar o quão relevante ou dominante pode ser considerado um determinado fenômeno. Sob essa perspectiva, por melhor que seja o estudo de caso, ele não permite fazer generalizações ou remeter à situação geral da sociedade. O uso do estudo de caso é limitado. Assim, as estatísticas permitem verificar o quão regularmente aquele caso bem estudado se repete de fato no país.

As estatísticas fornecidas pelo INEP permitem que se conheça a situação geral do sistema de ensino no país. Com milhares de escolas, milhões de professores e alunos, a ferramenta estatística é fundamental para que se tenha um quadro mais verdadeiro desse conjunto gigantesco. Uma excelente escola no interior de Minas Gerais ou em São Paulo capital, assim como uma péssima escola na periferia de uma metrópole nordestina, não correspondem, necessariamente, ao conjunto das escolas do país. Precisamos saber o quanto e o que esses alunos aprenderam, como esse aprendizado varia segundo o tipo de escola ou a região geográfica, ou ainda como os distintos grupos sociais aproveitam de maneiras desiguais aquilo que a escola oferece.

Todas essas análises podem ser feitas a partir das informações disponibilizadas pelo INEP e com a utilização de técnicas estatísticas, algumas mais simples, outras mais complicadas.

Um curso introdutório de sociologia não exige que se aprendam esses procedimentos estatísticos mais apurados. Algumas ideias da matemática básica ajudam a ler as tabelas mais simples.

Média em matemática segundo o estrato de renda da família e a qualidade da escola

Qualidade da escola	Estrato de renda familiar	Média em matemática
menor	baixo	21,70
	alto	24,32
	Total	22,89
maior	baixo	25,17
	alto	28,31
	Total	26,66

Fonte: Barbosa, 2009, p. 182.

Nessa tabela temos um conjunto grande de informações que precisamos compreender de forma clara para analisar alguns dos fatores da desigualdade de desempenho escolar. Inicialmente, temos a informação de que, na última coluna, encontram-se as médias obtidas em matemática (pesquisa realizada em Belo Horizonte, entre 1999 e 2000, em 24 escolas públicas e tratando dos alunos da então 4ª série do ensino fundamental). Mas essas médias são muito diferentes, e as diferenças entre elas aparecem aqui associadas a dois fatores: o nível ou estrato de renda familiar (que pode ser alto ou baixo) e o nível de qualidade da escola (que pode ser maior ou menor). A primeira coisa que salta aos olhos é que alunos vindos de famílias mais pobres (aquelas do estrato mais baixo de renda familiar) têm um resultado pior na prova de matemática do que os alunos vindos de famílias menos pobres (estrato de renda familiar alto). Até esse ponto, estamos diante de dados bem conhecidos: em geral, alunos de famílias mais afortunadas tendem a ter melhor desempenho na escola. Mas vemos também que o desempenho dos meninos e meninas desse estrato mais baixo de renda é diferente se essas crianças estão numa escola cujo ensino é de mais alta ou de baixa qualidade. Melhor qualidade nas escolas faz com que crianças mais pobres tenham um desempenho bem melhor, superior ao desempenho de todas as crianças, mesmo ao daquelas do estrato de renda mais alto. Descobre-se então, através de uma estatística bem simples (a média das notas em matemática é obtida pelo somatório de todas as notas pelo número de alunos que fizeram as provas da disciplina), que é possível perceber outro importante fator do desempenho escolar, que é a qualidade da escola em que o aluno estuda.

O que é importante na leitura de uma tabela é ter atenção para as informações que são apresentadas, considerando sempre quais colunas contêm uma informação (por exemplo, a média em matemática) que pode variar em cada linha segundo o indivíduo ou grupo que está sendo representado nela. Assim, o valor 21,70 representa a média dos alunos que são de famílias do estrato mais baixo de renda e que estudam em escolas de baixa qualidade. Já o valor 25,17 representa a média dos alunos que são também do estrato de renda mais baixo, mas que estudam numa escola de maior qualidade.

Leituras auxiliares

BARBOSA, M. L. *Desigualdade e desempenho: uma introdução à sociologia da escola brasileira*. Belo Horizonte: Argvmentvm, 2009.

PARTE II

ATIVIDADES SUGERIDAS

CAPÍTULO 1

O CONHECIMENTO

Conhecimento e sobrevivência humana

Atividades

1. Comparar formas de conhecimento em diversas áreas da vida social, tais como na culinária, na educação dos filhos, num novo relacionamento de amizade ou amoroso, na prática esportiva, em habilidades como andar de bicicleta e usar um computador.
2. Discutir sobre a obra *Robinson Crusoé* (existem diversas versões filmadas) e a relação entre as ações do personagem e o conhecimento que, adquirido em sua sociedade e aplicado durante seus anos na ilha, permitiram que ele sobrevivesse.
3. Interdisciplinar: Como avança o conhecimento filosófico, ou como a filosofia se desenvolve? Quais foram as condições históricas do desenvolvimento da ciência moderna?
4. Sugestão de filme: Exibir *A guerra do fogo* para mostrar a importância do conhecimento para que se estabeleça uma sociedade humana.

Audiovisual

Sinopse: *A guerra do fogo*

O filme retrata um período na *pré-história* e dois grupos de hominídeos. O primeiro, que quase não se diferência dos *macacos* por não ter *fala* e se comunicar através de gestos e grunhidos, é pouco evoluído e acha que o *fogo* é algo sobrenatural por não dominarem ainda a técnica de produzi-lo; o outro grupo é mais *evoluído* e tem uma comunicação e hábitos mais complexos, como a *habilidade* de fazer o fogo. Esses dois grupos entram em contato quando o fogo da primeira tribo é apagado em uma guerra com uma tribo de hominídeos mais primitivos, que disputam pela posse do fogo e do território. Noah, Gaw e Amoukar (membros do primeiro grupo) são destacados então para uma jornada para trazer uma nova chama acesa para a tribo. Nesse caminho deparam-se com um grupo de *canibais* e resgatam de lá Ika, uma mulher pertencente ao grupo mais evoluído. Do contato com essa mulher, os três caçadores do fogo aprendem muitas coisas novas, já que ela domina um *idioma* muito mais elaborado que o deles, assim como domina também a técnica de produção do fogo. Levados por diversas circunstâncias a um encontro com a tribo de Ika, percebem que há uma maneira diferente de viver; observam as diferentes formas de linguagem, o sorriso, as construções de cabanas, pinturas corporais, o uso de novas ferramentas, e mesmo um modo diferente de reprodução.

A diversidade de explicações e suas legitimidades

Atividades

1. Interdisciplinar: O que é validade? A validade das distintas formas de conhecimento. Discutir qual a validade do conhecimento astrológico que afirma que a posição de um planeta num dado momento define traços de uma personalidade. Oponha esse tipo de conhecimento aos estudos de Newton e Galileu sobre as leis da gravidade e como elas explicam o movimento das marés. Compare as duas formas de validação.
2. Caracterizar a vida de um jovem brasileiro hoje no que se refere ao que ele e seus pais ou outros antepassados conhecem e compará-la com a de um jovem do século XIX.
3. Pedir que cada um dos estudantes entreviste uma pessoa que tenha de 10 a 20 anos pelo menos mais do que ele próprio para saber se já recebeu alguma corrente (por carta ou pela Internet) a qual, no final, diga que a pessoa que quebre essa corrente pode vir a sofrer consequências tais como perdas ou doenças. Se o entrevistado informar já ter recebido, perguntar se repassou a corrente ou não

e qual o motivo que o levou a isso. Debater com toda a turma as respostas obtidas para avaliar a possível legitimidade do pensamento mágico. Uma alternativa é perguntar se o entrevistado leu seu horóscopo na última semana e, caso tenha lido, por que leu e o que fez a respeito.

Características do procedimento científico

Atividades

1. Interdisciplinar: Consultando a bibliografia indicada no item, procure discutir cada um dos itens abaixo com seus alunos. Comece com uma pequena definição, bem curta, sobre cada um dos itens e peça aos alunos que tentem aprimorar a definição, achar exemplos e sugerir dificuldades de cada procedimento.

   a) Características da ação e conhecimento científicos.

   b) Definir intersubjetividade, causalidade e hipótese de trabalho.

   c) O que é uma hipótese e como é utilizada no trabalho científico?

   d) Problematizar, estranhar, desnaturalizar, distanciar-se.

   e) Definir conhecimento empírico.

   f) Definir teoria e conceito.

2. Discutir o que são variáveis. Discutir quais delas são variáveis sociais, naturais, psicológicas. Quais seriam de interesse da sociologia. Posteriormente, no decorrer do semestre, pode-se retomar essa atividade para trabalhar conceitos como gênero, grupos etários, grupos de interesse, comunidades religiosas, padrões de consumo, identidade e classificações objetivas.
3. Que formas de conhecimento científico os alunos conhecem? Que aplicações eles conhecem para os conhecimentos científicos?

CAPÍTULO 2

O DESENVOLVIMENTO DA SOCIOLOGIA COMO CIÊNCIA

Atividades

1. Elaboração, pelos estudantes mais interessados nesse tipo de informação, de breves biografias intelectuais de Alexis de Tocqueville, Auguste Comte, Montesquieu, Rousseau, Locke, destacando as principais ideias de cada um deles, assim como uma síntese do contexto social, econômico e político em que ocorreram as Revoluções Francesa e Industrial na Europa.
2. Mostrar que procedimentos um sociólogo utiliza para averiguar crenças e opiniões, desde a elaboração de perguntas, passando pelos métodos de pesquisa, aferição, comparação, e pelo resultado necessariamente sujeito a ser suplantado por novas descobertas. Comparar tais procedimentos com os de outros cientistas, como os físicos ou biólogos que lidam com problemas e com conteúdos abstratos mais objetivos ou que podem ser expressos por meio de experimentos que podem ser refeitos por outros.
3. Por que a sociologia parece um conhecimento comum ou o senso comum? Como diferenciar o senso comum e a análise sociológica?
4. Interdisciplinar: Por que existe mais de uma teoria em sociologia? Comparar com outras ciências: existem várias teorias na física ou na química? E na biologia?

Abordagem sociológica e abordagem psicológica

Atividades

1. Interdisciplinar: Discutir de que modo se constrói um problema de pesquisa a partir de um problema que não tem uma explicação

convincente para alguém. Por exemplo, há tempos se discute se a diferença de tamanho do cérebro ou do número de neurônios entre homens e mulheres poderia ser a causa da imensa desigualdade entre os dois grupos. Haveria aqui um problema bastante interessante para um curso de sociologia: essa desigualdade seria resultado da biologia ou da vida social? Como cada uma das duas ciências trata essa questão? Os alunos devem ser levados a buscar os argumentos para as duas posições.

2. Interdisciplinar: Construir o conceito de hipótese. Levantamento de hipóteses a partir da proposta de um debate – o que leva uma pessoa a tomar a decisão de migrar para outro país ou região? Pedir uma lista com cinco motivos. Discutir como se poderia investigar se: esses motivos são ou não importantes, são gerais ou particulares, sociais ou psicológicos, são úteis para entender alguns tipos de decisão de migrar, existe algum motivo que ajuda a explicar todas as decisões de migrar, é possível construir uma tipologia de migrantes.
3. Propor que se levantem outros assuntos relacionados à migração que possam ser de interesse da sociologia. Se a turma tiver disposição, continuar o exercício, estruturando um projeto de pesquisa sobre temas correlatos.

O objeto da sociologia e suas especificidades

Atividades

1. O que é "objeto" – de uma ciência, de uma pesquisa, de interesse?
2. Por que o entendimento sociológico se distingue dessas formas de conhecer? O que o torna científico?
3. Os alunos podem identificar objetos, regras e conhecimentos de que eles próprios necessitam e para os quais dependem de outras pessoas. Sugerir que se considere uma refeição, uma ida ao colégio, um saque numa conta bancária, uma aula de ginástica, etc.
4. Discutir com os alunos as posições do garoto Calvin, criatura de Bill Watterson, cujas aventuras e desventuras costumam ser publicadas no Brasil no jornal *O Estado de S. Paulo*. Mostrar os equívocos das noções de ciência e religião que o garoto parece ter (ou tenta parecer que tem).

O melhor de Calvin Bill Watterson

Sociologia como ciência empírica

Atividades

1. Como se realizam as pesquisas empíricas? Mostrar as possibilidades:

   a) Pesquisas em documentos (escritos, gravados, materiais de artes plásticas, cênicas, música, discursos, dados censitários). O que se pode procurar descobrir em tais recursos?

   b) Pesquisas de opinião.

   c) Pesquisas sobre comportamentos (eleitoral, de consumo, movimentação geográfica, mudanças de emprego).

2. Diferençar fato de opinião. Mostrar de que modo opiniões podem se tornar fatos quantificáveis em uma pesquisa de opinião.

3. Interdisciplinar: Trabalhar com uma afirmativa:

   a) As famílias dos estudantes são (ou não são), em sua maioria, originárias do município onde a escola está situada; os pais dos estudantes trabalham;

   b) A maioria dos estudantes tem ao menos um irmão ou irmã; a maior parte dos alunos é proveniente de famílias cristãs.

   A hipótese se sustenta em que suposição?

   Entre as explicações possíveis para que as hipóteses sejam propostas, estão: a escola encontra-se em uma região de imigração, a idade média da turma faz supor que os pais dos estudantes ainda fazem parte da força de trabalho ativa, o tamanho médio das famílias brasileiras permite supor que, naquela região, cada casal tenha dois filhos; a maioria da população brasileira se declara cristã.

Em seguida, o professor pode sugerir um debate para que a turma aos poucos se dê conta da necessidade de uma averiguação empírica na forma de questionários escritos ou de um levantamento.

4. Interdisciplinar: Propor uma pergunta que gere opiniões diversificadas, ou uma pergunta do tipo "quem é a favor de" com a devida justificativa.

    a) Os homens auferem ganhos mais altos porque trabalham mais horas?
    b) As mulheres não conseguem empregos bem pagos porque os cuidados com suas famílias dificultam que elas assumam responsabilidades?
    c) Os católicos são moralmente menos estritos do que os protestantes porque estes provêm de grupos religiosos mais recentes?
    d) Pessoas que se aposentam tardiamente vivem mais?
    e) Casais que compartilham culturas e níveis de instrução mais assemelhados tendem a manter casamentos mais duradouros?
    f) Filhos bem integrados em suas famílias tendem a seguir as profissões de um dos pais?
    g) Quem é a favor ou contra o castigo físico moderado em crianças?

    Lembrar que as perguntas não precisam ter bases realistas, e devem servir para que a turma experimente a discussão fundada em opiniões e sem bases científicas.

5. Interdisciplinar: Propor investigações de campo que compreendam entrevistas, questionários, observação em locais públicos, levantamento de dados da própria família, ou começar com dados da própria turma, tais como idade, origem geográfica, sexo, tamanho da família com que reside, se trabalha. Gerar dados que possam ser classificados e quantificados, de forma a construir tabelas simples. Por exemplo: quem nasceu em outras cidades, municípios ou estados, ou quem tem pai ou mãe nesta condição? Qual a profissão ou ocupação dos pais ou parentes que vivem no mesmo domicílio? Qual o tamanho e a estrutura da família e composição do domicílio? Existiam ou não e como se constituíam as redes sociais previamente à migração dos membros da família?

Explorar as noções de migração, estrutura familiar, ocupação, profissão, grupos etários.

6. Pedir que a turma elabore pequenos projetos nos quais constem o problema levantado, as hipóteses, as distintas possibilidades de encaminhar o projeto, o caminho escolhido e a justificativa para isso, o modo como a pesquisa pode ser realizada e os problemas previstos, o tipo de resultado que se obtém e como servirá para testar a hipótese.

Teorias sociológicas e seus fundamentos sociais

Atividade

1. Sugerir que a turma discuta alguma das afirmativas a seguir.
   a) A sociologia é uma ciência social e uma ciência da vida social.
   b) A escolha dos temas de pesquisa e o envolvimento do cientista.
   c) A dificuldade maior para um cientista pode ser o conflito entre suas crenças ou valores e as obrigações metodológicas e conceituais que orientam seu trabalho. Uma discussão sobre a situação de um biólogo cristão ou de um sociólogo petista pode ser interessante.

O pensamento clássico na sociologia

Atividades

1. Interdisciplinar: Discutir com os alunos as condições históricas do surgimento da sociologia. Questão: como o contexto social, na virada dos séculos XIX e XX, abriu espaços para o desenvolvimento de uma ciência do social? Quais eram os problemas mais importantes que se colocavam para os homens de Estado e para os pensadores do período?
2. Por que a sociologia se assume como nascida ou originada de duas Revoluções?

CAPÍTULO 3

INTRODUZINDO CONCEITOS SOCIOLÓGICOS

O que é o social

1. Como identificar o caráter individual ou coletivo da ação de "homem bomba" ou de um kamikaze na Segunda Guerra?
2. Interdisciplinar: Discutir sobre a existência ou não de capacidades inatas distintas entre os gêneros. Ou seja: em que medida as diferenças entre meninos e meninas são naturais, biológicas, psicológicas ou sociais?
3. Conceito de grupo social. De que grupos sociais cada aluno participa? Em que medida a participação em um grupo social pode interferir na percepção que uma pessoa tem sobre o mundo?

Alguns conceitos básicos

Atividades

1. Interdisciplinar: A linguagem expressa o social de forma muito clara. Para discutir com os alunos esse conceito tão abstrato – o social – peça a eles que observem e anotem expressões ditas por pessoas de diferentes grupos de idade ou faixas etárias: crianças, jovens, adultos, velhos. Escolher temas que sejam objeto da atenção de muita gente num determinado momento. Por exemplo, na época da Copa pode-se pensar tanto sobre o futebol e as torcidas quanto sobre a infraestrutura disponível no país: hoteleira, de transporte e comunicações e para o turismo. Em época de eleições,

pode-se falar sobre como as pessoas veem a política. Dividir a sala em grupos e pedir que cada um desses grupos se responsabilize por colher as expressões verbais e gírias usadas por pessoas de uma faixa etária para se comunicarem sobre um tema (que pode ser música, moda, etc.). Se a turma for grande, teremos mais de um grupo para cada faixa etária. Depois, num círculo, cada grupo apresenta as expressões que colheu, e o professor se encarrega de mostrar as regularidades e as diferenças entre os grupos. Ou seja, o professor vai – provavelmente – encontrar expressões mais usadas por jovens do que por adultos maduros, outras que são comuns entre os mais velhos. Cada conjunto expressaria formas de linguagem socialmente definidas, ou seja, formas de linguagem comuns a um grupo etário ou outro.

2. Fazer no quadro um triângulo e, em cada ponta dele, colocar uma forma de autoridade: tradicional, carismática, racional-legal. Selecionar uma lista de personalidades conhecidas, no Brasil ou no plano internacional, reais ou personagens de filmes ou novelas, indivíduos ou figuras que representem um grupo social (policiais, médicos, religiosos, artistas). Pedir aos alunos que distribuam essas personalidades pelas posições de autoridade que elas exerçam e que justifiquem as escolhas. Tipicamente, um padre, por exemplo, apareceria como autoridade tradicional, enquanto um médico seria visto como autoridade racional-legal. Políticos de destaque e com boa percepção pela opinião pública costumam ser os exemplos típicos da autoridade carismática.

3. Num aglomerado, os moradores conseguem de pessoas que violam a lei a promessa de proteção, sob a condição de não denunciarem ações e grupos envolvidos com o tráfico de drogas. Analisar a relação sob o ponto de vista dos conceitos de poder, dominação, legitimidade. Com a inserção de um agente da autoridade pública, neste caso integrantes da polícia, o que muda na relação? Que tipo de conflito (legal, valorativo, social) seria esperado?

4. Interdisciplinar e audiovisual: Exibir aos alunos o filme *O alienista*, baseado no romance de Machado de Assis. (Existem várias versões de diferentes diretores, sendo que algumas delas podem ser copiadas gratuitamente.) A partir do filme, discuta a variedade

de situações em que se exerce o poder, desde as relações familiares até a atuação profissional, passando pela organização das instituições.

Audiovisual

Sinopse: *O alienista*

As crônicas de Itaguaí contam que viveu ali, em tempos remotos, certo médico, o Dr. Simão Bacamarte, filho da nobreza do lugar e o maior dos médicos de Brasil, Portugal e Espanha. Com o fim de estudar a loucura, ele trancafia no asilo que construíra e a que dera o nome de Casa Verde, um quinto da população da vila. Para ele o normal seria algo homogêneo repetido ao infinito, qualquer pessoa com um gesto ou pensamento que fugisse à rotina era objeto de seus estudos. A população aterrorizada se revolta, e aí outros tantos passam a morar no asilo. Mas Simão Bacamarte, tão atento às estatísticas, lembra que a norma está sempre com a maioria, e que é esta afinal quem tem razão. Refaz a teoria, solta os recolhidos e sai ao encalço daqueles poucos que, possuíam coerência moral. Em pouco tempo ele cura a todos, ninguém mais possuía nobres sentimentos morais. Só um. Ele, o próprio alienista, era o único digno de ser trancafiado na Casa Verde.

CAPÍTULO 4

VIDA EM SOCIEDADE

Solidariedade

Atividades

1. Pedir que os alunos identifiquem a quantos grupos pertencem dentro da própria turma e na vizinhança de sua residência, o que eles fazem juntamente com os outros componentes, o que os une, se existem subgrupos dentro desses mesmos grupos, se há algum tipo de competição entre esses grupos na turma, se tais grupos já se enfrentaram ou se, em alguma disputa no colégio, a turma se fortaleceu como grupo. Caso a turma tenha se formado recentemente, identificar que critérios os alunos utilizam conscientemente para formar grupos. Para discutir o conceito de solidariedade, distinguindo-o do sentimento que é estimulado em ocasião dos cataclismos, etc., seria importante, por exemplo, mostrar que os grupos que estão juntos há mais tempo são mais solidários justamente porque têm ou desenvolveram maior intensidade dos contatos. Isso pode explicar por que a vida urbana, mesmo numa grande cidade, é mais solidária do que numa pequena cidade em que todos se conhecem.

2. Levantar exemplos de solidariedade grupal e nacional. Distinguir da solidariedade no caso de cataclismos.

3. Passar para os alunos o filme *Balada de Narayma* para discutir o sentido de solidariedade social como expressão das regras de vida comum.

4. Interdisciplinar: Conceitos: conflito, solidariedade. Como a solidariedade entre os membros de uma sociedade pode ser também a base de conflitos? Passar o filme *Como era gostoso o meu francês* para discutir essa questão.

Audiovisual

Sinopse: *Balada de Narayama*

Fim do século XIX, em meio à pobreza e miséria que causavam guerras e emigração para terras estrangeiras, em algumas regiões do Japão, numa luta dura pela sobrevivência, institui-se uma tradição amarga: ao completar 70 anos de idade, os moradores dos humildes vilarejos deveriam subir ao topo da montanha local, uma região sagrada e, como elefantes velhos, deveriam esperar pela hora da própria morte, sozinhos. A partir desses elementos de extrema beleza humana, o mestre Shohei Imamura criou uma obra-prima de valor universal que foi laureada, por unanimidade, com a Palma de Ouro do Festival de CannAudiovisual

Audiovisual

Sinopse: *Como era gostoso o meu francês*

No Brasil de 1594, um aventureiro francês prisioneiro dos tupinambás escapa da morte graças aos seus conhecimentos de artilharia. Segundo a cultura tupinambá, é preciso devorar o inimigo para adquirir todos os seus poderes, no caso, saber utilizar a pólvora e os canhões. Enquanto aguarda ser executado, o francês aprende os hábitos dos tupinambás, se une a uma índia, através dela toma conhecimento de um tesouro enterrado e decide fugir. A índia se recusa a segui-lo e, após a batalha com a tribo inimiga, o chefe Cunhambebe marca a data da execução: o ritual antropofágico será parte das comemorações pela vitória.

A ação humana e seus efeitos perversos

Atividades

1. Discutir o significado da palavra preconceito e trabalhar exemplos.

2. Interdisciplinar: Pedir que sejam levantados exemplos históricos ou mesmo hipotéticos de situações que ilustrem a conduta preconceituosa e suas possíveis consequências.

Cultura: sociabilidade, família e escola

Atividades

1. Pedir aos alunos que deem exemplos de pessoas que eles consideram cultas. Discutir com eles os exemplos. Mostrar o significado mais amplo que o termo culto tem na sociologia, o que inclui verificar que cada um de nós é uma pessoa culta do ponto de vista da sociologia.
2. Retomar os exemplos citados e estabelecer quais foram os critérios ou as razões pelas quais essas pessoas foram escolhidas. Normalmente, devem aparecer como exemplos as pessoas que são efetivamente mais escolarizadas. Mostre casos em que temos uma pessoa culta que não necessariamente passou pela escolarização formal. Por exemplo: Jô Soares ou Nelson Motta ou ainda José Mindlin são muito mais cultos que vários PhDs ou doutores acadêmicos. Esse tipo de exemplo é bom também para separar uma pessoa efetivamente culta (um cozinheiro que conhece inúmeros segredos do cozinhar diferenciado de vários povos é uma pessoa culta) daquela que a sociedade considera culta apenas porque passou muitos anos na escola.
3. Fazer uma pequena pesquisa entre os alunos: quais são as atividades culturais das quais eles participam? O que eles fazem nos momentos de lazer? Assistir novelas, ir ao cinema, teatro ou futebol são todas elas atividades culturais. Frequentar uma igreja e participar das atividades da mesma pode também ser considerado assim.

Instituições

Atividades

1. Interdisciplinar: Discutir as novas igrejas que se desenvolveram no Brasil e também as transformações na igreja católica, que parece

ter perdido sua posição dominante no quadro das religiões do país. Um dado importante: o posicionamento religioso que mais cresceu no Brasil nas últimas décadas, segundo os dados do censo demográfico do IBGE, foi o de ateus.

2. Interdisciplinar: Quais são os tipos de família a que a legislação brasileira dá suporte? Considerar as formas de adoção de crianças que são autorizadas por lei. Discutir a relação entre a adoção e os formatos legais de família no Brasil.
3. Audiovisual: Exibir ou pedir aos alunos que vejam o filme *Anna e o Rei* e discuta com eles a questão das formas distintas de família, do peso das instituições (a monarquia que dá o poder ao rei, mas submete-o a regras estritas), as formas de amor e traição.

Audiovisual

Sinopse: *Anna e o rei*

Em 1860, a inglesa Anna Leonowens (Jodie Foster), viúva, viaja até o Sião para ser tutora dos 58 filhos do Rei Mongkut (Chow Yun-Fat). Divergências, choque de culturas e até o início de um romance marcam o relacionamento entre Anna e Mongkut.

Socialização

Atividades

1. O processo de socialização abre um leque de possibilidades para a discussão sobre a vida em sociedade, o que é social, e a relação entre indivíduo e sociedade. Uma boa atividade seria tentar ver o que é social e o que é individual em nossas características. Pergunte-se aos alunos, por exemplo: quem é de família de migrantes/ quem é diabético/ com quantos anos entrou para a escola/ se gosta de futebol ou golf.
2. Interdisciplinar: Investigar que mudanças houve no direito dos membros das famílias nas últimas décadas, levando em consideração a propriedade, o cuidado com os filhos e com os membros idosos, a instrução, o trabalho e a integridade física de seus membros.

3. Fazer um levantamento dos tipos de estruturas familiares existentes no Brasil, as bases dessa existência, as mudanças efetivadas nas últimas décadas e as expectativas que se têm sobre os impactos de tais estruturas no cotidiano, na indústria e no comércio, nas moradias, na estrutura de serviços (escolas, centros de saúde e cuidados pessoais, direitos de pensão, adoção, etc.).
4. Possibilidades para discutir em que medida a socialização cria condutas e modos de pensar similares:

   a) Irmãos educados pela mesma família nem sempre agem e pensam da mesma maneira. Qual o papel dos processos de socialização diante das individualidades?
   b) Membros de uma mesma igreja adquirem valores e crenças no contexto de sua socialização religiosa. Isso garante que ajam de modo semelhante?

5. Sociedades amplas, como a nacional, ou restritas, como um grupo de amigos ou a família nuclear, são responsáveis pela socialização de seus membros. Distinguir áreas de atuação de cada uma delas tais como: gostos (por alimentos, vestimentas, músicas, tatuagens, esportes), ética (honestidade, virtude, lealdade, fidelidade), decisão relativa a atividades profissionais, escolha da religião e interesse político.

6. Crianças têm mais facilidade para falar uma segunda língua sem sotaque. Adultos, ao contrário, têm mais sotaque quanto maior for a idade de aprendizado de uma nova língua. Mas isso funciona também para os diferentes sotaques que temos no Brasil. Um mineiro que passa a viver no Rio de Janeiro muitas vezes passa a dar ênfase maior nos esses, enquanto um que vai para São Paulo reforça seus erres. Essas diferenças indicariam a força do social sobre a formação dos indivíduos. Discuta em que medida isso poderia ser uma decisão do indivíduo que se muda para Rio ou São Paulo.

A ideia do mérito

Atividades

1. O que principalmente o(a) professor(a) deve valorizar na hora de corrigir os trabalhos dos alunos: o talento ou o esforço?

O acesso à escola no Brasil

Atividades

1. Interdisciplinar: Procurar dados (no site do INEP: <www.inep.gov.br> que permitam evidenciar a diferença de desempenho escolar entre as regiões brasileiras. Procure verificar se é possível estabelecer alguma relação com a situação de desenvolvimento econômico e social de cada região e esses resultados.
2. Interdisciplinar: Comparar duas escolas na sua cidade (uma delas pode ser a própria escola), considerando dois fatores: o nível educacional e econômico dos pais dos alunos e o nível de qualidade da escola, segundo a opinião das pessoas da cidade. Em seguida, verifique qual delas consegue índices melhores de aprovação nos vestibulares da região.

   Interdisciplinar: A que tipo de escola os brasileiros têm acesso universal e qual a função dessa escola?
3. Interdisciplinar: Que tipos de escola você conhece? Qual a relação entre a crescente diversificação das instituições escolares e as sociedades contemporâneas?
4. Mostrar (ou peça que os alunos assistam) ao filme *Central do Brasil* e aproveite para discutir a questão: Por que a alfabetização é importante na sociedade brasileira hoje?

Audiovisual

Sinopse: *Central do Brasil*

Dora (Fernanda Montenegro) escreve cartas para analfabetos na Central do Brasil. Nos relatos que ela ouve e transcreve, surge um Brasil desconhecido e fascinante, um verdadeiro panorama da população migrante, que tenta manter os laços com os parentes e o passado. Uma das clientes de Dora é Ana, que vem escrever uma carta com seu filho, Josué (Vinícius de Oliveira), um garoto de nove anos, que sonha encontrar o pai que nunca conheceu. Na saída da estação, Ana é atropelada e Josué fica abandonado. Mesmo a contragosto, Dora acaba acolhendo o menino e envolvendo-se com ele. Termina por levar Josué para o interior do Nordeste, à procura do pai. À medida que vão entrando país adentro, esses dois personagens, tão diferentes, vão se aproximando... Começa então uma viagem fascinante ao coração do Brasil, à procura do pai desaparecido, e uma viagem profundamente emotiva ao coração de cada um dos personagens do filme.

A educação e o poder dos diplomas

Atividades

1. Discussão com os alunos usando o trecho da canção de Roberto Carlos transcrita a seguir. Peça a eles que reflitam sobre as coisas que são obrigados, ou mesmo docemente constrangidos, a fazerem pelo poder de grupos profissionais. Os exemplos mais comuns normalmente dizem respeito aos médicos (a medicalização da vida cotidiana), mas temos também o poder dos advogados e juízes, de engenheiros, de economistas. Uma lembrança boa é que, muitas vezes, essa obrigatoriedade aparece como alguma coisa feita para o nosso bem. E isso pode, muitas vezes, ser verdade, o que não impede de ser uma forma de exercício do poder profissional.

   "Ilegal, imoral ou engorda"
   Roberto Carlos

   Vivo condenado a fazer o que não quero
   Então bem comportado às vezes eu me desespero
   Se faço alguma coisa sempre alguém vem me dizer
   Que isso ou aquilo não se deve fazer
   Restam meus botões...
   Já não sei mais o que é certo
   E como vou saber
   O que eu devo fazer
   Que culpa tenho eu
   Me diga amigo meu
   Será que tudo o que eu gosto
   É ilegal, é imoral ou engorda

2. De que modos se pode aprender uma atividade, seja ela produtiva, artística ou qualquer outra? Como se forma um marceneiro, um

professor de inglês, um dançarino? Qual é o componente social desses processos de aprendizagem? Peça que alguns alunos relatem o processo de aprendizado de uma atividade prática, como ele ocorreu, quem exerceu o papel de instrutor e por quê. Discutir a socialização permanente que se verifica entre os membros das sociedades, em ambas as direções - dos mais velhos aos mais jovens e vice-versa.

3. Interdisciplinar: Refletir sobre os processos que dependem da aprendizagem. Refletir se existe relação entre aprendizagem e inovação.
4. Interdisciplinar: Novos desafios relativos a conhecimentos sobre a degradação do meio ambiente e a socialização em novas práticas de conservacionismo.

Conflito

Atividades

1. Interdisciplinar: Pedir que os alunos comparem crenças e respectivas ações condizentes com elas relativas à eutanásia e ao aborto, ou o vegetarianismo - ou outro tema polêmico. Pedir que identifiquem grupos associados a tais crenças.
2. Interdisciplinar: Pedir que se faça uma breve pesquisa a respeito do significado da palavra revolução, como no caso da Revolução Francesa e Industrial ou outra, e seus impactos sobre a vida e a estrutura social, política e econômica, e as transformações dela decorrentes.
3. Mencionar a sociologia de Comte e seu objetivo de previsão e intervenção para dirimir conflitos sociais e promover o controle e a harmonia em sociedade.
4. Definir relações sociais de cooperação e exploração. Procurar exemplos no trabalho, na escola, no hospital, na família e na história.
5. Discutir o significado das guerras entre povos e seus objetivos.
6. Mostrar o filme *A banda* ou pedir que os alunos o assistam. Aproveitar para discutir tanto as ideias de identidade cultural quanto de conflito.

Audiovisual

Sinopse: *A banda* (*Bikur Ha-Tizmoret/The Band's Visit*)

Uma pequena banda da polícia egípcia chega a Israel. Os músicos vieram para tocar na cerimônia de inauguração de um centro cultural árabe. Porém, por causa da burocracia, falta de sorte e outros imprevistos, eles são esquecidos no aeroporto. A banda tenta se deslocar por conta própria, mas vai parar numa pequena e quase esquecida cidade israelense, em algum lugar no coração do deserto.

Identidades coletivas, grupos sociais

Atividades

1. Fazer, com a ajuda dos alunos, um mapeamento dos grupos sociais brasileiros. Desenhar no quadro um eixo vertical – representando o capital econômico. Cruzando com ele, desenhar outro eixo na horizontal – representando o capital cultural. Serão formados quatro quadrantes, conforme o desenho a seguir:

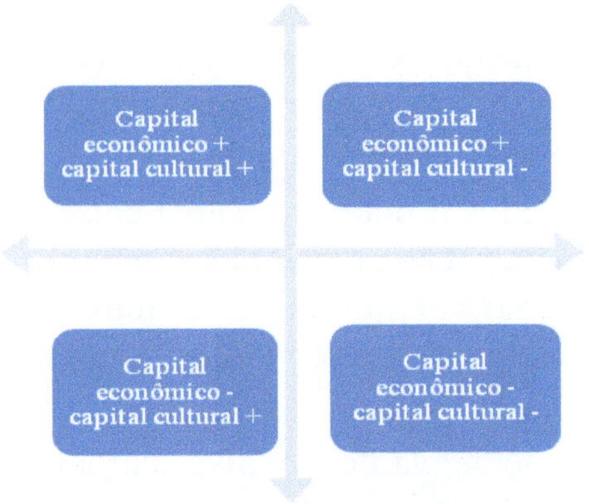

2. Pedir aos alunos que indiquem pelo menos três grupos que poderiam ficar em cada quadrante. Em seguida, pedir a eles que indiquem características desses grupos, renda e escolaridade, inicialmente, que foram usados para definir em que quadrante o grupo ficaria. O próximo passo é verificar as demais características que permitem falar de um grupo: o gosto (whisky, cerveja ou vinho; música clássica, MPB ou funk), o partido político de preferência, o tipo de religiosidade. Enfim, a discussão deveria

mostrar que grupos sociais são formas distintas de viver na sociedade, gerando formas diferenciadas de ações, percepções e valores, ou seja, a regularidade social das diferenças entre os grupos sociais. Ao final, teríamos um mapa inicial dos grupos sociais no Brasil.

Sociedade

Atividade

1. Depois de fazer o mapa solicitado no item 4.8, peça aos alunos que expliquem por que colocaram cada grupo naquela posição específica. Por exemplo: colocaram os professores universitários no quadrante superior à esquerda. Isso significa que eles são ricos? Ou que são mais cultos e têm mais diplomas? Faça o mesmo para cada grupo no mapa.

Diferenças e semelhanças estruturais entre sociedades

Atividade

1. Interdisciplinar: Proposta de debate sobre o social e suas diferentes manifestações: analisar questões pontuais.
   a) O consumo de bebidas alcoólicas ou o de substâncias alucinógenas são práticas que surgiram com a humanidade. Arqueólogos encontram vestígios de bebidas alcoólicas em todas as civilizações. Trabalhar a ideia de que camadas sociais como as de sacerdotes, oráculos, homens, adultos, podem ter permissão para o consumo dessas ou de outras substâncias que não são acessíveis a uma parte dos membros dos grupos – mulheres, crianças, jovens, enfim, a toda uma casta social. Mostrar que existem ocasiões em que o consumo de certas substâncias é possível, permitido ou estimulado, ou que algumas delas são legalmente proibidas ou proibidas durante algumas atividades (por exemplo, dirigir) ou a alguns tipos de membros dos grupos.
   b) O que se bebe, como se bebe, quem pode beber, quem decide essas questões, em que ocasiões se bebe e quanto se bebe?

Por que os seres humanos usam drogas? Qual a relação entre o estado de consciência alterado e outras atividades sociais tais como a criação artística, a cura de doenças, a previsão do destino, o aconselhamento em situações perturbadoras, a diversão e principalmente a sociabilidade? Como se define quem pode usar drogas e quando? Listar distintos contextos em que se dão essas práticas e suas finalidades. Ao abordar o item sobre estabelecimento de regras de consumo, discutir de que forma isso é feito. Quem seria o responsável por tais determinações? Que tipo de diferenças entre grupos humanos são levadas em conta ao se definir quem é ou não autorizado a consumir drogas ou quando?

c) O casamento e os cônjuges. Levantar temas como: quando se deve casar, com quem; quem escolhe os parceiros; quais os papéis dos cônjuges no relativo a: trabalho, cuidado com os filhos e distribuição das tarefas e gastos domésticos; qual o poder dos pais dos cônjuges. Pedir que a turma colha exemplos de outras sociedades, cuidando para que não sejam mitos relativos a sociedades desconhecidas. Pedir que os estudantes entrevistem pessoas de sua família para ter informações de quando se davam os casamentos, como se decidia quem poderia casar, que tipo de empecilhos eram criados, em que idade se casava, por que algumas pessoas não se casavam. O elenco de perguntas pode ser preparado em conjunto.

d) O esporte como um fenômeno social. Hoje, mais do que nunca, algumas práticas esportivas têm atraído um grande número de espectadores. Considerar todos os tipos de esporte que correspondem a essas características. Fazer uma lista de atividades não esportivas vinculadas ao esporte: publicidade, indústria do vestuário e calçado, academias de ginástica, escolas de esportes, programas de televisão, profissionais vinculados à prática esportiva, noticiário especializado, etc. Comparar os aspectos sociais da atividade esportiva (econômicos, políticos, financeiros, de formação de opinião, eventos de moda, etc.) com a atividade dos concertos de bandas ou cantores que são celebridades.

e) A concepção de beleza. O que é uma pessoa bonita ou feia? De onde vêm os critérios para essa classificação? Analisar um tipo de mudança no padrão de beleza corporal e relacioná-lo com distintas sociedades e épocas. Tratar a beleza do ponto de vista social do mercado, da publicidade, das clínicas de estética, da medicina estética, da indústria de alimentos, da indústria do vestuário, das profissões vinculadas à estética e à saúde, das modelos, da imprensa especializada, dos consultores. Discutir como esse tema pode se entrelaçar com muitos outros e de que forma sua evolução provoca mudanças sociais, seja em comportamento, gostos, conduta, estrutura profissional, remuneração, estrutura do emprego, grade de programação televisiva, hábitos de consumo.

Socialização e controle social

Atividades

1. Interdisciplinar: Pedir que os estudantes façam um levantamento de sentimentos, atitudes e ações, tais como: medo, culpa, superioridade ou inferioridade, indignação, formalidade, excessiva polidez, cuidado com o que fala ou faz, necessidade de disfarçar algum sentimento, respeito, indiferença diante de outros. Quando e diante de quem ou de que categoria social as pessoas se sentem ou agem desses modos? Como ele explica sua conduta ou sentimentos? Como entender e explicar o próprio constrangimento, as atitudes e os sentimentos diante de pessoas de certas categorias? Buscar de onde se originaram, como foram aprendidos.
2. Interdisciplinar: O autocontrole e a civilização dos impulsos na vida em sociedade. Emoções e representação de si em distintas situações, como no trabalho ou em uma entrevista de emprego. Estratégias de autocontrole. Uso do controle das emoções durante o trabalho: como médico, atendente de público, caixa de banco, carpideira, agente funerário. Emoções permitidas e sua relação com os gêneros. Origem biológica, psicológica e social das emoções e de seu controle.
3. O modo pelo qual os amigos ensinam como se deve ou não usar um telefone celular é semelhante àquele que os pais ensinam;

considerar especialmente diferentes níveis de familiaridade de cada grupo com essa tecnologia.

4. Pode-se dizer que a socialização, ou o processo de ensinar e aprender a se tornar um membro de uma sociedade ou de um grupo, é permanente. Sempre é útil o exemplo dos estrangeiros e de suas dificuldades para entender e reproduzir o comportamento considerado natural ou normal em outra sociedade. Vale a pena debater a ideia de normalidade ou a naturalização.
5. Explorar o conceito de controle social. Exemplificar pressões sociais contidas na ridicularização, na censura, no afastamento ou isolamento, na prisão e condenação formal, na fofoca. Discutir controles como o bullying e seus efeitos perversos sobre os membros das sociedades que não sabem ou não conseguem se comportar de acordo com padrões definidos por grupos dominantes. Debater o uso de métodos violentos usados na socialização, seja por parte da família, de pessoas em situação de autoridade, ou dos pares.

Discriminação, preconceito e controle social

Atividades

1. A origem social do preconceito e da discriminação pode ser explorada por meio da frase "não se nasce preconceituoso", que poderá ser debatida em seminário, ou se pode dividir a turma em dois grupos, um dos quais vai apoiar o argumento enquanto outro o contesta. O objetivo é também levantar exemplos ou possibilidades de explicação da existência de preconceitos e da discriminação.
2. O professor pode apresentar uma síntese verbal ou um pequeno resumo do texto de Roberto DaMatta, "Você sabe com quem está falando?", e pedir que os estudantes discutam se eles se defrontaram com situações semelhantes, se eles estavam do lado de quem pergunta ou de quem precisa dar resposta, que outras situações eles identificam no seu quotidiano que repete os achados do texto, embora com perguntas ligeiramente distintas. Em seguida, deve-se procurar identificar o que caracteriza socialmente os que apresentam a pergunta e os que são instados a respondê-la3. Explorar os modos pelos quais as categorias raça, idade, classe, origem, gênero, orientação sexual, capacidade física ou mental, origem nacional são

socialmente construídas, experimentadas e reproduzidas. Explorar o que cada estudante sabe, quem vivenciou, o que conhece sobre a vivência de alguma pessoa que pertence a uma ou mais dessas categorias, os tipos de discriminação eventualmente sofridos e as limitações que eles podem ter para exercer atividades ou ter acesso a direitos ou benefícios.

4. Explorar as superposições de categorias inferiorizadas e discriminadas ou das tidas como superiores. Trabalhar as hierarquias sociais que servem de reforço mútuo à atitude e conduta discriminadora.
5. Examinar a legislação que tenta reduzir o impacto dos preconceitos e da discriminação e localizar quem são os protegidos por essas leis.
6. Discutir atitudes ligadas à falta de respeito a outros indivíduos em decorrência de aspectos externos que eles portam, exibem ou tentam esconder, s suas crenças e a seu status – tais como cor, sotaque, gênero, orientação sexual, condição econômica, instrução, idade, religião, etc.
7. A descoberta do próprio preconceito pode despertar no estudante embaraço ou vergonha e levá-lo a negar as atitudes que adota. Refletir sobre as próprias reações diante de outros indivíduos, localizar quais deles são considerados inferiores sociais, apontar as formas pelas quais eles são isolados de contatos, de relações – considerar vizinhança, amizades, negócios, associação, casamento, contratação. Este exercício pode ajudar a identificar causas externas a tais atitudes como a origem social de preconceitos e a forma como são ensinados e aprendidos, os motivos pelos quais tais atitudes são escondidas ou não são assumidas publicamente.
8. Pensar como a desigualdade social não é uma coisa distante, vivendo lá longe na estrutura social, mas é uma prática cotidiana de cada um de nós.
9. Pensar o que significa ter meninas negras que brincam com bonecas louras de cabelos lisos.
10. Quantos colegas brancos, negros, asiáticos, indígenas e mestiços existem na sala de aula? Discutir os resultados e trabalhar os critérios subjetivos usados pelos alunos para classificá-los.

11. Discutir a noção social de minoria. Por que se diz no Brasil que os negros são uma minoria? Por que as mulheres também entram na categoria "minorias"?
12. Listar incidentes críticos, nos quais a pessoa não soube como reagir em uma situação ou como responder a uma pergunta que envolvesse discriminação ou o medo de ser discriminado.
13. Observar como pessoas de distintas aparências (vestimentas, traços étnicos), gênero, idade, orientação sexual são observadas ou tratadas em situações sociais (loja, restaurante, shopping, praças públicas). Fazer um experimento de viver o papel.
14. Observar a presença ou a frequência de temas relativos a gênero, orientação sexual, raça em conversações de homens e de mulheres.
15. Trabalho escrito de reflexão: de que modo gênero, raça, aparência e capacitação física, escolaridade, origem afetaram e afetam sua vida?
16. Reflexão: pode a humilhação ser um instrumento de controle social?
17. Observar como a ficção ou o noticiário na televisão, a publicidade, o cinema e os quadrinhos apresentam as categorias discriminadas e como isso pode funcionar relativamente ao reforço da discriminação. Pedir que os estudantes tragam e analisem exemplos de quadrinhos brasileiros.

Violência simbólica e discriminação

Atividades

1. Pesquisar notícias sobre atos de vandalismo ou de ataque violento a pessoas que se enquadram em grupos discriminados (negros, indígenas, favelados, homossexuais, mulheres, idosos). Verificar que categoria social exerce ou que papel ocupa o agressor, sua relação com a vítima, consequências da violência, declarações do agressor e da vítima ou sentimentos expressos, comentários da imprensa ou de testemunhas, opiniões. Existem padrões dessa violência? Discutir os elementos que fragilizam socialmente os membros desses grupos e que eventualmente dificultam sua reação.
2. Discutir os conceitos de bullying e de assédio como atos de poder.
3. Explorar a percepção que têm os estudantes ao se colocarem no lugar dos que sofrem esses tipos de agressão ou intimidação.

4. Discutir categorias de violência: física, moral, psicológica, simbólica, social.
5. Exercício sobre o controle social e seu impacto sobre o autocontrole. Propor que se construa uma lista de procedimentos que visem ao controle próprio ou de outras pessoas, em situações públicas, em sala de aula, no caso de pessoas convidadas a uma festa, no caso de uma visita à casa de pessoas amigas ou parentes de um/a namorado/a, a um museu, a uma consulta médica.
6. Elaborar uma lista de regras de conduta que deve ser apresentada a um grupo de turistas estrangeiros que visitam o Brasil. Cada grupo assumirá um local, como por exemplo jantar em casa de uma família, diante de uma mulher acompanhada de seu marido, num banheiro público, num transporte coletivo. A lista deve partir do suposto de que o estrangeiro não conhece a cultura brasileira nem as normas de conduta em público, e os estudantes precisam explicar como é a conduta considerada normal e esperada no Brasil. Discutir o processo de naturalização dos comportamentos por meio dessa explicitação.

As relações sociais no chamado mundo virtual

Atividades

1. Refletir sobre os aspectos da mudança social relacionados à Internet – na educação, na legislação, na estrutura ocupacional, na conduta pessoal, na ética e nas ações cotidianas. Pedir que os estudantes conversem com ao menos dois grupos de pessoas, um formado por quem tenha 30 anos a mais do que eles, e outro com pelo menos 50 anos a mais, e que perguntem como eram feitas as mesmas atividades agora encampadas pela Internet.
2. Averiguar que tipo de dificuldade e que facilidades a Internet trouxe às práticas cotidianas de membros de distintos grupos sociais, níveis de instrução e faixas etárias.
3. Pedir que os estudantes pesquisem com familiares mais velhos como eram os serviços nas agências bancárias antes do uso da informática.
4. Levantar um debate aberto sobre os amigos virtuais nas redes sociais e comparar esse tipo de relação com relações diretas.

CAPÍTULO 5

TRABALHO

Mercado de trabalho na história

Audiovisual

1. Reunir os alunos para assistirem o filme *O Mercador de Veneza*. Em debate posterior, peça para eles identificarem os mercados e as feiras, os bens que são trocados, a existência de dinheiro ou algum produto de troca ou medida e os grupos de mercadores, artesãos e trabalhadores. Peça também para eles identificarem os comportamentos que diferenciam os mercadores de outros trabalhadores.

Trabalho e ação social

Atividade

1. Pedir aos alunos que façam uma lista de trabalhos que desempenham os membros de sua família e (se for o caso) os amigos e vizinhos. Debaixo de cada ocupação, solicite que identifiquem quais são as motivações principais pelas quais essas pessoas estão ocupadas nesses trabalhos, entre as seguintes opções: para ganharem dinheiro, para fazerem o que gostam, para fazerem alguma coisa, para ocuparem o tempo, para cumprirem com as obrigações. Solicite que os alunos enquadrem as respostas em algum tipo de ação social como definida no capítulo.

Divisão do trabalho social e solidariedade
Trabalho e identidade

Atividades

1. Fazer uma pesquisa entre os alunos para verificar quais ocupações ou profissões eles pretendem fazer ao término do ensino médio. Peça que eles informem se essas ocupações ou profissões estão regulamentadas legalmente (como é o caso dos médicos ou advogados, por exemplo), se têm alguma representação ou escritório na cidade em que vivem.
2. Interdisciplinar: Tentar organizar um debate em que possam ser trazidas à escola pessoas que trabalhem em diferentes ocupações. Chame médicos, engenheiros e advogados, mas também professores, escrivães, bancários, operários qualificados. Cada um deles deveria ser convidado a descrever o seu trabalho, a falar das atividades sociais desenvolvidas pelo grupo de trabalho.

Trabalho e conflito social
Formas de organização do trabalho

Audiovisual

1. Passar na aula o filme *Tempos modernos* de Charles Chaplin. Peça aos alunos que descrevam quais são as relações entre trabalhadores e patrões ou gerentes, que definam como é o trabalho que o personagem realiza dentro da fábrica e quais são os motivos de confronto ou desentendimento entre o personagem e o sistema da fábrica.

Sinopse: *Tempos modernos*

Um operário de uma linha de montagem, que testou uma "máquina revolucionária" para evitar a hora do almoço, é levado à loucura pela "monotonia frenética" do seu trabalho. Após um longo período em um sanatório, ele fica curado de sua crise nervosa, mas desempregado. Ele deixa o hospital para começar sua nova vida, mas encontra uma crise generalizada e equivocadamente é preso como um agitador comunista, que liderava uma marcha de operários em protesto. Simultaneamente uma jovem rouba comida para salvar suas irmãs famintas, que ainda são bem garotas. Elas não têm mãe e o pai delas está desempregado, mas o pior ainda está por vir, pois ele é morto em um conflito. A lei vai cuidar das órfãs, mas enquanto as menores são levadas, a jovem consegue escapar.

Mercado de trabalho, segmentação e informalidade

Atividades

1. Partir de uma pergunta sobre salários, gênero, nível de instrução e ocupações e verificar as hipóteses. Apresentar dados estatísticos relativos à pergunta.
2. Listar profissões tradicionalmente masculinas e femininas e salários.
3. Listar os trabalhos que geralmente são realizados por brancos, por negros e por pardos.
4. Informar se há diferenças entre os salários percebidos por pessoas de raça, cor ou sexo diferentes, e se há diferença nas horas de trabalho, nos direitos que os trabalhadores têm e nos locais onde eles trabalham.

Trabalho flexível e em rede

Audiovisual

1. Pedir aos estudantes para assistirem o filme *A rede*. Depois, estimular o debate solicitando que identifiquem a forma em que a empresa foi criada, as características dos criadores, o lugar e as vestimentas com que eles trabalham e as forma de comunicação que eles utilizam no trabalho. Finalmente, solicite que comparem com a forma de trabalho que mostrou o filme *Tempos modernos*.

Trabalho e diferentes formas de capital
Trabalho e mobilidade social
Mercado de trabalho e desigualdade no Brasil

Atividade

1. Pedir aos estudantes que façam um trabalho escrito contando sobre o trabalho dos seus avós, pais e mães, e sobre os estudos que tiveram. Solicitar que informem se alguma vez foram ao teatro, cinema ou museu com os eles e se ganharam livros de presente deles. Peça que finalizem com as expectativas de trabalho e estudo que eles próprios têm e que leiam as redações em voz alta frente aos outros alunos. Promova um debate pedindo que identifiquem as mudanças no estudo e no trabalho entre as diferentes gerações.

Definições operacionais de trabalho e fontes estatísticas

Atividade

1. Solicitar trabalho escrito domiciliar em que os estudantes colham informações no site do IBGE sobre trabalho e renda da população no Brasil durante os últimos dez anos. Peça que utilizem as definições apresentadas no capítulo para fazer a pesquisa on-line.

Perspectivas sociais do trabalho

Atividades

1. Partir de uma pergunta sobre salários, gênero, nível de instrução e ocupações e verificar as hipóteses. Apresentar dados estatísticos relativos à pergunta.
2. Listar profissões tradicionalmente masculinas e femininas e salários, ou pedir que cada grupo traga dados sobre profissões com essas características e seus salários-base.

3. Fazer uma pesquisa entre os alunos para verificar quais ocupações ou profissões eles pretendem executar ao término do ensino médio. Pedir que informem se essas ocupações ou profissões estão regulamentadas legalmente (como é o caso dos médicos ou advogados, por exemplo), se têm alguma representação ou escritório na cidade em que vivem.
4. Interdisciplinar: Tentar organizar um debate em que possam ser trazidas à escola pessoas que trabalhem em diferentes ocupações. Chame médicos, engenheiros e advogados, mas também professores, escrivães, bancários, operários qualificados. Cada um deles deveria ser convidado a descrever o seu trabalho, a falar das atividades sociais desenvolvidas pelo grupo de trabalho.
5. Pedir aos alunos que caracterizem os tipos mais frequentes de trabalho em sua região, estado ou cidade. Discuta com eles a diferenciação desses trabalhos em setores (agricultura e pecuária, indústria, serviços). Tente estabelecer a ordem relativa de importância entre eles. Procure distinguir, no interior de funções semelhantes, diferenças salariais e de prestígio ou de poder.
6. Discutir com os alunos: estudar é trabalhar? Fazer esforço é trabalhar?
7. Discutir com os alunos: animais trabalham fora das sociedades humanas? Isto é: as formigas que buscam seu alimento estão trabalhando? A fábula da formiga e da cigarra faz sentido no mundo animal?
8. Audiovisual: Há uma série de filmes sobre o trabalho, sendo alguns deles verdadeiros clássicos. Algumas sugestões:

Audiovisual

Sinopse: *A revolução dos bichos*

Alegoria da humanidade, por Ricardo Flaitt.
(http://www.cntm.org.br/videoplayer.asp?id_CON=2922, acesso em: 24 jan. 2012)

O filme *A revolução dos bichos* é a adaptação do livro homônimo, em que faz uma alegoria sobre a eterna luta entre opressores e oprimidos. A história se passa numa fazenda, onde os animais, cansados da exploração do proprietário das terras, resolvem fazer uma revolução e tomar o controle.

A revolução acontece. Animais não servem mais ao homem e criam novas regras. Mas a fazenda tem que continuar. E quem vai tocar a produção, como vão sobreviver? À medida que começam a se inserir no contexto social vão absorvendo os hábitos (no sentido mais extenso da palavra) dos homens.

A revolução dos bichos coloca em discussão o comportamento do homem oprimido que passa a ter o controle de suas ações. Será que ele, detentor do poder, também não irá oprimir os mais fracos?

A revolução dos bichos (*Animal Farm*, EUA, 1999). Diretor(es): John Stephenson. Elenco (vozes da animação): Kelsey Grammer, Ian Holm, Julia Louis-Dreyfus, Julia Ormond, Pete Postlethwaite, Paul Scofield, Patrick Stewart, Peter Ustinov, Alan Stanford, Caroline Gray, Gail Fitzpatrick, Jimmy Keogh, Noel O´Donovan, Gerard Walsh, Jer O´Leary.

Audiovisual

Sinopse: *Brazil, o filme*

Por Ricardo Flaitt

Brazil, o filme segue a mesma linha de filmes como *Laranja mecânica* e *1984*, onde as pessoas vivem sob um sistema social opressor, vigilante e tecnicista.

Ao contrário do que possa parecer, *Brazil* leva esse nome porque é embalado pela música "Aquarela do Brasil", de Ary Barroso, mas a trama não tem ligação direta com imagens brasileiras, a não ser pela burocracia, que é universal...

A história se desenvolve a partir de uma falha na digitação (que trocou o T pela letra B), fazendo com que o departamento de repressão do governo aprisione um simples sapateiro, acusado de terrorismo contra o sistema.

Paralelamente ao fato, o filme mostra a vida do funcionário do governo Sam Lowry, interpretado por Jonathan Pryce, afundado numa repartição, e que sonha escapar desse mundo burocrático e tendo sonhos escapistas por uma linda mulher, Jill Layton (Kim Greist).

As histórias da mulher e do funcionário vão se entrelaçar, pois Jill é filha do sapateiro acusado injustamente de terrorista. Coexistem no mundo dos sonhos, mas, na realidade, são antagônicos, pois Jill pertence a um grupo de resistência ao sistema, enquanto Sam é uma engrenagem dessa máquina governamental.

O diretor Terry Gilliam (autor também de *Monty Python*) faz referências, entre outras coisas, ao Estado nazista e também aos modelos de sociedades autoritárias como o socialismo soviético. Também faz referências às histórias de quadrinhos por meio de cenários e personagens, motivo pelo qual foi muito criticado ao fazer uma "salada" de signos.

Se o riso vem da calamidade, o diretor extrai risos por meio de um roteiro *non sense*, potencializando os níveis de burocracia e tecnicismo da sociedade, criando situações surreais, mas que estão próximas da nossa realidade.

Outro ponto que Gilliam critica é a preocupação exagerada com a aparência, a eterna busca pela juventude em detrimento dos valores morais. O diretor de arte de *Brazil, o filme* criou um futuro sombrio, entre o moderno e o antigo, como computadores feitos parte em máquinas de escrever e monitores. Mescla o moderno com o arcaico de forma propositada, para mostrar que, apesar de novas tecnologias, o sistema estatal é burocrático e ineficiente.

Brazil, o filme, dentro de seu roteiro aparentemente sem sentido, mostra de forma criativa que vivemos mesmo sob uma sociedade absurdamente burocrática, opressora, que contradiz os instintos humanos.

Brazil, o filme (Brasil, 1985, Inglaterra). Ficção Científica. Direção de Terry Gilliam. Roteiro de Terry Gilliam, Charles McKeown e Tom Stoppard. Música: Michael Kamen. Direção de Arte: John Beard e Keith Pain. Edição: Julián Doyle. Fotografia: Roger Pratt. Elenco:

Jonathan Pryce (Sam Lowry), Robert De Niro (Archibald "Harry" Tuttle), Katherine Helmond (Ida Lowry), Ian Holm (M. Kurtzmann), Bob Hoskins (Spoor), Michael Palin (Jack Lint), Ian Richardson (Sr. Warrenn). 131 min. Disponível em DVD.

CAPÍTULO 6

MUDANÇA SOCIAL

Atividades

1. Apresentar dados sobre emprego, renda, violência, condições de saúde, características de regiões ou países que recebem ou exportam migrantes, redes sociais, redes comerciais que atendem colônias de migrantes. Trabalhar o conceito de mobilidade.

2. Exercício de classificação segundo variáveis como prestígio e renda. Exercício de montar um gráfico a partir de dados de renda, migração. Filme: *Garapa.*

3. Quem conhece, ou tem, famílias cujos membros se deslocaram para outras cidades, estados ou países? Averiguar o motivo e a duração desses deslocamentos e as perspectivas de regresso.

4. Refletir sobre a idade em que se dá a migração e a perspectiva de inserção social do migrante, por meio de trabalho ou da criação de uma família, no local de chegada. Observar o que o Estado brasileiro tem feito em relação a isso. Levantar os problemas dos brasileiros que cruzam as fronteiras e que formam famílias com pessoas de outras nacionalidades (brasiguaios, guianas, etc.). Discutir sobre os dekasseguis no Japão e seus problemas de adaptação social. Obter depoimentos de estrangeiros que migraram para o Brasil, suas dificuldades e quais delas foram superadas.

Audiovisual

Sinopse: *Garapa*

Documentário lançado em 2009, dirigido pelo cineasta José Padilha, tendo por base o cotidiano de três famílias do estado do Ceará. De acordo com a ONU, mais de 920 milhões de pessoas sofrem de fome crônica ao redor do planeta. Para entender o real significado do problema, busca-se acompanhar de perto como é a vida dessas pessoas.

Migração e representações culturais

Atividades

1. Entrevistar alguém originário de outra região do Brasil ou de outro país. Averiguar como o entrevistado se sente percebido no novo ambiente cultural.
2. Apresentar dados sobre mudanças na densidade populacional relacionados à migração.
3. Debater sobre processos de assimilação.
4. Estratificação global. Exercício: verificar um shopping ou um supermercado ou comparar, nos dois, a origem nacional e os preços e marcas das mercadorias, classificar e agrupar o tipo de mercadorias importadas por países ou regiões.
5. Argumentar quem é contra e quem é a favor da globalização e por quê.

Mudança social e tradição

Atividades

1. Pedir aos alunos que pesquisem (no site do IBGE ou, dependendo da época, mesmo nos jornais) e obtenham dados sobre os temas relativos a essas transformações e à participação de pessoas migrantes na mão de obra em diversos estados, principalmente Rio e São Paulo.

2. No Rio de Janeiro é comum que os porteiros de edifícios sejam cearenses. Em São Paulo, há muitos operários nordestinos e muitos gerentes de origem espanhola ou italiana. Em algumas cidades podemos encontrar grupos "especializados" provenientes de outras regiões ou estados ou mesmo de cidades próximas. Peça aos alunos que identifiquem esses possíveis grupos na sua cidade.
3. Comparar direitos adquiridos relativos a parturientes, pais e mães em distintos países. Observar que alguns países não possuem legislação que preveja que a mãe tenha um período para cuidar dos filhos pequenos, ou para amamentá-los, ou para que o pai possa auxiliar a esposa. Como fica isso para filhos adotados? E para filhos de casais homossexuais?
4. Pedir que cada estudante solicite a uma pessoa que tenha pelo menos 20 anos mais do que ele que complete a seguinte frase: "No meu tempo...". Reunir a turma para debater as respostas. Classificar o tipo de respostas obtidas por assunto: como se trabalhava, o que mulheres e homens faziam e já não fazem ou passaram a fazer, como se namorava, com que idade se podia fazer algum tipo de coisa, o que era proibido..., etc. A partir do debate, introduzir o conceito de mudança social.

As mudanças demográficas nas grandes áreas urbanas

Atividades

1. Dividir os alunos em grupos pedindo a cada grupo que procure mapear os diferentes tipos de serviços disponíveis na sua cidade: para crianças, jovens, velhos, mulheres. Discuta esse mapa feito a partir da apresentação de cada grupo indicando o caráter social das categorias criadas por esses atendimentos.
2. Interdisciplinar e audiovisual: Passar para os alunos o filme *Bye bye Brasil*, de Cacá Diegues. Discuta com eles os processos migratórios, os efeitos da urbanização e da industrialização num país ainda pouco desenvolvido.

Audiovisual

Sinopse: *Bye bye Brasil*

Salomé (Betty Faria), Lorde Cigano (José Wilker) e Andorinha são três artistas ambulantes que cruzam o país juntamente com a Caravana Rolidei, fazendo espetáculos para o setor mais humilde da população brasileira e que ainda não tem acesso à televisão. A eles se juntam o sanfoneiro Ciço (Fábio Junior) e sua esposa, Dasdô (Zaira Zambelli), com os quais a Caravana cruza a Amazônia até chegar a Brasília.

CAPÍTULO 7

DIFERENÇAS E DESIGUALDADES

Atividade

1. Usando as diferenças apresentadas abaixo, peça aos alunos que descrevam quais são as características que definem uma pessoa rica e uma pessoa pobre. Evidencie da melhor maneira possível o que podem ser preconceitos e personalizações, mostrando que as características têm um caráter social e não natural (afinal, pobres e ricos morrem e, como dizia a canção de Gilberto Gil, "quero ver quem separa o pó do rico do meu").

   Alguns elementos da vida social que incentivam a pesquisa sobre desigualdade (dados 2010):

   - o número de milionários no planeta Terra é: 10.900.000
   - o número de bilionários no planeta Terra é: 1.210
   - o número de habitantes do planeta Terra é: 7.000.000.000
   - um escritor americano, Scott Fitzgerald, dizia que "os ricos são muito diferentes de nós". São mesmo?
   - pesquisas sobre a felicidade das pessoas e seus determinantes:

   Pessoas com renda mais elevada (acima de US$90.000 por ano), nível de educação superior não são mais felizes que as pessoas que ganham menos e são menos educadas. Os ricos podem ser mais infelizes que os pobres?

Audiovisual

Pedir aos alunos para verem (ou exibir) os filmes produzidos a partir da obra de Jane Austen (*Razão e sensibilidade* ou *Orgulho e preconceito*).

Discuta o quanto a desigualdade social pode desenhar formas distintas de perceber e agir sobre o mundo e o quanto os destinos podem mudar pela posse de mais ou menos capital econômico ou cultural.

Audiovisual

Sinopse: *Razão e sensibilidade*

Em virtude da morte do marido, uma viúva e as três filhas passam a enfrentar dificuldades financeiras, pois praticamente toda a herança foi para um filho do primeiro casamento, que ignora a promessa feita no leito de morte de seu pai que ampararia as meias-irmãs. Neste contexto, enquanto uma irmã prática (Emma Thompson), usando a razão como principal forma de conduzir as situações, a outra (Kate Winslet) se mostra emotiva, sem se reprimir nunca com uma sensibilidade flor da pele.

Audiovisual

Sinopse: *Orgulho e preconceito*

Inglaterra, 1797. As cinco irmãs Bennet – Elizabeth (Keira Knightley), Jane (Rosamund Pike), Lydia (Jena Malone), Mary (Talulah Riley) e Kitty (Carey Mulligan) – foram criadas por uma mãe (Brenda Blethyn) que tinha fixação em lhes encontrar maridos que garantissem seu futuro. Porém, Elizabeth deseja ter uma vida mais ampla do que apenas se dedicar ao marido, sendo apoiada pelo pai (Donald Sutherland). Quando o sr. Bingley (Simon Woods), um solteiro rico, passa a morar em uma mansão vizinha, as irmãs logo ficam agitadas. Jane logo parece que conquistará o coração do novo vizinho, enquanto que Elizabeth conhece o bonito e esnobe sr. Darcy (Matthew Macfadyen). Os encontros entre Elizabeth e Darcy passam a ser cada vez mais constantes, apesar de eles sempre discutirem.

Desigualdades sociais e grupos sociais

Atividade

1. Experimento de estratificação: fazer uma divisão da turma que corresponda à distribuição de renda nacional. Cada grupo

representaria um estrato da sociedade brasileira (a elite empresarial, os executivos e profissionais de serviços, a classe média educada, a nova classe C, ou média baixa, os operários, os pobres). Pedir que façam orçamentos domésticos para as compras e pagamentos de alimentos, transportes, instrução, aluguel, saúde, vestimenta em cada um desses grupos. É uma boa forma de discutir as ligações entre a vida individual cotidiana e a estrutura social mais ampla. Mas, sobretudo, permite caracterizar as diferenças no quotidiano dos grupos sociais.

Mobilidade e dinâmica social

Atividade

1. Pedir que os estudantes coletem dados em jornais e revistas ou na Internet que permitam caracterizar desigualdades entre brasileiros:
   a) Quanto à expectativa de vida das pessoas em diferentes estados ou regiões.
   b) Quanto ao número de filhos em cada família.
   c) Quanto ao acesso diferenciado aos serviços de saúde.
   d) Quanto aos rendimentos segundo o nível de escolaridade.

A desigualdade social e a discriminação racial

Atividades

1. As causas sociais do desempenho escolar. Os resultados dessa pesquisa parecem indicar pelo menos duas coisas: (1) Pretos e brancos podem obter os mesmos resultados; (2) As escolas seriam o fator decisivo para o desempenho educacional.

   Tente encontrar exemplos reais dessas indicações.
2. Um experimento clássico para verificar a existência de discriminação racial ou de preconceito racial é uma espécie de jogo que se faz com bonecas. Trata-se de uma pesquisa, que pode ser feita na própria escola, tendo como pessoas entrevistadas os alunos do ensino infantil ou das primeiras séries do ensino fundamental.

Grupos de estudantes do curso de sociologia no ensino médio recebem duas bonecas bem bonitas e vestidas de forma semelhante, uma delas com características brancas, a outra com características negras. Cada um desses grupos entra numa sala da educação infantil e, com delicadeza, solicita que as crianças se manifestem - individualmente e sem que as demais crianças possam perceber qual foi a escolha de cada uma das outras - escolhendo qual das duas bonecas preferiria ter. Um ou dois alunos do grupo de ensino médio ouvem as respostas dadas pelas crianças e outros dois alunos anotam a escolha e a cor da criança que está escolhendo. Ao final, pode-se verificar quais foram as preferências das crianças dessa escola e se elas demonstram ter algum tipo de preconceito.

3. Levar uma tabela de rendimentos por sexo, faixa etária, grau de instrução e grupos raciais para uma ou mais ocupações. Comparar e discutir o acesso a bens - tais como moradia, educação de boa qualidade (definir o que seria boa qualidade), saúde, profissionalização, cultura - e as variáveis de classificação.
4. Por que uma pessoa experiente e educada, mas idosa, pode ter maior dificuldade de conseguir trabalho?

CAPÍTULO 8

VIOLÊNCIA E DISCRIMINAÇÃO

Violência como tema sociológico

Atividade

1. Reúna os estudantes da sala e escreva no quadro, em letras grandes, a palavra VIOLÊNCIA. A partir desse momento, peça que cada estudante escreva duas palavras relacionadas com violência. Se o grupo é de até 15 alunos, pode-se chamá-los para escreverem as palavras no quadro. Se for maior, peça para que escrevam as palavras numa folha do caderno e indague-os sobre a relação entre as palavras escritas e a palavra principal. Tente estabelecer o nexo entre as palavras escolhidas pelos alunos e a definição de violência como fato social apresentada na primeira parte do Capítulo 8.

Violência e crime

Atividade

1. Aproveite, se puder, a discussão e as palavras utilizadas pelos alunos na atividade acima. Se não, peça a eles que escolham notícias de violência que são passadas nos telejornais. Já na aula, peça a alguns para exporem as notícias de violência selecionadas. Indague-os sobre a existência de leis que proíbem o tipo de violência selecionada, ou se há fatos violentos que não estão proibidos por lei. Depois, a partir dos casos que eles trouxeram, selecione aqueles

em que os agentes de segurança do Estado cumpriram a lei e os casos em que estes agentes violaram a lei. Remeta-se na discussão à diferenciação entre violência e crime que aparece na parte 8.2 e à diferenciação entre agentes do Estado e agentes criminais que aparece na parte 8.3 deste tema.

Violência legítima e ilegítima

Atividade

1. Exibir na aula o filme *Tropa de Elite 1* ou indique-o aos estudantes para verem em casa. Peça que eles identifiquem quais são os agentes que atuam fazendo uso da força de acordo com a lei e quais são os que atuam de forma ilegal. Relacione-o com os conceitos de violência legítima e ilegítima e com a diferença estabelecida entre violência e poder apresentados nas partes (4) e (5) deste capítulo.

Audiovisual

Sinopse: *Tropa de elite*, 1997

O dia a dia do grupo de policiais e de um capitão do BOPE (Wagner Moura), que quer deixar a corporação e tenta encontrar um substituto para seu posto. Paralelamente dois amigos de infância se tornam policiais e se destacam pela honestidade e honra ao realizarem suas funções, se indignando com a corrupção existente no batalhão em que atuam.

Violência como ação social

Atividade

1. Pedir aos alunos para indagarem em diferentes jornais da cidade onde eles moram os motivos pelos quais foram cometidos crimes que acabaram em algum tipo de agressão contra a pessoa. Já em aula, sugira a elaboração de uma tabela, cujas colunas sejam os diferentes crimes, e as linhas sejam as motivações dos crimes. Uma vez realizadas as tabelas, peça para avaliarem o resultado em três tipos de motivação: econômica, de hábitos ou costumes e

passional. Relacione esta classificação com a discussão apresentada na parte 8.6. Discuta qual tipo de motivação é racional (onde foram calculados os meios da violência e os fins que se tinha aplicando esse tipo de violência) e qual é irracional, espontânea, não reflexiva e puramente reativa (onde não se encontra o cálculo meios/fins). Relacione esta discussão com os conceitos apresentados na parte 8.7. Se você encontrar casos puros, avise, pois será uma grande descoberta!!!! Se não, parabéns, o mundo social é complexo e os casos puros não existem!

Violência: discriminação, pobreza e desigualdade

Atividade

1. Projetar em aula o filme *Cidade de Deus* ou pedir para os alunos verem em casa. Solicite que selecionem os personagens pobres e envolvidos com violência como autores dos crimes, pobres envolvidos com violência como vítimas dos crimes, os que não estão envolvidos em crimes, policiais envolvidos com violência e que cometem crimes, policiais que estão envolvidos com violência, mas não cometem crimes, policias que nem estão envolvidos em fatos violentos e nem cometem crimes. Depois peça para identificarem a relação entre os jovens envolvidos no tráfico: se são amigos, parentes ou vizinhos, se moram no mesmo local ou em locais diferentes, se são pobres, se são negros, se homens ou mulheres, se têm família e que tipo de família eles têm (mãe e pai, mãe sozinha, irmãos, se algum membro da família já foi vítima ou autor de crime). Peça para determinarem quais são as ações violentas dos personagens e quais os motivos que eles têm para agir dessa forma: econômicos, hábitos ou costumes, emocionais. Em último lugar, solicite que descrevam a relação entre a população e a polícia no local: se é de confiança, desconfiança, medo. Pergunte onde há discriminação, relacionando com a definição de discriminação apresentada na parte (8) deste capítulo. Peça para fazerem uma tabela que relaciona os personagens do filme, e se são pobres, negros, favelados, ou de classe média. Peça para descreverem quais são os bens aos quais querem ter acesso os personagens do filme: roupas, comida, tênis, cordão de ouro,

armas, mulheres, etc. Sistematize e relacione as respostas com as definições apresentadas anteriormente em todas as partes deste capítulo, até a parte (8) inclusive.

Audiovisual

Sinopse: *Cidade de Deus*

Cidade de Deus se passa em um único cenário, talvez o verdadeiro protagonista do filme: o conjunto habitacional de Cidade de Deus, zona oeste do Rio de Janeiro.

A história é dividida em três partes. A primeira, situada no fim dos anos 1960, mostra os primeiros anos de existência desse conjunto habitacional, para onde se mudam duas crianças, Buscapé e Dadinho. Buscapé tem 11 anos e seu irmão, Marreco, forma com os amigos Cabeleira e Alicate um grupo de bandidos conhecido como o Trio Ternura, cuja especialidade é assaltar os caminhões de gás que fazem entrega no local. Dadinho acompanha esse grupo de marginais e sonha ser como eles. Buscapé, por sua vez, não gosta de ter irmão bandido: "É a maior furada, sempre acaba sobrando pra gente", ele diz. Quer um futuro diferente para sua vida.

A segunda parte do filme se passa nos anos 1970. Buscapé continua seus estudos e arruma um emprego num supermercado. Ainda assim, vive na tênue linha que divide a vida "de otário" da vida no crime. Enquanto isso, Dadinho torna-se um pequeno líder de gangue com grandes ambições. Quer se tornar traficante. Acredita que o "negócio de assalto tá por fora", em um dia toma quase todas as bocas de fumo de Cidade de Deus e começa a vender cocaína.

Em pouco tempo, Dadinho torna-se o bandido mais perigoso e temido do local. Recebe um novo apelido, Zé Pequeno, e expande seu negócio. "Se o tráfico fosse legal, Zé Pequeno seria o homem do ano", diz o personagem de Buscapé, que também narra o filme.

A terceira parte, situada no começo dos anos 1980, mostra como Zé Pequeno se transforma em um dos traficantes mais poderosos do Rio de Janeiro, protegido por um exército armado de crianças e adolescentes entre 11 e 18 anos. Até que ele cruza o caminho de um trocador de ônibus conhecido como Mané Galinha. Depois de ver sua mulher ser estuprada, Mané Galinha decide se vingar de Zé Pequeno associando-se a outro traficante local, Sandro Cenoura. Estoura a guerra na Cidade de Deus. Nesse meio tempo, Buscapé, que sempre sonhou ser fotógrafo, consegue sua primeira máquina profissional. Registrar essa guerra será a grande chance de sua vida.

Dados e fontes para medir a violência no Brasil

Atividade

1. Dividir a turma em subgrupos de até cinco integrantes, não mais. Peça que eles façam uma leitura dos jornais do local identificando alguns tipos de violência: homicídios, agressão física e morte em enfrentamento com policiais. Peça também que entrem no site do Instituto de Segurança Pública do Estado onde eles moram e que tentem identificar nas planilhas disponíveis os homicídios dolosos e culposos, os feridos e os mortos em "autos de resistência".

   Depois, peça para que cada subgrupo indague, através de um pequeno questionário elaborado em aula e aplicado a parentes, vizinhos e amigos, se eles já sofreram algum tipo de violência, qual foi, quem foi o autor, se houve denúncia, quais são os principais medos em relação a fatos violentos e se têm confiança na polícia para prevenir e resolver os crimes. Finalmente, peça que cada subgrupo avalie: qual foi o tipo de violência mais encontrada por cada fonte, se os dados coincidem ou se são diferentes, quais foram os principais achados e as principais dificuldades para o levantamento dos dados.

CAPÍTULO 9

ESTADO E CIDADANIA

O conceito de Estado e a pesquisa sociológica

Atividade

1. Pedir que os alunos façam levantamentos sobre quais são as atividades do Estado (tanto do governo federal quanto dos estaduais e municipais) que são realizadas na sua cidade. Discutir a relevância de cada uma delas, enfocando o debate sobre o caráter de eficiência e utilidade dessas atividades ou ainda sobre a necessidade (ou não) de que sejam realizadas por órgãos públicos.

Estado moderno, democracia e cidadania

Atividade

1. Fazer uma pesquisa com os alunos: quais são os direitos dos cidadãos brasileiros estabelecidos na Constituição de 1988? Em que medida as instituições públicas e particulares locais são capazes de atender adequadamente esses direitos?
2. Comparar a história das lutas por direitos civis de grupos dominados e oprimidos. Afro-americanos nos Estados Unidos. Indígenas no Brasil. Segregação legal.
3. Fazer um mural. Discutir de que modo a sociedade atua para proteger seus cidadãos ou os grupos discriminados, e como essa proteção se desencadeia e evolui. Levantar hipóteses relativas aos objetivos do Estado ao fornecer essa proteção, ou os ganhos desse controle estatal.

4. Acesso diferenciado a direitos civis: nacionais e estrangeiros, ou pessoas com necessidades especiais (adquiridas ou inatas); debater se elas têm seu cotidiano afetado num ambiente em que são minoria. Sugerir como atividade que os alunos experimentem uma condição especial (cego, surdo, com dificuldade de locomoção, obeso, etc.). Discutir as dificuldades da conceituação do termo "deficiente". Discutir a ideia de normalidade. Discutir o que é considerado 100% normal, quem define esse padrão e a situação de superioridade ou dominação dos padronizadores da normalidade.

As políticas públicas

Atividades

1. Discutir políticas públicas recentes nas áreas de educação e saúde. Pedir aos alunos que verifiquem como a Prefeitura e o Estado trabalham nas escolas locais e nos postos de saúde.
2. Um dos maiores problemas para governantes atualmente diz respeito ao ordenamento urbano das grandes cidades. Quais são os problemas urbanos mais relevantes no local e como as autoridades em diferentes níveis têm sido capazes de propor políticas para solucionar, ou tentar solucionar, essas questões?
3. Pedir que os estudantes identifiquem as lutas que os movimentos sociais vêm realizando atualmente no Brasil, que temas se destacam e em que regiões, se existem temas mais relacionados à vida urbana e rural, se existem mobilizações de cunho religioso ou contra preceitos religiosos.
4. A Internet tem algum papel, no Brasil, na mobilização dos cidadãos em relação a reivindicações políticas? De que modo se dão as mobilizações contemporâneas de maior impacto?

Este livro foi composto com tipografia Minion Pro e impresso
em papel Offset 90 g/m² na Formato Artes Gráficas.